高等院校小学教育专业
融媒体教材

于海英◎主编

教育测量与评价

北京师范大学出版集团
BEIJING NORMAL UNIVERSITY PUBLISHING GROUP
北京师范大学出版社

图书在版编目(CIP)数据

教育测量与评价/于海英主编. —北京：北京师范大学出版社，2021.1(2023.8 重印)
高等院校小学教育专业融媒体教材
ISBN 978-7-303-26519-0

Ⅰ. ①教… Ⅱ. ①于… Ⅲ. ①教育测验－高等学校－教材 ②教育评估－高等学校－教材 Ⅳ. ①G40-058.1

中国版本图书馆 CIP 数据核字(2020)第 225866 号

图书意见反馈 gaozhifk@bnupg.com 010-58805079
营销中心电话 010-58802755 58800035
北京师范大学出版社教师教育分社微信公众号 京师教师教育

JIAOYU CELIANG YU PINGJIAN

出版发行：北京师范大学出版社 www.bnup.com
北京市西城区新街口外大街 12-3 号
邮政编码：100088

印 刷：三河市兴达印务有限公司
经 销：全国新华书店
开 本：787 mm×1092 mm 1/16
印 张：15.5
字 数：301 千字
版 次：2021 年 1 月第 1 版
印 次：2023 年 8 月第 2 次印刷
定 价：42.00 元

策划编辑：王剑虹 责任编辑：马力敏 梁民华
美术编辑：李向昕 装帧设计：李向昕
责任校对：康 悦 责任印制：马 洁

前　言

FOREWORD

教育测量与评价是教育科学领域中一门非常重要的基础应用科学，主要研究教育统计、教育测量、教育评价的基本原理及方法。教育测量与评价对学科教学实践、教育科学研究都有重要的实践导向作用，是教育类学生或师范类学生从师任教的必备知识。本教材即从教育测量与评价的原理与实践的科学性质出发，分别从基本原理层面的“教育测量与评价的基本原理与方法”“教育测量的一般步骤和方法”“教育评价的一般步骤和方法”以及实例操作层面的“教育测量与评价实例操作”两大部分展开论述。在这样的框架结构及编写体例下，本教材呈现了以下五个特点。

一、顺应时代发展要求

当前，基础教育质量监测工作稳步实施，基于核心素养的学业质量标准进入高中课程标准，教育质量综合评价改革积极推进，中高考、小升初考试改革不断深化。广大教育工作者要想顺应这样的教育时代发展要求，就要转换老旧思想，在学科教学实践中规范测量与评价的实施，严控试卷编制的严谨性，强化考评内容的科学性，保证考评过程的公平性，提升质量分析的解释性；在教育科学研究活动中，编制科学的测量量表，熟练操作数据处理软件，进行精准的评价定位，使得教育测量与评价在学科教学与教育科学研究两个方面真正“落地”，真正走向系统、全面和科学。

二、注重逻辑思维体系的构建

任何教育领域的思考都要逻辑清晰、思维缜密。为了让读者能够对教育测量与评价的理论与实践有全方位的把握与认知，提高逻辑思维能力，我们在教材的第一编从“教育测量与评价的基本原理与方法”进行概要式介绍，帮助读者明确评判测量质量好坏的信度、效度、难度以及区分度。只有很好地掌握了这四个质量指标，才能更好地去设计、编制、使用教育测量，为学习第二编“教育测量的一般步骤和方法”奠定基础。教育测量与教育评价又紧密关联，因此在教育测量的基础之上，承接第三编“教育评价的一般步骤与方法”。对于应用科学而言，理论知识的学习是为了实践应用，因此从学科教学以及教育科学研究两方面展开第四编“教育测量与评价实例操作”。以上内容构成了本书环环相扣的逻辑思维体系。

三、强化基于教学和研究的实践操作

理论、原理、方案、计划等存在的意义就在于指导实践，实践是检验真理的唯一标准。对于教育测量与评价而言，在实践中究竟是如何应用的？教育工作者究竟能够在教育教学、科学研究中应用多少教育测量与评价的理论知识，如何应用，效果如何？这些问题往往是我们在满是文字的教材中看不到的。但本教材将实践跃然于纸上。前三编理论基础部分通过大量一线教育教学的实例帮助读者理解概念。第四编“教育测量与评价实例操作”将学科教学的测量与评价、教育研究问题的测量与评价进行细致呈现，将不同学段学科测验编制的实例做以细致的分析，从测验目的的确定、测验内容的选择、测验题目的编制、测验质量的分析等方面进行规范性解读；同时基于教育工作者科学研究的需求，将 SPSS 和 AMOS 作为数据分析工具，从如何自编科学问卷、如何进行问卷质量分析、如何进行数据分析出发，为教育工作者提供简单、易操作的方法，致力于提升教育工作者的科研能力。

四、打破学科壁垒，交叉融合

教育科学的研究从来都不是某一教育学科的“单打独斗”。面对纷繁复杂的教育现象，很难用某个单一的学科来给出答案，因此就需要打破学科壁垒，与相关学科进行交融合作，这样才能打开视野、避免盲目。本教材的编写体例很好地顺应了这种学科发展的趋势：一方面，教育测量与评价本身包括两个独立的教育科学领域的分支，基于二者理论与实践的融合呈现本教材的主要内容；另一方面，不管是教育测量还是教育评价，就其实践活动而言，都少不了人的参与，由此，心理学、社会学、管理学等相关学科的助力就凸显了出来。本教材是理论与实践的有机融合，更是多学科交叉融合的产物。在理论基础层面构建多学科视角，在实践操作层面感知多学科魅力，便是本书的一大意义所在。

五、线上线下资源一体化

随着信息化教学手段的广泛应用，积极推动人工智能和教育深度融合，促进教育变革创新成为当下教育发展的趋势。本教材顺应教育信息化潮流，提供配套教学课件，助力线上教学资源共享。教材编写团队依托以本教材体例讲授为基础的“教育测量与评价”课程，成功申报了省级一流线下课程，欢迎使用本教材的兄弟院校线下交流沟通，共同强化课程建设，为基础教育领域培养教育测量与评价方面的高质量人才。

本教材由牡丹江师范学院、岭南师范学院、吉林师范大学合作完成，针对高等教育中的师范类专业的本科生和教育硕士研究生设计，主要用于《教育测量与评价》专业课或从事教育工作的一线教师和管理者使用。本教材的出版受到

“黑龙江省哲学社会科学学科体系创新支持计划项目”的资助。

本教材由牡丹江师范学院于海英任主编，各部分具体分工如下：第一章到第六章，于海英(牡丹江师范学院)、甄莹(牡丹江师范学院)、梁碧湘(岭南师范学院)；第七章到第八章，于海英(牡丹江师范学院)、田春艳(牡丹江师范学院)、王志彦(吉林师范大学)；第九章，李洋(牡丹江师范学院)；第十章，尚元东(牡丹江师范学院)；最后由于海英、甄莹统稿。

以系统逻辑的结构体例编写本教材是一种尝试，字里行间饱含期望。希望阅读、学习本教材的教育工作者能够真正让教育测量与评价落到实处。对于教材中的不足之处，还请各位读者指正。

编者

2020 年 6 月 18 日

目　录

CONTENTS

第三编　教育评价的一般步骤和方法

第四编　教育测量与评价实例操作

第一编

教育测量与评价的基本原理与方法

第一章　教育测量与评价概述

学习目的

1. 明确教育测量的含义及特点。
2. 区别不同类型的教育测量。
3. 明确教育评价的含义。
4. 区别不同类型的教育评价。
5. 认识教育评价与教育测量的关系。
6. 了解教育测量与评价的发展简史。

第一节　教育测量概述

一、测量的含义

所谓测量(Measurement)，是指人们对客观事物进行某种数量化的测定。其中，客观事物为所属的种类范畴，数量化测量是最重要特点。凡是测量，一定要用数量来表述结果。没有数量化表示的所得的结果，就不能被称为测量。例如，这个学生学习很好，这个人个子很高。这样的表述就不能被称为测量后得出的结果。定义中的测定为其功能。

测量包括两种：物理特性的测量，如长度、重量、温度、时间、空间；精神特性的测量，如人的知识、技能、智力、兴趣、气质、性格、品德等。人们凭借测量，一方面能够对客观事物进行数量化的确定，从而更好地认识事物，对事物进行比较和分析；另一方面，对精神特性的测量加深了对人类现象的了解，能够促进教育科学的发展。但不可避免的是测量的误差是客观存在的。测量不是绝对精确的，不可能毫无误差，只能是达到一定限度的精确。测量的仪器和设备的精密程度、所测量的事物是否具有一致性、技术熟练度、观察能力、注意力等都会影响测量的结果。

二、教育测量的含义与特点

所谓教育测量(Educational Measurement)，是指教育领域内的测量，即对学生的学习能力、学业成绩、兴趣、爱好、思想品德以及教育措施等方面的数量化测定。它主要用于对学生精神特性的测定。教育测量由于主要是测量学生的内在心理特性的，因此，有与物理测量不同的特点。

第一，测量结果的间接性。教育测量一般是间接测量，因为我们无法直接测量学生的内在心理特性，只能通过其外显行为来间接地测量其心理活动的特点与水平；即我们只能通过学生对测验题目的反应和一些行为表现，运用推理、判断的方法，来间接测量出他们的知识水平、智力高低和品德好坏。教育测量中，除了对学生身体素质和发育的测量可以是直接测量外，其余绝大多数是间接测量。

第二，度量单位的相对性。教育测量的度量单位是相对的。一般情况下，物理特性测量的单位是绝对的。2 米就是 2 米，1 千克就是 1 千克。在教育测量中，单位的意义比较模糊且相同单位不等值。比如，在教育测量中，一名学生在一次测验中得了 60 分，可能在这个班级是较高的分数，但在别的班级、别的学校可能是较低的分数。由于题目难易程度不同、评分标准不同，因此分数的价值也不相等。又如，在百分制的评分方法中，60 分比 55 分多 5 分，90 分比 85 分多 5 分，这两个“5 分”

实际代表的意义并不相同。再有，考100分的学生的知识量并不等于同一测验中考50分的学生的知识量的两倍。一名学生学业成绩的好坏、智力水平的高低和能力的大小等，都是就其在所属团体的整体分数序列、行为序列中的地位来说的。测量的分数单位并非绝对。因此，为了使教育测量的分数具有可靠性、可比性，必须根据标准测量的原理和方法编制测验量表，制定科学的评分标准和方法，并将测量所得的原始分数转换为可以直接比较的量表分数，即进行分数的转换。

第三，测量对象的复杂性。教育测量的对象主要是学生的精神属性。首先，它是内在的，不能直接被测量；其次，它是多变的。学生的智力、学业成绩、品德等方面是不断变化、发展的；最后，还有一些主客观因素也会影响测量的结果。因此，进行教育测量时，必须注意引起测量误差的各种内外因素。

第四，测量目的的针对性。教育测量是为了掌握学生在学业、智力和思想品德等方面的情况，因材施教，促进学生的全面发展。它是为实现教育目的服务的。因此，不能脱离教育目的和教材的要求随意制定量表，任意进行测量。

三、教育测量的误差

测量的误差是必然存在的。教育测量作为一种精神层面的测量，其误差更是不可避免的。教育测量的工具不会精密无缺，量表很难把学生的知识、才能、思想一点不漏地全部测出来。并且学生在不同时期、不同情况下有不同的表现，教育测量所能控制的条件是有限的。为使教育测量的误差较小，我们必须采取有效的手段，科学地编制量表，妥善地选取和控制测量的对象，并科学地进行评分，周密严谨地表述测量结果。

四、教育测量中几种容易混淆的概念

（一）测验与测量

测验是引起某种行为的工具，通常是指运用某种仪器、试题来引起人们的某种行为，从而测定人们的某种特性。

测量相对于测验的含义要广泛些，不仅包括运用仪器、试题来测定事物的质量和特性，而且包括运用调查、观察等方法来测量事物的质量和特性；不仅包括对事物的测验，而且包括对事物进行数量化的分析，并对测验结果进行一定的解释和评价。

（二）测验与考试

测验的内容是经过较细致的科学分析编制出的测验题目，在程序和评分方面有较严格的要求。

考试的内容通常是指教师凭自己的经验出的题，带有主观随意性，一般用于考核学生的学业成绩。

（三）测量与评价

测量包含一定的评价。因为一方面，测量的数量化结果如果不依据测量的目的进行分析、解释和评价，就是无意义的东西；另一方面，评价要根据测量的结果来评断是否达到了教育的目的和要求，达到了什么程度，教育措施是否符合社会需要。

两者的区别在于测量强调的是数量化，一般要尽可能地减少判断的作用；评价是突出价值观，充分重视对问题的分析和评断。测量的结果是评价的重要依据，而不是评价的唯一依据。评价需要依据更多的方法和更多的资料来进行。例如，评价学生学业成绩，除依据测量所得的分数外，还要依据学生的平时成绩、课堂表现、以往的学习成绩等。

（四）教育测量与心理测量

教育测量着重于对教育效果的测量，测量在教育的影响下学生心理的变化情况，并常根据教育目的和教材内容的要求来编制量表，包括智力测验、人格测验、成绩测验。

心理测量是测量人的心理活动的差异，一般包括智力测验、人格测验等。心理测验量表不宜直接取材于教科书。教育上运用的心理测量是测量学生在教育的影响下心理活动方面的差异。

五、教育测量的要素及种类

（一）教育测量的要素

单位是计算的标准，是测量的基本要求。理想的单位必须具备两个条件：一是要有确定的意义，即对与同一单位，所有的理解要相同，不能出现不同的理解；二是要有相等的价值，即相邻两个单位之间的差别总是相等的。物理特性的测量单位是比较明确的，如 7 米、9 千克。精神特性的测量单位一般来说是相对的，意义比较模糊，相同单位不等值。一般来说，教育测量的单位是不能进行直接加减乘除的。

参照点是计算的起点。参照点不统一，量数所代表的意义就不同，测量的结果就无法进行比较 。参照点一般有两种：一是绝对零点，0 表示没有的意思，0 米就表示没有长度；二是相对零点，0 不一定表示没有，0 摄氏度不是表示没有温度。教育测量的参照点一般是相对的，0 分并不表示学生对某一学科一无所知。

量表一般被称为测量的工具，是具有一定单位和参照点的连续体。由于制定量表的单位和参照点不同，因此量表的种类也不同。量表可分为四种：百分量表、年龄量表、等级量表、T 量表。百分量表是把事物的质量分为 100 个分数线，用 100 个分数线去编制量表，以测量事物所达到的分数线，是测量学生学业成绩经常使用的一种量表。年龄量表是以学生成长的年月为单位编制的量表，常用于测量学生的智力、身体发育等。等级量表是将事物的差别分成若干等级，然后规定某种等级中包含的某种属性，用以测定事物应属的等级，如优、良、中、差。T 量表是麦柯尔

(McCall)发明的，是用编制的测验去测量大量的12岁的儿童，将所得的分数列成次数分布表，求平均数和标准差，以标准差的十分之一为单位而编制的量表。

(二)教育测量的种类

1. 以测量的对象分类

学业成绩测验——用于测量被试的知识、技能，如数学测验、历史测验等。智力测验——用于测量被试的观察、识记、分析、判断、推理等思维活动的能力，如辨别测验、填图测验等。人格测验——用于测量被试智力以外的心理的各种特性，如性格测验、情感测验等。特殊能力测验——用于测量被试某种特殊能力达到的程度，如音乐能力测验、绘画能力测验等。

2. 以测量的目的分类

预测测验——测量被试的某方面在将来可能达到的水平和成就。形成性测验——了解被试在教育过程中知识、技能、思想、品德等方面的发展情况。总结性测验——在一门学科或一项活动结束时进行的测验。诊断性测验——为了发现被试在学习或思想上存在的问题，以便对症下药、改进教学、提高教育质量而进行的测验。难度测验——用于鉴定被试可能达到的最高水平。速度测验——测量学生完成某种作业的速度、掌握知识技能的熟练程度、动作反映的速度等。

3. 以测量的方式分类

个人测验——每次只测验一个人。团体测验——同时测验许多人。

4. 以试题的形式分类

客观性测验——试题的评分客观，如是非题、选择题等。论文式测验——以论述或作文的形式测验。投射测验——向被试提供一些含义模糊的刺激，让被试做出反应，从而测验被试的能力和态度等。情景测验——通过提供情景性材料，让被试根据这些材料回答问题，测试被试的反应能力等。

六、教育测量的功能

(一)教育测量是改进教学的良好工具

教育测量可以帮助教师更准确地甄别学生的知识、智力和思想品德的水平，区别学生的学习兴趣和才能，诊断学生在学习过程中存在的困难和问题。教师可以根据测量的结果，采用合适的教材和教法，组织适当的活动，有效地因材施教和进行职业指导；可以从教育测量中总结经验教训，探索教学过程的规律，这对提高教学质量起着巨大的作用。

(二)教育测量是教育管理的重要手段

教育管理需要科学，科学在于客观精确化。教育测量可以根据一定的目的，编制客观的标准化量表，做出科学的分析和评价，使我们摆脱经验的主观性。它对于合理地使用教育经费、科学地选拔人才和安置人才、决定教育政策、进行教育规划等都起着重要的作用，是教育管理不可缺少的手段。

(三)教育测量是教育研究的重要方法

对于任何新的教育理论、新的教材、新的教学方法，在没有经过教育测量的检验之前，人们都无法科学地评定它的价值。现代教育工作中有许多问题，如发展学生的智力问题、改革考试问题、学校教育质量的评价问题等。对这些问题的研究如果离开教育测量，就难以得出客观的、精确的依据。所以，教育测量是进行教育研究不可缺少的科学方法。

七、对教育测量应有的认识和态度

(一)教育测量是一种工具

任何一种工具都有它的优点和缺点，都不是万能的。我们研究和处理教育问题时，应该根据目的，选择有效的科学方法。如果需要从数量化方面进行分析，那就采用测量和统计的方法；如果感觉采用测量和统计的方法不足以评断出结果，就再与别的科学研究方法结合起来使用，绝不能把教育测量作为研究教育问题的唯一方法。

(二)教育测量尚需完善

就教育测量的现状来说，关于知识技能方面的测量，已经有了一些有效的测量工具，能比较准确地测量出学生的学业成绩；在智力测验和人格测验方面，测量发展得比较迟缓，测量结果的精确性较差。但绝不能因此取消或不用智力测验和人格测验。任何一种工具，只有在使用过程中才能暴露缺点，经过研究后才能不断地得到改进和完善。教育测量中不够精确和完善的地方，正需要我们深入研究，使其更加精确和完善。

(三)对测量应持严肃的态度

有的测验要求被试填写家庭经济状况、家庭关系、性能倾向、宗教信仰等问题，从而被认为侵害了私人生活，干涉了公民权利。运用统一的量表对不同地区、不同民族的人们进行测量，把某些人的智力落后、成绩不良解释为是遗传和种族的原因造成的，这种非科学的测验和解释自然会遭到人们的反对。因此在实施教育测量时，必须注意两个问题。一是编制测验要注意科学性。良好的测验试题的类型应与测验的目的相适应。例如，测量学生的智力，应选用填图、辨别等类型的试题；所拟试题应具有代表性；试题要有适宜的难度和区分度；试题的表述要明晰、准确，不会引起被试对试题的误解；测验的结果要具有可靠性和有效性；测验要宜于实施，易于评分，便于统计检验，在人力、物力和时间方面符合经济原则。二是要严格遵守测量工作的要求。严格按照规定的测量程度和方法；注意保护被试的利益，不能挫伤被试的心理；根据被试在学习、智力和人格方面存在的问题，给予切实的辅导和帮助；有关被试家庭关系和人格方面的保密事情，要为其保密，不能公开和宣扬。

教育测量是一种工具，为改进教育工作、提高教育质量、更好地实现教育目的服务。切不可为了测量而测量，粗制滥造量表，随便进行测量，否则会给教育工作带来损失，造成不良影响。

八、教育测量的发展简史

教育测量的发展分为三个阶段。

(一)教育测量的萌芽阶段(1864 年以前)

早在西周时期，中国就初步建立了学校教育制度，实行了教育考评。《学记》记载，教育质量与学习质量隔年考核一次，每次都有德行与道艺的考核要求。公元 606 年，开始实行科举制。科举制整个流程都体现了教育测量的实质。220 年，由吏部尚书陈群提出的九品中正制也同样如此。九品中正制把人物的品行定为九品——上上、上中、上下、中上、中中、中下、下上、下中、下下。以此作为选人授官的依据。中正(官名)按家世门第高低、才德优劣划分等级，然后向吏部推荐，按品授官。

欧美各国在 18 世纪末 19 世纪初采用考试的方法选拔官吏，欧洲学校的笔试开始于 1702 年英国的剑桥大学，1845 年美国波士顿市教育委员会开始采用笔试的方法考查该市所属学校的毕业生。这些形式实质上是从中国的科举制考试形式沿袭而来的。因此，有不少国外学者认为，教育测量起源于中国的科举制度。

在教育测量的萌芽阶段，试题的数量普遍偏少，知识的覆盖面窄；没有客观的评分标准，阅卷者可根据个人知识、经验、爱好来评分，评分易受阅卷者主观因素的影响。

(二)教育测量的蓬勃兴起阶段(1864—1940 年)

19 世纪末到 20 世纪 30 年代，欧美资产阶级学者为了适应社会要求，有效地培养人才，在教育科学化运动的推动下，对学校中的考试进行了积极的研究，减少了试题编制的片面性和评分方法上的主观经验性，使教育测量走向客观性测验；而后又经研究，使客观性测验标准化，成为客观标准化测验。所谓客观标准化测验，即根据一定的目的，认真细致地编制测验量表，科学地规定标准答案和给分标准，先对大量的被试进行测验，再按年龄或年级分别得出各年龄或各年级在测验中所得分数的平均数和成绩分数分布情况，而后以此为标准来衡量以后的被试的所得分数。

(三)教育测量的深入发展阶段(1940 年至今)

现代教育测量相较于前两个阶段有了新的发展，更加重视对学生智力和思想品德的测量。测量量表的编制突破了过去单一答案的求同式思维，发展为包括多种答案的求异式思维题和论文式试题。测量的范围由过去偏重于学生学习成绩的测量，发展到涉及课程设置、教材、教育改革方案等效益方面的测量。教育工作的各个方面都在运用测量。现代教育测量由过去单一的常模参照性测验模式发展到常模参照性测验与目标参照性测验相结合的模式。教育测量本身的理论研究与技术开发更加深入与完善，现代化的测量工具也在教育测量中得到广泛使用。

第二节　教育评价概述

一、教育评价的含义

（一）教育评价的概念

教育评价，其上位概念为评价。所谓评价，就是根据某种价值观对事物及其属性进行判断。教育评价将其置于教育的场域之内探讨。我们可以把教育评价初步定义为：根据一定的教育价值观或教育目标，运用可行的科学手段，通过系统地收集信息、分析解释，对教育现象进行价值判断，从而为不断优化教育和教育决策提供依据的过程。

由于教育评价是一门新兴的学科，因此它的理论体系、指导思想、评价模式和方法技术等都处于不断完善、不断发展的过程中。虽然各国教育评价专家、学者对教育评价做了种种界说和解释，但迄今尚未形成统一的为大家所公认的科学定义。

（二）教育评价的对象、范围和地位

教育评价早期以学生学习结果为对象，随后逐渐扩大了范围。现代教育评价以教育的全领域为对象。评价对象包括教育结果、教育计划、教育活动、教育过程，并已成为现在教育不可缺少的一部分。

（三）教育评价的目的和作用

过去的教育评价偏重于鉴定、筛选功能，其目的是选拔适合接受教育的儿童，是为应试教育服务的。现代教育评价强调反馈、矫正功能，即调控功能。其目的是创造适合儿童的教育，为促进儿童个性全面发展和提高教育质量服务。教育评价的目的是为教育决策提供信息和依据，为不断完善和改进教育过程、提高教育质量服务。

（四）教育评价的依据和手段

价值判断是教育评价的本质特征，是教育评价的核心。教育方针、教育政策和教育目标就是我们的教育价值观的集中体现。我们应当以教育方针和教育目标为依据确定评价的目标和标准。教育评价是运用科学的方法和手段，对教育现象及其效果进行测定所实施的价值判断活动。

二、教育评价与教育测量的关系

（一）联系

一方面，教育测量是借助一定的工具，通过给教育现象赋值，来获取评价对象

数量的方法。教育测量是教育评价获得数据资料的重要手段。评价只有在测量的基础上才能给予正确的判断，通过测量做出的评价才可靠。另一方面，测量也需要评价，测量的结果只有通过评价的解释才能获得其实际意义。测量是评价的依据，评价是测量的具体体现。

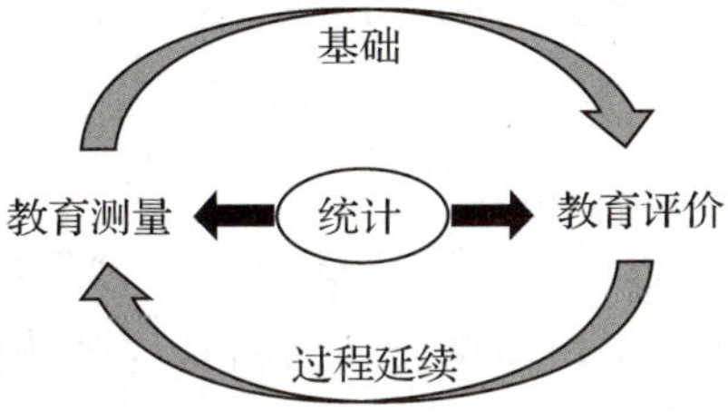

图 1-1 教育测量与教育评价关系图

(二)区别

测量关心的是数量的多少，是一种纯客观的过程。评价关心的是价值的高低，带有主观性。评价是一种主观估计与客观测量统一的综合活动。

三、教育评价的种类

根据不同的分类标准，教育评价可分成不同的种类。

(一)根据评价的对象和范围划分

1. 宏观教育评价

所谓宏观教育评价，是指以教育的全领域及宏观决策方面的教育现象、措施为对象的教育评价，或对一个具有相当规模的地区的教育进行的评价。这类评价属于总体性的、全局性的、高层次性的评价。

2. 中观教育评价

所谓中观教育评价，是指以学校为对象，对学校内部各方面的工作进行的评价，如学校办学质量评价、学校教学工作评价以及学校德育工作评价等。

3. 微观教育评价

所谓微观教育评价，是指以学生为对象的教育评价，如对学生的学业成绩、思想品德、智能发展等的评价。

(二)根据评价的时间和作用划分

1. 诊断性评价

诊断性评价是指在教育教学活动之前，为使计划更有效地实施而进行的预测性、摸底性评价。其目的是摸清评价对象的基础和情况，分析存在的问题，为解决问题收集必要的资料，以找到解决问题的办法。

2. 形成性评价

形成性评价是指在教育教学活动计划实施的过程中，对计划、方案执行的情况进行的评价。其目的是了解动态过程的效果，及时反馈信息，及时调节，使计划、方案不断得到完善，以便顺利达到预期目的。

3. 总结性评价

总结性评价是指某一教育教学活动项目告一段落或完成以后进行的评价。其目的是了解这项活动达到预期目的的情况及其最终效果和效益。

（三）根据评价的基准划分

1. 相对评价

相对评价是指在评价对象团体中确定一个基准，或以某一团体的评价状况为基准，对团体中的个体成员在这个团体中所处的相对位置进行评价。要明确的是，评价基准是在评价对象团体内部确定的，参照的标准是对团体进行测量以后确定的。这种评价方式关心的是团体成员在该团体中所处的相对位置。

2. 绝对评价

绝对评价是指以预先制定的目标为评价基准，评价每个对象达到目标或基准的程度，也称目标参照评价。相对于相对评价来说，绝对评价的评价基准是在评价对象团体以外确定的，参照标准是在对团体进行测量以前确定的。这种评价方式关心的是评价对象达标的程度。

（四）根据评价的性质划分

1. 需要性评价

需要性评价是指根据某种需要，对新提出的教育目标、计划方案的必要性做出价值判断。其目的是判断新提出的教育目标、计划方案是否有必要实施。这种评价一般是在某种教育改革项目开始前或对教育活动整个过程进行总体反思时进行的。

2. 可行性评价

可行性评价是指对教育目标、计划、方案实现的条件、可行程度的评价。其目的是了解实施教育目标、计划、方案的物质条件、技术条件和经济效益。

3. 配置性评价

配置性评价是指对教育目标、计划、方案所需要的资源条件、人员与技术条件的配置进行价值判断。其目的是合理安排利用人力、物力和财力。

（五）根据评价的主客体划分

1. 自我评价

自我评价是指被评价者按照一定的评价目的和要求，对自身的工作、学习、品德等方面的表现进行价值判断。自我评价能充分发挥评价对象在评价中的积极性，激发被评价者的自尊心、自信心，使之自觉地、主动地接受评价。

2. 他人评价

他人评价是指被评价者以外的人进行的评价，也叫外部评价。这种评价方式一般较严格、慎重，也比较客观，可信度较高，具有一定的权威性。自评只有经过他评才能得到有关方面的认可。

四、教育评价的意义与功能

按照系统论的观点，评价功能是教育评价系统结构的内在机制，是构成评价系统的各个要素的组成形式在运动状态下所发挥的功效，是评价系统内部所固有的一种潜在能量。这种潜在能量只有在评价实践中才能表现或释放出来。这种功能的外在表现即是作用。教育评价的意义和功能如下。

(一)教育评价的意义

1. 教育评价是教育管理的重要组成部分

教育管理的各个环节都需要评价。没有评价的管理是一个开放式的管理系统，无反馈机制，是一种不科学、不健全的管理。有了评价的管理，才能及时反馈信息，及时发现问题、解决问题。这种管理是一个闭合回路的管理系统，是一种科学的管理。因此，没有评价就没有科学的管理；缺少评价，任何管理都是不健全、不科学的。

2. 教育评价是深化教育改革的重要措施

要进行一项教育改革，首先要进行改革方案的可行性评价。在改革进程中，必须加强形成性评价；在某一改革告一段落时，必须进行终结性评价。只有这样，才能避免盲目性，确保教育改革沿着科学的轨道发展。

3. 教育评价是全面提高教育质量的重要手段

通过教育评价，可以对学校各项教育教学工作的有效性、学生各方面发展的情况获得反馈信息，及时总结成绩，纠正偏差，使教育教学工作经常全面地保持良好状态，从而有效促进教育教学质量的提高。

4. 教育评价是教育科学研究的重要内容

现代教育科学研究被划分为三大领域：教育基础理论研究、教育发展理论研究和教育评价研究。可见，教育评价是教育科学研究的重要内容。

(二)教育评价的功能

1. 导向功能

教育评价具有指引方向的功能，通过评价目标、指标体系的引导，可以为学校指明办学方向，为教师与学生指明教与学的奋斗目标。评价的导向功能是客观存在的，不以人的意志为转移，对教育目的的实现和教育方针的贯彻有相当强的制约和保证作用。教育评价是根据教育目标进行的，通过对现状和目标之间的距离的判断，能有效地促进被评对象不断接近预定的目标。

2. 监督检查功能

社会各界要了解、考察教育的发展状况，教育行政领导部门要对学校工作进行指导与管理，学校要对师生的教学活动进行调解和控制，教师要对学生的学习进行监督和帮助，都需要通过一种具有监督检查功能的形式，即教育评价。利用评价的这个功能，我们可以全面地掌握教育的各种情况，敏锐地发现问题并及时解决，对任务完成数量和质量进行控制，为提高教育活动的有效性提供科学依据。

3. 激励功能

教育评价能激发被评者争先的欲望，从而创造出一种正式或非正式的竞争环境。在教育与教学管理中，根据工作的特点和活动的规律性，我们可以有意识地利用评价来强化评价对象间的竞争能力。这样不仅能起到激励先进、鞭策后进的作用，还可以使评价者预先设定的目标得以实现。

4. 筛选择优功能

教育的实际工作经常要对教育的对象进行择优筛选。这就需要将众多对象根据一个标准来衡量和判断，也就是要对众多对象进行科学的教育评价。过去往往凭经验或少数人的意见办事，结果是不准确的，甚至产生了一些失误，对评价对象也是不公平的。

5. 诊断改进功能

通过教育评价，发现教育教学过程中存在的问题和不足，然后针对这些薄弱环节提出改进的措施，这就是教育评价的诊断改进功能。例如，通过对教育管理或教学活动的每一个环节、每一个步骤、每一个要素的正确性、适应性进行分析和研究，我们就能判断出学校管理、教师教育和学生学习的薄弱环节或存在的问题，为有效地指导和改进工作提供可靠的依据，从而达到直接促进教学发展的目的。对于教育工作者来说，这才是最有实际意义的。

五、教育评价的发展简史

教育评价作为科学概念是 20 世纪 30 年代在美国进步主义教育联盟的新教育课程的改革实验“八年研究”中正式诞生的。教育评价思想源于中国古代教育的考试，孕育于西方对教育测量的批判，形成于“八年研究”的改革实践。

教育评价大致经历了三个发展阶段。在这三个阶段，教育评价方法各有其不同的特点。

(一)教育评价的开创时期(1930—1958 年)

美国进步主义教育联盟中的一些教育家以新教育理论为指导，以人的全面发展为目标，提出了一套新教育课程实验研究。泰勒(Taylor)教授承担并设计了教育实验的评价方案，结合实验进行了评价研究。这即为著名的“八年研究”。“八年研究”是成功的，教育评价的实施是有效的。专门总结这次教育评价的报告《史密斯-泰勒报告》被誉为“划时代的教育评价宣言”。泰勒系统地总结了教育评价思想体系，第一次提出了教育评价的科学概念，阐明了教育评价的指导思想、目的和原理。至此，教育评价正式诞生了。教育评价方法论的实证化特点非常明显，表现在目标导向评价模式之中。泰勒认为：开展评价的依据是把所要评价的内容分成具体可见的、可操作的学生行为目标，以便在评价中能够围绕这些行为目标进行观察和测定。泰勒在他的评价模式中强调对学习和教育结果进行客观的测量、统计。

(二)教育评价的大发展时期(1958—1972 年)

1958 年，美国联邦议会通过《国防教育法》，政府和公众要求对教育工作实行科学的评价。1963 年，美国政府正式提出要对教育的效能和质量进行评价，并投入专款和专业人员。在这种情况下，教育评价理论、技术和方法得到了大发展。

这一段时间出现了 40 多种评价模式。它们适用于不同的范围，采取了不同的方式方法。教育评价呈现出生机勃勃、迅速发展的趋势。这一时期教育评价的特点是实证化倾向仍然占主要地位，人文化倾向开始萌芽。

(三)教育评价的专业时期(1973 年至今)

在这一阶段，教育评价方法论的人文化特点得到迅速发展并有超过实证化倾向的势头，出现了一系列新的教育评价模式。这一时期的教育评价不只是单纯从评价者的需要出发，而是考虑所有参与人的需要，强调个体的经验、活动和主观认识的作用；不过分追求客观性，并试图摒弃数量特征；从人的角度出发，重视人文社会科学方法在评价中的运用。教育评价方法论的人文化倾向得到迅速发展的同时，实证化特征并没有完全消失，而是在新的形势下得到了进一步的发展。

对于教育测量以及评价的发展历程，我们要像二十大报告中强调的那样，要善于通过历史看现实、透过现象看本质，把握好全局和局部、当前和长远、宏观和微观、主要矛盾和次要矛盾、特殊和一般的关系，不断提高战略思维、历史思维、辩证思维、系统思维、创新思维、法治思维、底线思维能力，为前瞻性思考、全局性谋划、整体性推进党和国家各项事业提供科学思想方法。

课后思考题

1. 为什么人们不容易像接受物理测量那样接受心理测量？
2. 如何才能证明教育测量的必要性和可能性？
3. 如何把握教育测量与教育评价的关系？

第二章　教育测量的质量指标

学习目的

1. 明确测验信度的意义。

2. 掌握常见的信度系数的计算方法，并能熟练运用于教育教学的不同情况中。

3. 明确测验效度的意义。

4. 理解效度系数的相关估算方法，能依据不同情况选取恰当的方法估算效度。

5. 明确测验难度的意义。

6. 掌握难度系数的计算方法以及控制测验难度的方法。

7. 明确测验区分度的意义。

8. 掌握区分度的计算方法以及提高测验区分度的方法。

9. 能根据对信度、效度、难度、区分度的综合理解，对中小学教育教学实践进行反思。

教育测量的设计、编制、使用与评价是一个完整的过程。在进入系列流程的系统学习前，首先，要明确衡量教育测量的质量，即如何评价一个测量的质量：信度、效度、难度、区分度。其中信度、效度主要是对整个测量而言的，难度、区分度主要是对测量的项目而言的。只有很好地掌握了这四个质量指标，才能更好地去设计、编制、使用教育测量。

第一节　测验的信度

一、信度的意义

(一)信度的概念

信度(Reliability)是指测量结果的稳定性或可靠性的程度，也就是测量结果是否真实、客观地反映了被试的实际水平。测量的目的在于正确认识被试的某种特性，提供可靠的信息。所以，从理论上讲，只有测定值接近或等于真值，用同一工具多次测量同一特性获得相同的结果，才能认为这个测量是可靠的。

具体而言，可以从以下三个方面来理解信度的概念。

1. 信度指实测值和真值相差的程度

测量的目的之一就是希望通过测量得到的实测值能够接近事物的真值。由于各种原因，实测值一般不会完全等于真值。两者之差被称为测量误差。测量误差越小，测量的信度就越高。可以用等式 $X=T+E$ 表示，其中 X 表示实测值，T 表示真值，E 表示误差。由于测量的真值是未知的，因此，误差也是无法求出来的。当然，可以把很多次测量的实测值的平均值作为真值的近似值，但这在实践上不具有可操作性。所以，根据这种理解，无法求出信度具体数值上的大小。

2. 信度指统计量与参数之间的接近程度

统计量和参数是统计学中的两个基本概念。统计量是指样本上的各种数字特征(如样本的平均数、标准差等)，参数是总体上的各种数字特征(如总体的平均数、标准差等)。统计量越接近参数，这个统计量的可靠性就越高，信度也就越高。要知道统计量与参数的接近程度，可以对参数进行区间估计。这种方法对估计真分数也是有用的，但这种理解也是无法计算出具体信度值的。

3. 信度指两次重复测量或等值测量之间的关联程度

对同一对象进行两次重复测量或等值测量后，计算两次测量的相关系数，用相关系数的大小来表示一致性程度的高低。相关系数越高，说明测量的信度就越高；反之，就越低。对于信度的这种理解，有利于信度的计算。但重复测量会受到被试的经验、知识的增长等因素的影响，等值测验又较难编制。因此，采用这种方法计算信度也是有误差的。

(二)信度对于教育测量的意义

信度对于教育测量有着较为重要的意义。教育测量的对象主要是精神现象，所测量的特性(如智力、学力等)不易被把握。为了能真实地反映测验对象的某种特点，需要更加注意测量的信度，从而正确地判断测量结果的价值。只有信度高的教育测量才能成为对教育工作有用的工具。信度高的教育测量能给教育工作者提供可靠的信息，为他们做出教育预测和决策提供依据；使教师对学生的评价变得客观和可靠，使学生对自己的认识更加符合实际情况，从而有助于改进教与学的方法。并且如果信度高的测验即代表两次测验的结果比较一致，那么只要一次测量，即可获得满意的结果，因此有助于提高教师的工作效率。

二、信度系数的计算

对于信度概念的理解，我们从三个方面进行了分析，但是分析只能帮助我们理解信度的含义，不能计算具体的信度值。在实际的测量中，为获得明确的信度值，可以采用计算信度系数以估计信度的方法。下面介绍几种常用的方法。

(一)稳定性系数

稳定性系数又称重测信度，是指用同一量表对相同被试(一组人)在不同时间测验两次的实得分数的相关系数。稳定性系数是估计信度最简单的方法，可采用重测法，只需用同一份试卷对同一被试测验两次即可。估计稳定性系数的基本程序为：

$$\text{测验 A1} \xrightarrow{\text{适当时距}} \text{测验 A2}$$

A 表示两次测验试卷相同，A1 和 A2 表示同一测验经过适当时间间隔实施两次，时距可以是几天或者几个月。

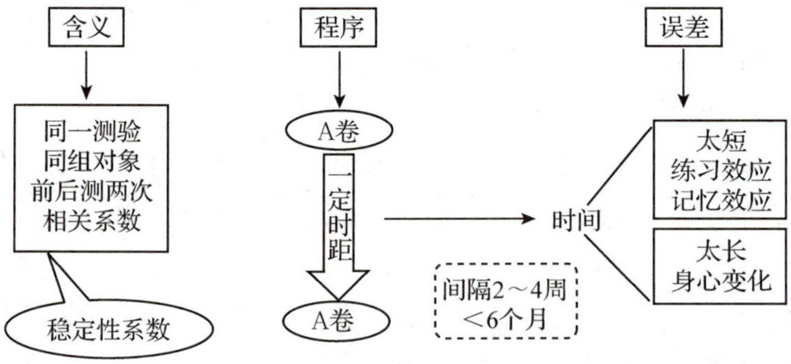

图 2-1　稳定性系数思维逻辑图

稳定性系数可用下列计算相关系数的公式：

$$r_{A_1A_2}=\frac{N\sum XY-\sum X\sum Y}{\sqrt{\left[N\sum X^2-\left(\sum X\right)^2\right]}\sqrt{\left[N\sum Y^2-\left(\sum Y\right)^2\right]}}\quad \text{公式(2-1)}$$

公式中，$r_{A_1A_2}$ 为两次测验结果的相关系数，X 为第一次测验的实得分数，Y 为第二次测验的实得分数，N 为被试人数，$\sum XY$ 为每个被试两次测验所得分数乘积之和，$\sum X$ 为每个被试第一次考试分数之和，$\sum Y$ 为每个被试第二次考试分数之和，$\sum X^2$ 为每个被试第一次考试分数平方之和，$\sum Y^2$ 为每个被试第二次考试分数平方之和。

【例题】用某量表测验 10 个学生，得分记为 X。为了考察测量结果的可靠性，于 15 天后用原量表对这 10 个学生重测一次，得分记为 Y。测验结果是否可靠？

序号	1	2	3	4	5	6	7	8	9	10
X	8	10	9	6	10	7	5	7	9	4
Y	9	10	10	6	10	8	4	8	9	4

解：1. 把测验成绩列表于后，计算出公式(2-1)所需的各种统计量。

学生	A1	A2	X^2	Y^2	XY
	X	Y			
01	8	9	64	81	72
02	10	10	100	100	100
03	9	10	81	100	90
04	6	6	36	36	36
05	10	10	100	100	100
06	7	8	49	64	56
07	5	4	25	16	20
08	7	8	49	64	56
09	9	9	81	81	81
10	4	4	16	16	16
	$\sum X=75$	$\sum Y=78$	$\sum X^2=601$	$\sum Y^2=658$	$\sum XY=627$

2. 把所计算出的统计量代入公式(2-1)。

$$r_{A_1A_2}=\frac{N\sum XY-\sum X\sum Y}{\sqrt{\left[N\sum X^2-\left(\sum X\right)^2\right]}\sqrt{\left[N\sum Y^2-\left(\sum Y\right)^2\right]}}$$

$$= \frac{10 \times 627 - 75 \times 78}{\sqrt{[10 \times 601 - 75^2} \sqrt{10 \times 658 - 78^2}} \approx 0.96$$

答：$r_{A_1A_2} \approx 0.96$，说明两次测验的结果比较一致，有很大的稳定性，这个测验的信度很高，或者说测验结果是可靠的。

在使用此种方法计算稳定性系数时，要注意下列问题。

首先，计算稳定性系数的误差来源于中间间隔时间，两次测验之间的时间间隔要适宜；相隔太短，容易夸大稳定性；相隔太久，容易降低稳定性。两次测验的时距应依据测验类型和准备如何利用测验结果而定。其次，此种测验适用于速度测验而不适用难度测验。因为速度测验受第一次测验的记忆影响较少。最后，被试个体身心变化等也对测量结果有着重要的影响，因此应该注意被试的积极性，否则会影响测验的信度。

(二)等值性系数

当同一测验的一种形式不能或不适合实施两次时，就需要采用该测验的另一个平行测验或者复本。等值性系数又名复本信度，是用两个等值但具体内容不同的量表，在最短时距内对相同被试先后施测两次所获得的两组对应分数的相关系数。复本在测验的内容、题数、格式、难度、平均数、标准差等方面应与原测验一样，否则，估计的等值性系数就会出现较大的误差。估计等值性系数的基本程序为：

$$\text{测验 A1} \xrightarrow{\text{最短时距}} \text{测验 B1}$$

A1 表示用试卷 A 进行的第一次测验，B1 表示用试卷 B 进行的第一次测验，A 和 B 等值。这种确定信度系数的方法被称为复本法。

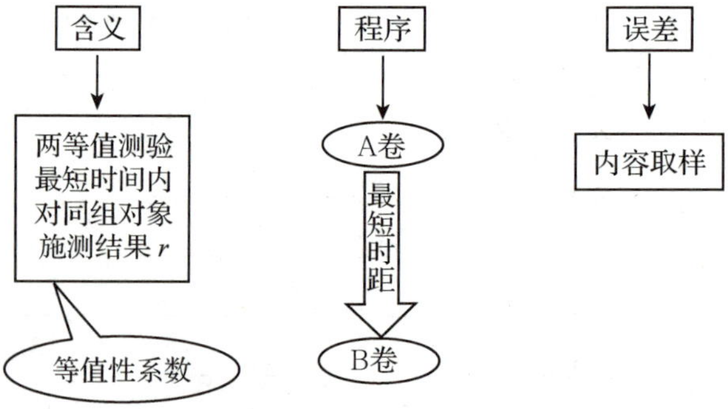

图 2-2　等值性系数思维逻辑图

等值性系数也可用公式 2-1 计算：

$$r_{A_1B_1} = \frac{N\sum XY - \sum X \sum Y}{\sqrt{\left[N\sum X^2 - \left(\sum X\right)^2\right]}\sqrt{\left[N\sum Y^2 - \left(\sum Y\right)^2\right]}}$$

公式中，$r_{A_1B_2}$ 为两次测验结果的相关系数，X 为第一次测验的实得分数，Y 为第二次测验的实得分数，N 为被试人数，$\sum XY$ 为每个被试两次测验所得分数乘积之和，$\sum X$ 为每个被试第一次考试分数之和，$\sum Y$ 为每个被试第二次考试分数之和，$\sum X^2$ 为每个被试第一次考试分数平方之和，$\sum Y^2$ 为每个被试第一次考试分数平方后之和。

【例题】已经对 10 名被试施行过测验 A1，接着对这 10 名被试施行测验 B1，求该测验的信度。两次测验的资料如下表，X、Y 分别为每个人两次测验的总分。

序号	1	2	3	4	5	6	7	8	9	10
X	8	10	9	6	10	7	5	7	9	4
Y	4	9	7	9	4	3	5	3	2	4

解：1. 先把测验成绩列表于后，求出所需统计量。

被试	A1	B1	X^2	Y^2	XY
	X	Y			
01	8	4	64	16	32
02	10	9	100	81	90
03	9	7	81	49	63
04	6	9	36	81	54
05	10	4	100	16	40
06	7	3	49	9	21
07	5	5	25	25	25
08	7	3	49	9	21
09	9	2	81	4	18
10	4	4	16	16	16
	$\sum X=75$	$\sum Y=50$	$\sum X^2=601$	$\sum Y^2=306$	$\sum XY=380$

2. 把各统计量代入公式(2-1)求 $r_{A_1B_1}$。

$$r_{A_1B_1}=\frac{N\sum XY-\sum X\sum Y}{\sqrt{\left[N\sum X^2-\left(\sum X\right)^2\right]}\sqrt{\left[N\sum Y^2-\left(\sum Y\right)^2\right]}}$$

$$=\frac{10\times 380-75\times 50}{\sqrt{[10\times 601-75^2}\sqrt{10\times 306-50^2}}\approx 0.11$$

答：$r_{A_1B_1}\approx 0.11$，A1 和 B1 两次测验的结果的信度系数很小，说明一致性很差，测验结果的信度很低。

在使用此种方法计算等值性系数时，要注意下列问题。

等值性系数使用的关键在于两个量表必须等值，即要求第二次测验与原测验的量表应有相同的难度、区分度、长度和题型。这样求出的等值性系数才有价值。其次，两次测验的时距宜尽可能短，以避免知识积累、练习效应等因素的影响。由于量表的两个复份在许多方面近似，因此信度系数有稍微偏高的倾向。如果两次测验紧接，应注意被试易于厌倦。标准化测验一般均有复本，若没有说明等值信度，或等值信度系数较低，则使用复本宜持慎重态度。

(三)内部一致性系数

前面两种估计信度系数的方法都要测验两次。但在实际测验中，一方面，教师很难编制两份等值的试卷；另一方面，学生也没有那么多时间和精力重复参加测验。因此，需要根据一次测验来估计测验的信度系数，这就是内部一致性系数，即把一次测验人为地分成两个部分，比较两个部分的一致程度，从而估计信度系数。

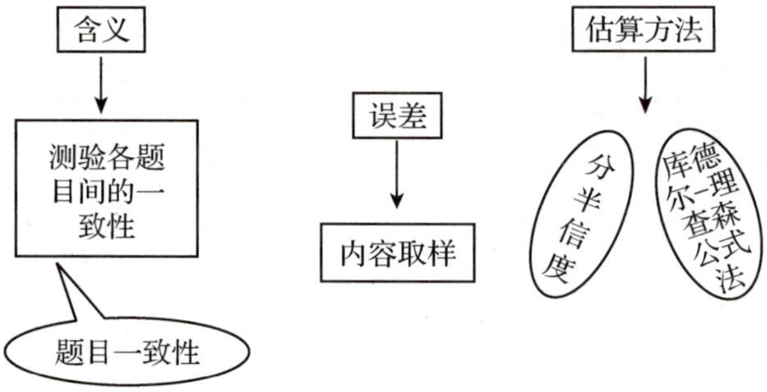

图 2-3 内部一致性系数思维逻辑图

按照两个部分的不同，内部一致性系数的估计方法有两种：分半信度和库德尔-理查森公式法。

1. 分半信度

这种方法是将一次测验分成两个假定相等且独立的部分来记分。通常是以奇数题目为一组，偶数题目为一组，计算两组的相关系数，最后用斯皮尔曼-布朗公式矫正，求得整个测验的信度系数。

斯皮尔曼-布朗公式为：

$$r_{tt}=\frac{2r_{x_1x_2}}{1+r_{x_1x_2}} \qquad \text{公式(2-2)}$$

公式中，$r_{x_1x_2}$ 为两组测验分数的相关系数，r_{tt} 为整个测验的信度系数。

【例题】用一个由 100 道题构成的量表测验 10 个高中学生(分数见下表)。测验一次后，被度即将毕业离校，现在怎样评价测验结果的信度?

序号	1	2	3	4	5	6	7	8	9	10
奇数题得分	38	37	38	41	40	36	38	39	40	35
偶数题得分	37	37	36	39	39	34	38	39	39	36

解：因不能再次测验，只能求分半信度，从而校正出整个测量的信度。

计算每个被试的奇数题总分(X_1)和偶数题总分(X_2)排列在表内，计算有关统计量。

被试	奇数题总分 X_1	偶数题总分 X_2	X_1^2	X_2^2	X_1X_2
01	38	37	1444	1369	1406
02	37	37	1369	1369	1369
03	38	36	1444	1296	1368
04	41	39	1681	1521	1599
05	40	39	1600	1521	1560
06	36	34	1296	1156	1224
07	38	38	1444	1444	1444
08	39	39	1521	1521	1521
09	40	39	1600	1521	1560
10	35	36	1225	1296	1260
	$\sum X_1=382$	$\sum X_2=374$	$\sum X_1^2=14624$	$\sum X_2^2=14014$	$\sum X_1X_2=14311$

把有关统计量代入公式(2-1)，求得相关系数。

$$r_{xy}=\frac{N\sum XY-\sum X\sum Y}{\sqrt{\left[N\sum X^2-\left(\sum X\right)^2\right]}\sqrt{\left[N\sum Y^2-\left(\sum Y\right)^2\right]}}$$

$$=\frac{10\times 14311-382\times 374}{\sqrt{[10\times 14624-382^2}\sqrt{10\times 14014-374^2}}\approx 0.84$$

用斯皮尔曼—布朗公式校正，把 $r_{x_1x_2}\approx 0.84$ 代入校正公式。

$$r_{tt}=\frac{2r_{x_1x_2}}{1+r_{x_1x_2}}=\frac{2\times 0.84}{1+0.84}\approx 0.91$$

答：经校正后内部一致性系数很大(0.91)，说明整个测验的信度较高。

2. 库德尔—理查森公式法

用这种方法只需测验一次，然后以各个问题的正确反应数为基础(可将此视为各题难度的信息)，或根据各人总分的平均数和标准差计算信度系数。库德尔—理查森公式有多个，其中常用的有 r_{KR20} 和 r_{KR21}。

(1)r_{KR20}

该公式以每道题能正确回答的人数占总人数的百分数为基础计算(每道题只有通过或未通过两种)。

$$r_{KR20}=\frac{K}{K-1}\left(1-\frac{\sum pq}{S^2}\right) \qquad \text{公式(2-3)}$$

公式中 r_{KR20} 为整个测验结果的信度系数，K 为测验题目数，p 为各题正确回答人数占总人数的百分数，q 为各题错误回答人数占总人数的百分数（$q=1-p$），S^2 为各被试各题得分之和的方差。

(2) r_{KR21}

$$r_{KR21}=\frac{K}{K-1}\left[1-\frac{\overline{X}(K-\overline{X})}{KS^2}\right] \qquad \text{公式(2-4)}$$

公式中 $\overline{X}$ 是各人总分的平均数，S^2 是各人总分的方差，K 是题目数。

【例题】10 名被试在一次测验中的得分情况如表所示（答对得 1 分，答错得 0 分），试估计被试反应的一致性程度。

被试	得分						
	1	2	3	4	5	6	总分
01	1	0	0	0	0	0	1
02	1	0	0	1	0	0	2
03	0	0	0	0	1	1	2
04	1	1	1	0	0	0	3
05	0	1	0	0	1	1	3
06	1	1	1	0	0	0	3
07	1	1	1	1	0	0	4
08	1	1	1	1	0	0	4
09	1	1	0	1	1	1	5
10	1	1	1	1	1	1	6
p	0.8	0.7	0.5	0.5	0.4	0.4	
q	0.2	0.3	0.5	0.5	0.6	0.6	
pq	0.16	0.21	0.25	0.25	0.24	0.24	$\sum pq=1.35$

解 1：

列出得分矩阵，计算有关统计量：

$$K=6 \quad \sum pq=1.35 \quad \overline{X}=\frac{1+2+2+3+\cdots+6}{10}=3.3$$

$$S^2=\frac{(1-3.3)^2+(2-3.3)^2+\cdots+(6-3.3)^2}{10}=2.01$$

带入公式 $r_{KR20}=\frac{K}{K-1}\left(1-\frac{\sum pq}{S^2}\right)$

计算信度系数：

$$r_{KR20}=\frac{6}{6-1}\times\left(1-\frac{1.35}{2.01}\right)\approx 0.40$$

答：该测验的信度系数较低，说明内容一致性较差，量表中的题目并非都可以测量相同的特性，即题目的同质性差或难度悬殊较大。

解 2：

列出得分矩阵，计算有关统计量：

$K=6 \qquad \overline{X}=\dfrac{1+2+2+3+\cdots+6}{10}=3.3$

$S^2=\dfrac{(1-3.3)^2+(2-3.3)^2+\cdots+(6-3.3)^2}{10}\approx 2.01$

代入公式 $r_{KR21}=\dfrac{K}{K-1}\left[1-\dfrac{\overline{X}(k-\overline{X})}{kS^2}\right]$

计算信度系数：

$r_{KR21}=\dfrac{6}{6-1}\times\left[1-\dfrac{3.3\times(6-3.3)}{6\times 2.01}\right]\approx 0.31$

答：该测验的信度系数较低，说明内容一致性较差，量表中的题目并非都可以测量相同的特性，即题目的同质性差或难度悬殊较大。

计算内部一致性系数需要注意以下几点。

若用分半法时，以按奇数题和偶数题分为两半为宜。若把整个测验分为前后两半，一方面，前半部分试题与后半部分试题未必等值；另一方面，被试在完成后半部试题时，可能因疲劳、厌倦等原因而影响回答质量，以致前后反应不一致，影响信度。若速率是测验的重要因素，则不宜用分半法。因为速度测验中试题的难度低，被试得分的多少在很大程度上受答题多少的影响。分半法易使得分相同，从而夸大分半法的信度。若答案只有正确和错误两种，得分也只有两种，则可用不同公式计算信度系数；若答案多种多样，得分也多种多样（如论文式考试），则不能用上列公式计算一致性系数。

（四）评分者信度

一般论文考试只能提供列出答案要点的参考答案而无固定的标准答案，因而不同的评分者对同一份试卷往往给分不同，甚至有很大的差距。作文测验、投射测验、品德测验、创造力测验等的评分中，都存在这个问题。评分者的评分不一致，说明评分的信度不高；评分者所评的分数越一致，说明评分的信度越高。由此，引入评分者信度，即多个评分者对同一批人的答卷进行评分的一致性程度。评分者信度计算公式需区分评分者的人次数。若为 2 人评 N 份试卷，可用斯皮尔曼等级相关公式计算；若 3 人或 3 人以上评 N 份试卷，则需计算肯德尔和谐系数。

1. 斯皮尔曼等级相关公式

$$r_s=1-\frac{6\sum D^2}{N(N^2-1)} \qquad \text{公式(2-5)}$$

公式中，r_s 为等级相关系数，D 为两位评分者对同一试卷所评的等级之差，N 为被评分的试卷数。

【例题】甲乙两位教师评阅 10 份试卷，他们对每一份试卷各所评的分数如下，二者评分的一致性如何？

甲	94	90	86	86	72	70	68	66	64	61
乙	93	92	92	70	82	76	65	76	68	60

解：1. 把两位教师的所评分数对应排列，并列出名次或等级。

试卷	得分		名次		等级之 D 差	D^2
	甲评分	乙评分	甲名次	乙名次		
A	94	93	1	1	0	0
B	90	92	2	2.5	−0.5	0.25
C	86	92	3.5	2.5	1	1
D	86	70	3.5	7	−3.5	12.25
E	72	82	5	4	1	1
F	70	76	6	5.5	0.5	0.25
G	68	65	7	9	−2	4
H	66	76	8	5.5	2.5	6.25
I	64	68	9	8	1	1
J	61	60	10	10	0	0

2. 计算相关统计量，把所计算的统计量代入公式。

$$r_s = 1 - \frac{6\sum D^2}{N(N^2-1)}$$

$$r_s = 1 - \frac{6 \times 26}{10 \times (10^2 - 1)} \approx 0.84$$

答：甲乙两位教师阅卷的一致性较高，评分比较可靠。

2. 肯德尔和谐系数

$$W = \frac{S}{\frac{1}{12}K^2(N^3 - N)} \qquad \text{公式(2-6)}$$

公式中，K 是评分者的人数，N 是被评分的试卷数，S 为每题等级之和的离差的平方和$\left(S = \sum R_i^2 - \frac{(\sum R_i)^2}{N}\right)$，$R_i$ 为第 i 个被评价对象的 k 个等级之和。

【例题】6 位教师各自评阅相同的 5 篇作文，每位教师给每一篇作文都评了等级（5 个等级）并列入下表，6 位教师所评等级的一致性是大还是小？

评价者 $K=6$	试卷编号 $N=5$				
	1	2	3	4	5
A	3	5	2	4	1
B	3	5	2	4	1
C	3	4	1	5	2
D	3	5	1	4	2
E	3	5	2	4	1
F	3	5	2	4	1

解：1. 计算各题的等级和 R，列入表内。

评价者 $K=6$	试卷编号 $N=5$				
	1	2	3	4	5
A	3	5	2	4	1
B	3	5	2	4	1
C	3	4	1	5	2
D	3	5	1	4	2
E	3	5	2	4	1
F	3	5	2	4	1
R	18	29	10	25	8

2. 计算各题的等级和之和 $\sum R$ 以及各题等级和的平方和 $\sum R^2$。

$$\sum R = 18+29+10+25+8=90$$

$$\sum R^2 = 18^2+29^2+10^2+25^2+8^2=1954$$

3. 计算各个 R 的离差的平方和 S。

$$S=\sum R_i^2-\frac{\left(\sum R_i\right)^2}{N}=1954-\frac{90^2}{5}=334$$

4. 代入公式。

$$W=\frac{S}{\frac{1}{12}K^2(N^3-N)}=\frac{334}{\frac{1}{12}6^2(5^3-5)}\approx 0.93$$

5. 检验 W 是否达到显著水平。

（在此例题中，$W\approx 0.93$，六位评价者的评价比较一致。严格地讲，W 值是否达到显著水平，需要做统计假设检验，可根据 K 和 N 查“肯德尔和谐系数(W)显著性临界值表”进行检验）

表 2-1 肯德尔和谐系数(W)显著性临界值表

K \ N	P=0.05					P=0.01				
	3	4	5	6	7	3	4	5	6	7
3			64.4	103.9	157.3			75.9	122.8	185.6
4		49.5	88.4	143.3	217.0		61.4	109.8	176.2	265.0
5		62.6	112.3	182.4	276.2		80.5	142.8	229.4	343.8
6		75.7	136.1	221.4	335.2		66.5	176.1	282.4	422.6
8	48.1	101.7	183.7	299.0	453.1	99.8	137.4	242.7	388.3	579.9
10	60.0	127.8	231.2	376.7	571.0	85.1	175.3	309.1	494.0	737.0
15	89.8	192.9	349.8	570.5	864.9	131.0	26.8	475.2	758.2	1120.5
20	119.7	258.8	468.5	764.4	1158.7	177.0	364.2	641.2	1022.2	1521.9

当 K 的范围为 3～20、N 的范围为 3～7 时，可根据 K、N 值查表计算出 $P=0.05$ 或 $P=0.01$ 的临界 S 值。

若表列临界 S 值小于所计算出的 S 值，则 W 很有意义，表明阅卷者间的一致性强。

$K=6$，$N=5$，查显著水平为 0.05 的临界 S 值。$S0.05=136.1$　$S0.01=176.1$

$S=334.0>S0.05=136.1$　W 达到显著水平

$S=334.0>S0.01=176.1$　W 达到极显著水平

答：所得 $W\approx0.93$，经检验达极显著水平，可以认为评卷者评分的一致性很高。

三、提高测验信度的方法

(一)信度系数以多大为宜

信度系数究竟以多大为宜，没有明确的标准，要看测验的目的和类型。对于学科测验，信度系数要求达到 0.9，智力测验要求达到 0.8，品德测验要求达到 0.6。

(二)如何提高测验信度

要想提高测量信度，首先要控制影响测量分数的无关因素。测量误差会对测量信度产生影响，误差可能来源于测验本身、测验的实施、被试等方面。根据这些影响因素，测验者应从以下几方面对测验信度进行把控，以达到提升测验信度的目的。

1. 适当增加测验题目的数量

测验题目的数量越多，题目的代表性就越大。这种方法既可提高信度，也可提高效度。因此，一次测验的题目不能太少。但题目太多也无法操作。所以，只能适当增加测验题目的数量。

2. 测验的难度要适中

测验的难度适中，能提高测验的信度，也能提高测验的区分度。因此使测验的难度保持适中。

3. 测验的内容应尽量同质

如果测验的内容过于庞杂，必然要求被试具有不同的能力、知识或技能，致使测验的信度降低。例如，外语、数学测验的信度常高于语文、历史测验的信度。因此，为了提高测验的信度，测验内容应尽量同质。

4. 测验的程序应统一

测验的过程直接关系到信度的高低，可以说，信度主要是在测验的实施过程中要重点确保的。测验的程序统一包括测验开始时的指导语、回答问题的方式、分发及收回试卷的办法、测验时间的掌握等的统一。特别应该提到的是，考试的组织问题、监考问题等是关系到测验信度的重要因素。要严防舞弊现象的出现，特别是集体舞弊现象，更不能出现泄漏考题等恶劣行为。

5. 测验的时间要充分

测验的时间限制也会影响信度的高低。如果安排的时间不够，被试不能从容回答问题，那么就不能真实地反映被试的实际水平。因此，测验的时间要充分。这并不是要保证所有被试都能做完试题，而是以大多数被试为标准来制定考试的时间。

6. 评分要尽量做到客观化，减少评分误差

评分是测验的一个重要环节，如果这一关把握不好，测验就等于前功尽弃了。信度系数实际是根据实得分数算出来的。如果评分不准确，信度也就不准了。因此，要求评分要尽量客观，减少评分误差。

7. 被试情绪要平稳

被试参加测验的动机水平、积极性、疲劳程度也会影响测验分数，从而影响信度。提高被试参加测验的动机和积极性，使其保持旺盛的精力，对提高测验信度有一定作用。

第二节 测验的效度

对于任何一种测量来说，信度都是必不可少的条件，但并非唯一的条件。对于教育测量而言，效度也显得十分重要。

一、效度的意义

(一)效度的概念

效度(Validity)是指测量结果的准确性和有效性的程度,也即测量是否达到了预期的目的。对于这个定义可以从以下三个方面去理解。

1. 测量的效度始终是对一定的测量目的而言的

一般而言,任何测量都有某种特定的目的和功能。判断效度的高低,就是判断测验达到目的的程度。如果能正确、真实地测量出所想测量的东西,那么,对这一目的来说效度是高的;反之,是低的。例如,一个智力测验,结果实际测量的不是智力的高低而是知识的多少,那么,此测验的效度就低了。即使某些公认效度较高的测量,也不能要求它在不同目的的测验中保持相同的效度。

2. 测量的效度是对测量的结果而言的

只有经过实际测量,才能根据结果判断一种测量的效度。所以,也可以把效度理解为测量的结果正确反映所欲测量的特性或功能的程度。任何一种测量,只有当它的测量结果真实、正确地反映所欲测量的功能和特性时,才能被认为是较有效的或效度较高的。

3. 一种测量的效度只是高或低的问题

一种测量在编制时,总是针对一定目的而编制的。例如,要测量学生的数学能力,我们不会用语文题目来作为试题,总是会用一些数学题。因此,学生的数学能力或多或少会反映出来一些,不会毫无反映。换言之,测验结果总有一定的效度,只是效度高低不同罢了。

(二)效度与信度的关系

效度高的测验,信度也一定高。高信度是高效度的必要条件。但是,信度高的测验,其效度不一定高,高信度并非是高效度的充分条件。因为凡是正确且真实地测量了所要测量的东西(效度高),那么,即使再次测量,其结果也一定具有较大的一致性和稳定性(信度高)。但是,未能正确真实地测量出所想测量的东西(效度低)的测验,也会因系统误差使测量结果成倾向性的增大或减少,以致再次测量仍可获得一致的和稳定的结果(信度高)。所以,不能认为信度高的测验效度也一定高。

(三)效度在教育测量中的重要意义

对任何一种测量来说,效度都比信度更为重要。因为正如一把在结构上有缺点的步枪,每次射击都会偏离目标,无论对比赛还是作战都无用。不能正确且真实地测量所要测量的东西的测量工具,也是没有什么用处的。

效度问题在教育领域比在其他领域的测量中更为重要。首先,教育测量的对象大多是精神现象,只能通过对其具有可测性的外部表现(语言和动作等)的测量,以间接认识其心理活动、心理特征或知识水平等。其次,学生的心理活动、心理特征与外部表现之间一般仅具有相关关系而无函数关系，外部行为并不能准确无误地反映某种心理状态。最后，教育测量的对象不是物，而是具有主观能动性的人。人能有意识地调节自己的外部行为，掩饰自己的内心活动，这就增加了认识其精神现象的难度。因此，每当进行教育、心理之类的间接测量的时候，必须考虑是否测量到了所要测量的东西，在多大程度上测量到了这些东西；也就是说，必须考虑测量的效度问题。

二、效度系数的估计

与信度计算的理论公式一样，根据效度的理论公式也是计算不出效度的大小的。为此，必须采用其他方法来估计效度的高低。1974 年美国心理学会发行的《教育和心理测验的标准》一书将效度分为三大类：内容效度、结构效度和效标关联效度。

(一)内容效度

1. 内容效度的含义

内容效度是指测验目的代表所欲测量的内容和引起预期反应所达到的程度。以考查学习成绩为目的的测验来说，所欲测量的内容是指教学大纲所规定的全部内容；预期反应是指学生学习这些内容所产生的行为变化，如对这些内容的记忆、理解和应用。测验题目如果恰当地代表了教学大纲所规定的全部内容，那么便能在学生身上引起预期的行为反应(对教材的记忆、理解和应用)；如果根据学生的反应可以正确地测量出学生的学习成绩，那么就可以说这个测验具有较高的内容效度。

2. 拥有内容效度的前提条件

首先，要有定义完好的内容范围；其次，测验题目应是所界定的内容范围的代表性取样。在编制测验时，内容效度是一个相当复杂和不易解决的问题。例如，成绩测验固然要求测验题目能代表学习过的全部内容，但仅仅在形式上做到这一点还不能保证足够的内容效度，因为学习成绩的高低要从学习内容的巩固程度、理解程度和应用能力等行为反应去考查。如果测验题目大多是只需牢记教材就可以回答的，那么对全面测验学生的成绩这一目的来说，内容效度仍然不够高；也就是说，还没有完全测验到所要测量的特性和功能。

3. 估计内容效度的方法

逻辑分析的方法。这是根据教育学和心理学的理论，根据教学大纲的要求，勾画出学生应掌握知识内容的范围和深度，提出应形成的技能名称等，然后以逻辑分析的方法估计测验在多大程度上代表了这些内容，在多大程度上能够测量出所要测量的特性和功能。

用测验题目与教材内容比较的方法，需要先制两个表：一个表是测验的双向细目表，分别列出所要测验的教材各单元内容在考题中应占的百分比和所要求的各种行为反应在全部反应中的百分比；第二个表是测验试题分类表，根据教材各单元内容列出试题，并注明该题所要求的行为反应及其应占的百分比。然后，对照这两个表，根据各个部分相符合的程度，判断内容效度的高低。

此外，由于判断内容效度主要靠逻辑分析和比较测验题目与教材内容的符合程度，没有数量指标描述这种符合度，因此效度的估计不够精确，这是教育测量需要进一步研究的问题。内容效度高低的判断主要靠任课教师本人，因为他们最清楚教了什么内容。不过，若能和有关专家配合，判断会更准确些。

(二)结构效度

1. 结构效度的含义

所谓结构效度，是指一个测量能实际测量出理论上的结构或特质的程度。它的目的在于用心理学的概念来说明分析测验分数的意义，也就是说从心理学的理论观点对测验得出的结果加以解释和探讨。这里的结构的含义是心理学理论所涉及的抽象而属假设性的概念、特性或变量，如智力、焦虑、机械能力倾向、成就、动机等。结构效度的研究是较困难和有争议的，至今仅在概念上和数学上有部分解释。确立一个测验的结构效度之所以困难，是因为效标、构想不是直接可测的，因而不能计算测量与效标的相关度。

2. 结构效度的特点

具有不同理论构思的测验，其结构效度是无法进行比较的；结构效度有时很难获得；结构效度没有单一的指标，是累积各方面的证据进行评价的。

3. 结构效度确立的方法

首先从某一结构理论出发，导出各项关于心理功能或行为的基本假设，据此编制测验，然后由果溯因，以相关、实验和因素分析等方法，检验测验结果是否符合心理学上的理论见解。例如，根据现代智力理论，可以推论出四项主要功能上的假设：智力随年龄增长而增长，智力是相对稳定的，智力受遗传的影响，智力与学业成就有密切的关系。因此，在根据上述的假设编制智力测验后，就要从上述四个方面进行检验。由此可见，结构效度由积累的证据来评价，不可能有单一的结构效度指标。

确立一个测量的结构效度需要两个重要步骤。首先，必须指出这个测量和所有理论上认为应与之有关的其他测量有显著的相关；其次，必须指出这个测量和所有理论上认为不应与之有关的其他测量没有明显的相关。

(三)效标关联效度

1. 效标

效标是衡量测验有效性的标准，指预测的行为，即测验所要预测的行为，以足以显示测验所欲测量的特性的变量或足以显示测验所欲预测的特性的变量作为检定效度的参照尺度。测验所要预测的行为是一个总的观念，观念的东西必须用可操作的测量来表示才有实际意义，因此，有必要把效标区分为观念效标和效标测量。例如，高考作为测验，其效度如何，就要看经过高考录取的学生在大学中学习能否成功。如果经高考录取的学生在大学中学习都很成功，那么说明高考有很强的预测能力；反之，则预测能力不强。在这里，大学学习成功与否是衡量高考是否有效的标准，即效标。但大学学习成功只是一种观念，必须有东西去标志它，标志大学学习成功的东西就是大学的学习成绩。如果高考预测大学学习能成功，录取的学生大学学习成绩就会很好。这里，大学学习成功为观念效标，大学学习成绩为效标测量。

一个好的效标测量必须具备以下四个方面的条件。

第一，有效性。效标测量必须能真正反映观念效标，即效标测量本身必须有效，否则，用它所标志的观念效标也便失去了意义，进而对预测的有效性的评定也是不科学的。第二，可靠性。效标测量还必须可靠，也就是必须具有较高的信度；如果效标测量随时间或情况而变，就不能与预测分数有恒定的关系。因此，在进行效标测量时必须控制误差因素，必要时可增加行为样本或不同情况下的取样，以增加其信度。第三，客观性。当效标测量为等级评定时，可能受评定者主观印象和成见的影响而引起误差，因此，采用判断性的效标测量，必须控制偏见，使评定过程尽可能客观。① 第四，实用性。若其他条件一样，最佳的效标测量应该是用法简单、省时、花费少的，即经济实用。

2. 效标的种类

效标的种类是多种多样的。效标可以是连续变量(如分数)，可以是自然的、现成的指标(如产量、薪水等)，可以是人为设计的指标(课堂考试)，可以是主观判断，可以是自我评定，也可以是他人评定，归纳起来有以下六种。

第一，学业成绩。例如，在校成绩、学绩测验分数以及学历等可作为学绩、智力、学习能力测验的指标。第二，等级评定。对学习成绩、智力、人格、工作表现等都可以通过判断评定一个量数，用来做有关测验的效标。第三，临床判断。临床上观察诊断的结果也可以作为智力、人格等测验的效标。第四，特殊训练的成绩。例如，空军中用基础飞行训练的成绩作为飞行员选拔测验的效标。第五，实际的工作表现。一些职业测验和特殊能力测验常用实际的工作表现，如医生的治愈率、工人的产品产量等作为效标。第六，其他现成的测验。

3. 效标的特性

多样性。一个测验可以有不同的观念效标，同一个观念效标可能有不同的效标测量。例如，对于智力测验，可以用学业成绩作为效标，也可以用教师评定作为效标，还可以用其他智力测验作为效标。一般来讲，只用一种效标虽然简单，但忽略了许多有价值的信息。在多数情况下，同时采用几种效标更合适。但如何把这些效

① 效标污染：是指由于主试者知道某个人(某个集体)的原来测验成绩，存有成见，凭印象给分，影响了在效标测验中对某个人(或某个集体)的成绩评定。为避免效标污染，可以不让评定者知道预测分数，先将测验分数存档，等效标资料收集好后再求相关，这种程序可保证效标与预测源分指数之间的独立性。

标组合起来却是个难题。若效标之间的相关性高，说明这些效标基本上是测量同一行为的，合成效标对测验的益处不大。此时，只要采用一种简便易行的效标测量就可以了。若效标之间的相关性低，则合成的效标可产生意想不到的好处，因为这些效标可以反映出不同的东西。

复杂性。几乎每一种效标行为都由多种特质构成，包含复杂的成分，如学业成绩效标不但包括对知识的记忆，还包括对知识的理解和应用能力、自学能力、动手能力、创造能力等。如果单纯以考试成绩作为效标测量，就不能体现这些成分。

特殊性。即使一个普通的效标，在应用时也有其特殊性。例如，以大学一年级的成绩作为高考的效标，看起来是普遍适用的，但仔细分析一下就会发现，不同学校、不同专业所学的课程是不同的；甚至同一专业由于教师、教材、教法的不同，效标也具有各自的特殊性。使用这种效标确定高考的效度，便会得到很不一致的结果，甚至有的为正值，有的为负值。因此，我们在检验测验的效度时，对被试团体的取样一定要有代表性，避免以偏概全，得出片面的结论。同时，在测验手册中报告测验的效标效度时，不但要说明是使用什么作为效标的，还要说明这些效标来自什么团体。因为效标具有特殊性(针对性强)，所以，在一种情况下有效的测验，在另一种情况下未必有效。

时间性。根据效标的时间性，可将其分为近期效标和远期效标。例如，在校各科全优的学生，工作后不一定十分出色。所以对于高考来讲，近期效标要好些，远期效标可能不太好。对于选拔测验来说，人们对所选出的人最终能否成功更感兴趣。因此，远期效标更有意义。但因为这种效标多半难以被测量，所以常用的还是近期效标。在有些情况下，远期效标即使能得到，也要受到许多无关因素的影响，从而使效标失去作用。

4. 效标关联效度

效标关联效度又称经验效度或统计效度，是指测验分数与作为效标的另一独立测验结果之间的一致性，是以测验分数和效标之间的相关系数来表示测验效度的高低的。

效标关联效度可以分为两种：同时效度和预测效度。

同时效度是指测验与当前效标之间的关联程度，是一种测验的结果与另一大约同时获得的测验结果之间的一致程度。同时效度的高低用两次测验结果的相关系数来估计。例如，对小学二年级学生施行教师自编测验，考查其学习成绩，接着再用公认的对测量二年级学生成绩具有较高效度的标准测验施行于相同被试，然后计算出两次测验成绩的相关系数。如果相关系数高，说明自编测验的结果与效标一致，意味着新编测验的同时效度高。如果相关系数低，说明自编测验的结果与效标不一致，意味着新编测验的同时效度低。

同时效度以已知的具有高效度的测验作为参照标准，检验自编测验是否有较高的效度。在把一些手续复杂、费工费时的测验改编为简便易行的测验时，或把个别测验改编为团体测验时，需要知道两种测验的同时效度，以便决定改编后的测验能否使用。如果想知道某一个测验的预测功能，那么应该计算其预测效度。但这需要等相当长的时间才能施测。为了现在就估计这个测验的预测功能，可先估计其同时效度。如果同时效度高，以后可进一步研究其预测效度；如果同时效度低，就没有再研究其测验功能的必要了。这是因为如果其他条件相等，那么两项测验隔的时间越长，测验结果的相关性也就越低。

在估计同时效度时应注意，两套测验都必须测量同样的特性和功能，两套测验的结果的相关系数才是有意义的。否则，其相关的计算就会成为数字游戏，不能表示测验的同时效度。其结果作为效标的那一套测验，应当在理论上是经得起推敲的，其效度是得到实践证明的，以至于这个测验的结果可以作为一个标准(效标)，其他测验才能凭其测验的结果与效标的相关来估计效度。如果作为效标的这一套测验的效度还不明确，那么即使两次测验结果的相关性较高，也不能说明另一测验的同时效度高。

预测效度是指测验与将来的效标之间的关联程度，是一种测验的结果与另一大约同时获得的测验结果之间的一致程度，是指测验结果(分数)准确预测未来的行为或测验成绩(效标)的程度。例如，用全国高考成绩作为效标来检验高中毕业会考的成绩，计算两者之间的相关系数就是会考的同时效度；用大学一年级的学习成绩作为效标来检验高考成绩，计算两者之间的相关系数就是高考的预测效度。又如，反应潜伏期的长短与100米跑的成绩有一定关系。在选拔短跑运动员时，对若干录取者的反应潜伏期进行了测定。训练半年后，对他们的100米成绩做了考察，发现反应潜伏期短的运动员，100米跑的成绩好；反应潜伏期长的运动员，100米跑的成绩差。说明反应潜伏期与短跑成绩有密切关系，甚至可以用反应潜伏期长短来预测训练后短跑成绩的好坏。这样的测验便可以被认为具有预测效度。预测效度的高低由预测的准确性决定。

常见的估计预测效度的方法有四种：第一种，用计算积差相关系数的方法估计预测效度，并以积差相关系数作为效度系数；第二种，用计算等级相关系数的方法估计预测效度，并以等级相关系数作为效度系数；第三种，用点二列相关系数的方法估计预测效度，并以点二列相关系数作为效度系数；第四种，用命中率估计预测效度，当测验被用作取舍的依据时，其有效性指标就是正确决定所占的比例。下面着重介绍点二列相关系数以及命中率。

(1)点二列相关法

测验成绩为连续变量，效标成绩为二分变量，求测验的预测效度要用点二列相关法。

点二列相关系数计算公式：

$$r_{pq} = \frac{\overline{X}_p - \overline{X}_q}{S_t}\sqrt{pq} \qquad \text{公式(2-7)}$$

公式中，r_{pq}为预测效度，$\overline{X}_p$是与二分变量中的一个变量相对的连续变量的平均数，$\overline{X}_q$是与二分变量中的另一个变量相对的连续变量的平均数，P为与X_p对应的二分变量次数百分比，q为与X_q对应的二分变量次数百分比，S_t为连续变量的标准差。

【例题】一套自编测验题用来预测被试一年后在某一方面的成绩，自编测验按百分制评分，一年后考试评分只把被试分为及格与不及格(1为及格，0为不及格)。试就所获资料估计自编测验的预测效度。

被试	1	2	3	4	5	6	7	8	9	10	11	12	13	14
自编测验成绩	67	10	20	44	60	43	61	10	26	23	30	18	35	23
一年后考试成绩	1	1	1	0	0	1	1	0	1	0	0	1	1	1

解：自编测验按百分制评分，是连续变量，一年后只按考试成绩把被试分为及格者与不及格者是二分变量，故可计算点二列相关系数，借以估计预测效度。

1. 计算出点二列相关公式所需要的统计量。

$\overline{X}_p=(67+10+20+\cdots+18+35+23)\div9\approx33.67$

$\overline{X}_q=(44+60+\cdots+23+30)\div5=33.40$

$S_t\approx18.125\quad p=9\div14\approx0.64\quad q=5\div14\approx0.36$

2. 把所计算的统计量代入公式。

$$r_{pq}=\frac{\overline{X}_p-\overline{X}_q}{S_t}\sqrt{pq}=\frac{33.67-33.40}{18.125}\sqrt{0.64\times0.36}\approx0.007$$

答：相关系数极小，说明这个测验结果的预测效度极低，不能用来预测被试的成绩。

(2)命中率

当测验被用作取舍的依据时，其有效性指标就是正确决定所占的比例，即命中率。在较简单的情况下，预测分数与效标都是二分的，测验方面为接受和拒绝，以预测其成功与不成功；效标方面是根据实际行为表现确定一标准，标准上下分为成功与失败。这样，便出现了四种情况：预测成功而实际成功、预测成功而实际不成功、预测不成功而实际成功、预测不成功而实际不成功。我们称正确的预测为命中，不正确的预测为失误(见表2-2)。

表2-2　命中率表格

预测结果	效标成绩	
	失败(－)	成功(＋)
成功(＋)	A失误	B命中
失败(－)	C命中	D失误

这里出现两个取舍正确性的指标：总命中率、正命中率。

总命中率指正确决定数目(命中)与总决定数目的比例，又称预测效率。

$$P_{ct}=\frac{命中}{命中+失误}=\frac{B+C}{A+B+C+D} \qquad 公式(2\text{-}8)$$

正命中率指所选的人成功的比例，又叫选择效率。

$$P_{cp}=\frac{成功人数}{选择人数}=\frac{B}{A+B} \qquad 公式(2\text{-}9)$$

总命中率与正命中率的应用是不同的。当选择程序的目标是使所选出的人成功比例最高，而不关心未被选择者命运如何时，人们更关心的是正命中率。当选择程序的目标既要使所选的人成功比例最高，又要使未被选择的人不被耽误时，人们更关心的是总命中率。

【例题】某县对1000名初中毕业生进行统考，录取了300名学生入重点中学，300名学生入普通中学，400名学生因成绩不够而未能升入高中学习。三年后，被录取入高中的600名学生中有500名学生考取了不同的高等学校，100名学生未考取；未被高中录取的400名学生中，有50名学生经过自学也考取了高等学校。试问，初中升高中考试的预测效率和选择效率如何?

解：由题意可列出下表：

预测结果	效标成绩	
	失败(－)	成功(＋)
成功(＋)	A100	B500
失败(－)	C350	D50

列出相关统计量代入公式：

预测效率为：

$$P_{ct}=\frac{B+C}{A+B+C+D}=\frac{500+350}{1000}\approx 0.85$$

选择效率为：

$$P_{cp}=\frac{B}{A+B}=\frac{500}{100+500}=0.83$$

答：初中升高中考试的预测效率与选择效率分别为0.85和0.83。

除了上述三种效度之外，还有人提出表面效度。表面效度是指从外表直观地来看这个量表可以测量所想测量的特性和功能的程度。表面效度对测验也很重要。例如，如果被试一看量表题目和自己无关，与他所认为的测验目的无关，那么这将会对他的测验积极性和认真态度产生消极影响。再如，测验题目的用词不当，表述不够清楚、印刷草率等，也会影响测验结果。这些都可以被视为表面效度。当然，测验结果的有效程度主要取决于测验题目的内容。若在内容已经完善的条件下注意到表面效度，则测验将更有效，结果将会更真实；反之，若量表本身内容效度很低，那么不管题目多么有趣，试卷多么精美，被试的积极性多高，测验结果的效度也是很低的。

三、提高测验效度的方法

（一）各种效度系数的要求

不同的测验对效度系数有不同的要求。例如，智力测验分数与教师对学生的等级评定之间的效度系数一般为0.30～0.50，相同科目的标准测验成绩与教师对学生的名次排列之间的效度系数一般应达到0.60～0.70，两种不同的智力测验或标准测验之间的效度系数应达到0.60～0.80。对效度系数大小的要求，也受原测验与获得效标的测验之间的相似性的制约。若二者不相似，则效度系数偏低；若相似，则效度系数会高些。所以，有的测验的效度系数达到0.35即已符合要求，有的要达到0.65～0.77才能被认为是有效的测验。

（二）影响效度的因素

效度的高低受到许多因素的影响。

1. 测验组成方面

测题是构成测验的要素，测题的性能是影响测验效度的因素之一。例如，测验的取材、长度，测题的鉴别力、难度及其编排方式等都和效度有关。只有测验材料经审慎的选择，测验的长度恰当，测题具有相当的鉴别力且难度分布适当，并对测题做出合理的安排，才能提高测验的效度。

2. 测验实施方面

一个测验的效度要得到保证，主试应当适当控制测验情境，遵照测验守则的各项规定实施，如场地的布置、材料的准备、回答方式的说明、时间的限制等。如不遵照标准化的程序进行，那么必然使效度降低。

3. 被试主观状态方面

被试的兴趣、动机、情绪、态度和身体健康状况以及是否充分合作与尽力而为等，都会影响测验结果的可靠性和正确性。无论是能力测验还是人格测验，只有借助被试真实的反应，才能正确地推断出其心理特性和适应状况。

4. 估计效度所依据的效标方面

选择适当的效标是统计效度的先决条件。如因所选的效标不当，以致测验的效度不能显现出来，则测验的价值可能被淹没。一个测验因其所采用的效标不同，其效度可能大相径庭。从统计的观点来分析，一个效标关联效度会受到测验信度、效标变量测量的信度以及测验变量和效标变量之间真正的相关程度三方面因素的影响。

5. 样本方面

效度确认所依据的样本必须能代表某一测验所拟应用的全体对象。由于不同对象在性别上、年龄上、受教育程度上以及经验背景上存在差别，测验的功能不一致，因此效度也随之而异。样本容量的大小对效度也有影响。当样本容量增加时，测量的误差有相互抵消的趋势，因而所得的结果较稳定。此外，样本的异质性也会影响测验的效度系数，如果其他条件相等，样本分数全距(R＝最大值－最小值，如有100个样本，最高成绩是98分，最低成绩是26分)越大，效度系数越高。

总之，为了增强测验的效度，必须要求测验编制和实施程序标准化，注意被试在测验情境中的行为反应，并顾及适当样本和效标的选择，以建立符合测验目的和功能的效度。

(三)提高效度的方法

1. 控制系统误差

效度的高低主要受到系统误差的影响。例如，仪器没有校准，题目和指导语有暗示性，答案有明显的组型(如选择题的答案都是第二个)等原因都会影响测验的效度。因此，必须控制这些因素。

2. 精心编制量表

首先，测验内容要确实能反映测验目的；其次，题目表述必须清楚、简明，所用字、词、句能为学生所理解，内容能引起被试的兴趣，排列由易到难，前面的题目不应暗示后面的答案；再次，题目难度合适，有足够的区分度；最后，试卷印制清楚，无错误和遗漏，力求精美。

3. 妥善组织测验

严格按照测验手册进行，不做超出规定的解释，掌握好测验时间；评分时务必遵循评分标准，仔细登记，避免错误；两次测验间隔的时间也会影响效度，所以，间隔长短一定要按测验目的合理安排。

4. 扩充样本的容量

加大样本容量可以增强样本对总体的代表性，而且使随机误差相互抵消，使测量更可靠。同时样本容量大了，被试差异也就加大了，潜在真分数的方差随着增大，效度也就提高了。

5. 合理处理效度和信度的关系

信度是效度的必要条件。虽然信度高的测验效度不一定高，但效度高的测验信度一定比较高。效度和信度的关系为：效度的最大值等于信度的平方根。但是，既要有高效度，同时又要有高信度，是不大可能的。例如，同质性测验(量表的所有题目测验相同的因素)信度较高，但对于预测来说，效度却很低。非同质性测验(其测验内容测量不同因素，可以测量出多方面的特性或者从多角度测量特性或者功能)预测效度高，但是信度比较低。所以，要提高预测效度的一个重要方法就是增加非同质性，即增加新因素。在处理信度和效度的关系问题上，首先要保证高的效度。

6. 适当增加测验的长度

增加测验的长度可以提高信度，效度的最大值又与信度有关，所以，也可以提高效度。增加测验长度对信度的影响大于对效度的影响。测验长度与信度、效度的关系见表 2-3。

表 2-3　测验长度与信效度关系表

题数	与原测验题数之比	信度系数	效度系数
10	1	0.300	0.400
20	2	0.462	0.496
30	3	0.562	0.548
60	6	0.720	0.619
120	12	0.837	0.668
140	24	0.911	0.679
480	48	0.954	0.713

从表 2-3 可以看出，当测验题数增加 5 倍时，信度增加 1.4 倍，而效度只增加约 0.5 倍；当测验长度增加 47 倍时，信度增加 2.18 倍，效度只增加约 0.78 倍。若已知测验的信度和效度，要通过加长测验长度以提高效度时，按公式 2-10 可以计算出提高的程度。

$$r_{(nx)y}=\frac{r_{xy}}{\sqrt{\frac{1-r_{xx}}{k}+r_{xx}}}\qquad 公式(2\text{-}10)$$

公式中，$r_{(nx)y}$ 为新测验的效度系数；r_{xx} 为原测验的信度系数；r_{xy} 为原测验与效标之间的相关系数，即预测效度系数；K 为测验题目增加的倍数。

【例题】已知原测验的信度系数为 $r_{xx}=0.300$，预测效度系数为 $r_{xy}=0.400$，若把测验长度增加 2 倍和 6 倍，可获得多大的效度系数？

解：1. 长度增加 2 倍。

$$r_{(2x)y}=\frac{r_{xy}}{\sqrt{\frac{1-r_{xx}}{k}+r_{xx}}}=\frac{0.4}{\sqrt{\frac{1-0.3}{2}+0.3}}\approx 0.496$$

2. 长度增加 6 倍。

$$r_{(6x)y}=\frac{r_{xy}}{\sqrt{\frac{1-r_{xx}}{k}+r_{xx}}}=\frac{0.4}{\sqrt{\frac{1-0.3}{6}+0.3}}\approx 0.619$$

答：长度增加 2 倍，效度系数由 0.400 增加至 0.496；长度增加 6 倍，效度系数由 0.400 增加至 0.619。

在已知 r_{xx} 和 r_{xy} 时，若希望提高效度，可增加测验的长度，但要增加几倍，效度才能提高到所希望达到的高度呢？可由公式(2-10)推导出公式(2-11)。

$$K=\frac{1-r_{xx}}{\frac{r_{xy}^2}{r_{(nx)y}^2}-r_{xx}}\qquad 公式(2\text{-}11)$$

【例题】已知 $r_{xx}=0.33$，$r_{xy}=0.400$，若希望把效度系数提高到 0.668 和 0.713，测验长度需增加几倍？

解：1. 效度系数由 0.400 提高到 0.668。

$$K=\frac{1-r_{xx}}{\frac{r_{xy}^2}{r_{(nx)y}^2}-r_{xx}}=\frac{1-0.3}{\frac{0.4^2}{0.668^2}-0.3}\approx 12$$

2. 效度系数由 0.400 提高到 0.713。

$$K=\frac{1-r_{xx}}{\frac{r_{xy}^2}{r_{(nx)y}^2}-r_{xx}}=\frac{1-0.3}{\frac{0.4^2}{0.713^2}-0.3}\approx 48$$

答：效度系数由 0.400 提高到 0.668，测验长度需增加 12 倍；效度系数由 0.400 提高到 0.713，测验长度需增加 48 倍。

第三节　测验的难度

一、难度的意义

(一)难度的概念

难度(Difficulty)是指测验的难易程度。在教育测量中，难度一般用正确回答试题人数与参加测验总人数之比值作为指标。

$$P=\frac{R}{N} \qquad \text{公式(2-12)}$$

公式中，P 代表试题难度，R 为答对该试题人数，N 为参加测验总人数。

【例题】在 100 个学生中，答对第一题的 30 人，答对第二题的 60 人，这两道试题的难度各为多少？

解：

$$P_1=\frac{30}{100}=0.3 \quad P_2=\frac{60}{100}=0.6$$

答：第一题的难度为 0.3，第二题的难度为 0.6。

由此例题可发现，难度的此计算公式实际是以试题通过率作为难度指标的，这样计算所得的难度值与试题实际困难程度是相反的。即 $P_1=0.3$，此题难度大，而 $P_2=0.6$，此题难度小。为了解决计算所得难度值与试题实际困难程度不一致的矛盾，有人对公式加以修改：

$$P=1-\frac{R}{N} \qquad \text{公式(2-13)}$$

公式(2-13)中的符号意义与公式(2-12)相同。若用这个公式计算试题难度，上例中的两道题的难度分别为：

$$P_1=1-\frac{30}{100}=0.7 \quad P_2=1-\frac{60}{100}=0.4$$

由于公式(2-12)是传统的难度计算公式，应用已极为广泛，在以后进行难度转换时必须用试题通过百分比才能完成，而且，计算所得难度值虽然与试题实际困难程度相反，但只要理解其意义，并不会造成认识上的混乱，因此，本书难度系数均由公式(2-13)计算所得。

(二)难度对测验的影响

1. 测验难度影响测验分数的分布形态

难度值过大或过小，都会造成测验分数的偏态分布。难度值越接近0，测验的难度就越大，正确回答试题的人数就越少，测验分数就越集中在低分段，其分数分布呈正偏态；相反，难度值越接近1，测验的难度就越小，正确回答试题的人数就越多，测验分数就越集中在高分段，其分数分布呈负偏态。

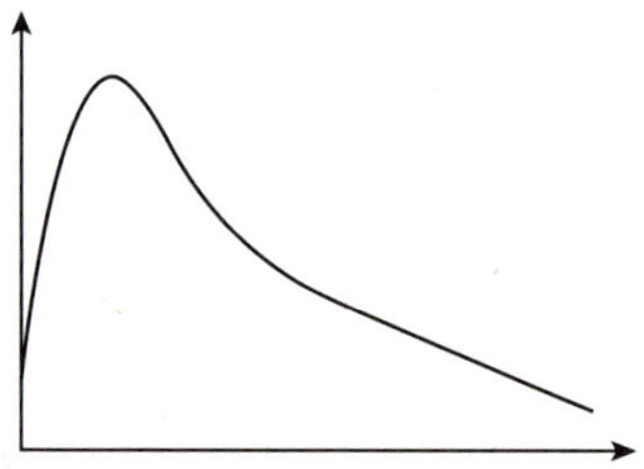

图 2-4　测验分数集中在低分端呈正偏态

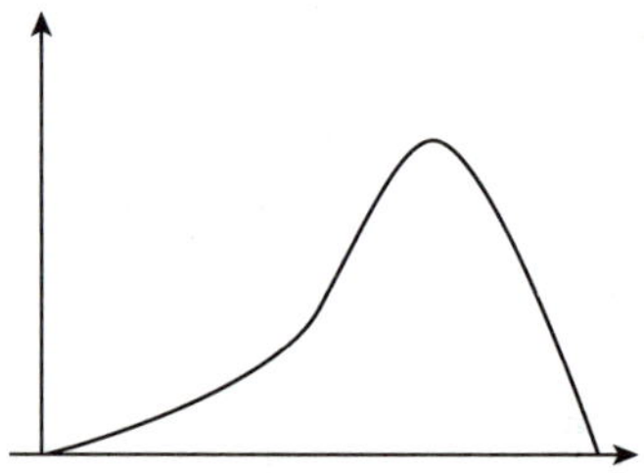

图 2-5　测验分数集中在高分端呈负偏态

2. 测验难度影响测验分数的离散程度

测验难度直接影响测验分数的离散程度，因为难度过大或过小，测验分数都呈偏态分布，即测验分数大都分布在高分段或低分段，这样，测验分数的离散程度就变小了。这不一定符合考生的实际情况，因为考生的差异是客观存在的。只有难度适中的测验，其分数的分布范围才有可能达到最大。

3. 测验难度影响测验的鉴别能力

这里实际上谈的是难度对区分度的影响。适中的难度可使试题的区分度达到最大。

二、难度的计算

(一)计算难度的基本公式

1. 客观题难度的计算

$$P=\frac{R}{N} \qquad \text{公式(2-12)}$$

这里的难度系数表示的是试题的通过率。通过率越高，题目越容易；反之，越难。

2. 主观题难度的计算

$$P=\frac{\overline{X}}{K} \quad \text{公式(2-14)}$$

公式中，P 代表试题难度，$\overline{X}$表示所有考生在这道题上的平均得分，K 表示这道题的满分。

【例题】某道论述题满分 12 分，所有考生在这道题上的平均得分为 3.6 分，求此题的难度。

解：把所计算的统计量代入公式

$$P=\frac{\overline{X}}{K}=\frac{3.6}{12}=0.3$$

答：此题难度系数为 0.3，偏难。

(二)用极端分组法计算试题的难度

当考生人数较多时，用基本公式计算难度需要对所有考生的得分情况进行统计，工作量很大，而且容易出错，这时可以用极端分组法求试题的难度。不管是客观题还是主观题都可以采用这种方法，而且还可以同时计算试题的区分度。

1. 用极端分组法计算客观题的难度

具体步骤如下：

第一步，先依测验总分的高低，按由高到低的顺序依次排列试卷；

第二步，从得分最高的一份试卷开始依次向下选出全部试卷的 27%，作为高分组；

第三步，从得分最低的一份试卷开始依次向上选出全部试卷的 27%，作为低分组；

第四步，按下列公式计算难度。

$$P=\frac{P_H+P_L}{2} \quad \text{公式(2-15)}$$

公式中，P 为难度，P_H 为高分组答对该题的百分比，P_L 为低分组答对该题的百分比。

【例题】在 100 名学生中，高分组与低分组各有 27 人。其中高分组答对第一题的有 20 人，低分组答对第一题的有 10 人。求此题的难度。

解：1. 计算出公式所需要的统计量。

$$P_H=\frac{20}{27}\approx 0.74 \quad P_L=\frac{10}{27}\approx 0.37$$

2. 把所计算的统计量代入公式。

$$P=\frac{P_H+P_L}{2}=\frac{0.74+0.37}{2}\approx 0.56$$

答：此题难度系数为 0.56，难度适中。

用极端分组法计算难度时，对于高分组和低分组人数应占多大比例，不同测量学家有不同看法。在测验总分的分布符合正态分布时，最适当的比例是高分组与低分组各占27％。如果分数分布较正态分布平坦，高分组和低分组所占比例宜高于27％，大约是33％。一般情况下，其比率为25％～33％即可。各类标准化测验通常取27％。

2. 用极端分组法计算论文试题的难度

论文试题一般不能简单地判断对、错或通过、不通过，难度计算比较复杂一些。具体步骤如下：

第一步，按测验得分排列试卷，确定高分组与低分组各占应试学生数的25％；

第二步，分别为高分组、低分组编制每道试题的分析表(分析表中，得分 X 栏表明该题可能得到的各种分数，人次 f 为得到各分数的人数 fx 为得分栏与人次栏的乘积)；

第三步，按下列公式计算难度。

$$P=\frac{X_H+X_L-(2NL)}{2N(H-L)} \qquad \text{公式(2-16)}$$

公式中，P 为难度指数符号，X_H 为高分组得分总数，X_L 为低分组得分总数，N 为应试总人数的25％，H 为这道题的最高得分，L 为这道题的最低得分。

【例题】某道论文题，高分组得分总和为40分，低分组得分总和为15分。有40人参加考试，这道题最高得分为8分，最低得分为2分，求此题的难度。

解：1. 列出公式所需要的统计量。

$X_H=40\quad X_L=15\quad N=40\times0.25=10\quad H=8\quad L=2$

2. 把所计算的统计量代入公式。

$$P=\frac{X_H+X_L-(2NL)}{2N(H-L)}=\frac{40+15-(2\times10\times2)}{2\times10\times(8-2)}=0.125$$

答：此题难度系数为0.125，此题偏难。

三、控制测验难度的基本方法

(一)测验的适宜难度

根据以上难度值计算公式，我们可以得出难度值 P 的取值范围为大于或等于0，小于或等于1。当 $P=0$ 时，试题的实际难度程度最大(所有考生都得0分)；当 $P=1$ 时，试题的实际难度最小(所有考生都答对)。

常模参照性测验要求试题难度适中，即大多数题目的难度在0.3～0.7，少数题目可在这一范围的两边且题数(或题分)大体相当，使整个试卷的平均难度为0.5左右(0.45～0.55)。只有适中的题目难度，才能使试题产生区分不同程度考生的最大效果，也才能使考生得分成正态分布。对于全部考生都能做或都不会做的题目，应删去。对于其他类型的测验，目的不同，对难度的要求也不同。例如，选拔奥林匹克数学竞赛的学生，难度值就得偏小；选择补习功课的学生，难度值就得偏大。

(二)控制题目难度的基本方法

一般来讲，影响题目难度的主要因素有：考查知识点的多少，考查能力的复杂程度或层次的高低，考生对题目的熟悉程度(如本来较容易的题目会因考生均未注意而变得很难，或本来较难的题目会因为考生有过大量练习而变得较容易)，命题的技巧性(如同一个问题，可以命得很容易，也可以命得较难)。

控制题目因素除了考虑上述因素外，还可以通过其他方法来控制。在平常的教学考试中，教师由于对学生的情况比较了解，因此主要凭经验来控制难度，使之与教师的教学难度相适应。而大规模的测试就要通过预测来掌握难度了。首先，由命题人员根据上述因素估计一个难度范围，然后通过测试看这个估计的准确程度，分析原因，进而提高评估能力。经过预测取得难度的题目可以进入题库，以备后用。

第四节　测验的区分度

一、区分度的意义

(一)区分度的概念

区分度是指测验对考生实际水平的区分程度，用符号 D 表示。在具有良好区分度的测验中，实际水平高的应该得高分，实际水平低的应该得低分。因此，区分度又叫鉴别力。它是评价试题质量、筛选试题的主要指标与依据。区分又分为正区分($D>0$)、零区分($D=0$)和负区分($D<0$)。正区分又称积极区分，负区分又称消极区分。

正区分是指实际水平高的考生得了高分，实际水平低的考生得了低分；负区分正好相反；零区分是指实际水平高低与得分之间没有太大的关系，呈现零相关。任何测验的目的之一都是希望能够鉴别考生的实际水平，这实际上也是测验的信度和效度在题目上的具体要求。区分度的高低直接影响测验的信度和效度。

(二)区分度与信度、难度的关系

1. 区分度与信度的关系

表 2-4　区分度与信度的关系表

区分度	信度
0.12225	0.00
0.16	0.42
0.20	0.63

续表

区分度	信度
0.30	0.84
0.40	0.915
0.50	0.949

表 2-4 是 1962 年 R. L. 艾伯(R. L. Amber)提出的，这里的信度是假定全部试题的难度均为 0.50 时所预测的，区分度指的是平均值。可见，要想达到理想的测验信度，提高区分度为好方法。

2. 区分度和难度的关系

表 2-5　区分度的最大值与难度的关系表

难度(P)	1.00	0.90	0.70	0.50	0.30	0.10	0.00
区分度的最大值	0.00	0.20	0.60	1.00	0.60	0.20	0.00

由表 2-5 可知，难度适中，可使区分度达到最大值。

二、区分度的计算

区分度的计算有多种方法，这里介绍几种。

(一)用极端分组法计算区分度

1. 客观题区分度的计算

用这种方法计算区分度与计算难度的方法基本相同。具体步骤为：

第一步，按测验总分由高到低依次排列试卷；

第二步，确定高分组和低分组(与计算难度相同)；

第三步，分别计算高分组和低分组正确回答试题的人数比例；

第四步，按下列公式计算试题区分度。

$$D=P_H-P_L$$ 公式(2-17)

公式中，D 表示区分度；P_H表示高分组的难度，即高分组正确回答试题的人数比例；P_L表示低分组的难度，即低分组正确回答试题的人数比例。

【例题】第 20 题高分组正确回答试题的人数占 70%，低分组正确回答试题的人数占 30%，第 21 题高分组正确回答试题的人数占 40%，低分组的正确回答试题的人数占 70%。求这两道题的区分度。

解：把所计算的统计量代入公式。

$D_{20}=P_H-P_L=0.7-0.3=0.4$

$D_{21}=P_H-P_L=0.4-0.7=-0.3$

答：20 题区分度为 0.4，非常好；21 题区分度为－0.3，不太好。

2. 论文试题区分度的计算

计算论文试题区分度的前两步与计算客观性试题的前两步相同。

第一步，按测验总分由高到低依次排列试卷；

第二步，确定高分组和低分组(与计算难度相同)；

第三步，列试题分析表；

第四步，按下列公式计算区分度。

$$D=\frac{X_H-X_L}{N(H-L)}$$ 公式(2-18)

公式中，D 为区分度，X_H 为高分组得分总和，X_L 为低分组得分总和，N 为应试总人数的 25%，H 为这道题的最高得分，L 为这道题的最低得分。

【例题】某作文题考试成绩，高分组得 5 分的 4 人，4 分的 3 人，3 分的 2 人，2 分的 1 人，1 分的 0 人，0 分的 0 人；低分组得 5 分的 0 人，4 分的 1 人，3 分的 1 人，2 分的 3 人，1 分的 4 人，0 分的 1 人。求此题的区分度。

解：1. 先制作分析表。

高分组			低分组		
得分	人次		得分	人次	
x	f	fx	x	f	fx
5	4	20	5	0	0
4	3	12	4	1	4
3	2	6	3	1	3
2	1	2	2	3	6
1	0	0	1	4	4
0	0	0	0	1	0
$\sum$	10	40	$\sum$	10	17

2. 列出公式所需要的统计量。

$X_H=40$　$X_L=17$　$N=10$　$H=5$　$L=0$

3. 把所计算的统计量代入公式。

$$D=\frac{X_H-X_L}{N(H-L)}=\frac{40-17}{10(5-0)}=0.46$$

答：该题的区分度为 0.46，是一道有较高区分度的试题。

(二)用内部一致性系数计算区分度

用极端分组法分析测验的区分度虽然计算简便、易于理解，但所得结果不精确，通常只在教师编制的课堂测验中使用。标准化的或大规模的测验多采用相关法分析试题的区分度，可以采用点二列相关、二列相关、Φ 相关系数等方法计算相关系数来表示区分度。点二列相关适用于计算客观题的区分度，二列相关适用于计算多项选择题的区分度，Φ 相关系数适用于两个变量都是二分名义的区分度。计算区分度时，要根据不同的测验目的选用适宜的方法。只有这样，才能正确地判定测验的区分度。

三、提高区分度的方法

(一)区分度的评价标准

区分度当然是越高越好，但是要做到这一点较难，一般说来可参照表 2-6。对于有些要求不高的测验，有些试题的区分度低一些也是被容许的。

表 2-6　采用极端分组法计算的区分度的评价标准

区分度	评价
0.40 以上	非常好
0.30～0.39	良好，如能改进更好
0.20～0.29	尚可，用时需做改进
0.19 以下	劣，必须淘汰或改进，提高区分度后方可使用

(二)提高区分度的方法

1. 使题目的难度适中

题目的难度适中可使区分度达到最大值。因此，使难度适中是提高区分度的重要方法。

2. 着重考查复杂的学习结果

尽量考查复杂的学习结果，使高能学生能得高分或最高分，低能学生得低分甚至最低分，使分数尽量分布在整个分数量尺上，这样可以提高区分度。

表 2-7　公式汇总表

类型	内容	误差来源	公式
稳定性系数	A　一定时距　A	时间	$r_{A_1A_2}=\dfrac{N\sum XY-\sum X\sum Y}{\sqrt{\left[N\sum X^2-\left(\sum X\right)^2\right]}\sqrt{\left[N\sum Y^2-\left(\sum Y\right)^2\right]}}$
等值性系数	A　一定时距　B	内容取样	$r_{A_1B_1}=\dfrac{N\sum XY-\sum X\sum Y}{\sqrt{\left[N\sum X^2-\left(\sum X\right)^2\right]}\sqrt{\left[N\sum Y^2-\left(\sum Y\right)^2\right]}}$

续表

类型		内容	误差来源	公式
内部一致性系数	分半信度	两半题目的一致性	内容取样	$r_{tt}=\frac{2r_{x_1x_2}}{1+r_{x_1x_2}}$
	库德尔—理查森公式	所有题目的一致性	内容取样	$r_{KR20}=\frac{K}{K-1}\left(1-\frac{\sum pq}{S^2}\right)$ $r_{KR21}=\frac{K}{K-1}\left[1-\frac{\overline{X}(K-\overline{X})}{KS^2}\right]$
评价者系数	斯皮尔曼等级相关公式	评价者间的一致性	评分者	$r_s=1-\frac{6\sum D^2}{N(N^2-1)}$
	肯德尔和谐系数			$W=\frac{S}{\frac{1}{12}K^2(N^3-N)}$

		难度	区分度
极端分组法	客观题	$P=\frac{P_H+P_L}{2}$	$D=P_H-P_L$
	主观题	$P=\frac{X_H+X_L-(2NL)}{2N(H-L)}$	$D=\frac{X_H-X_L}{N(H-L)}$

课后思考题

1. 如何理解测验的信度？
2. 如何理解测验的效度？
3. 控制难度的策略有哪些？
4. 如何提高测验的区分度？

课后练习题

1. 对5位被试进行某种测验，得分分别为8、5、7、10、9。为了考查这个测验的信度，在20天后用原量表再次测验，得分分别为7、6、8、9、10。试计算稳定性系数，并加以解释。

2. 对6位被试施行过测验A1后，接着对这6个人施行测验B1，求该测验的信度。

A1测验分数：7、4、9、10、5、6

B1测验分数：8、4、5、7、5、6

3. 有5人参加的一项测验，本拟再测一次以估计信度，但因被试无法集中精力而没有再测，现把各人奇数题得分和偶数题得分列，请估计测验结果的信度。

得分	被试				
奇数题	18	17	18	15	14
偶数题	18	17	16	16	13

4. 6篇论文由两位评分者评定的等级如下，试估计两位评分者的信度。

甲：4　3　2　5　5　6

乙：3　2　1　4　6　5

5. 5位评分者对5位被试的测验成绩名次排列如下表，试估计评分者之间的信度。

被试序号	评分者				
	1	2	3	4	5
1	1	1	2	1	2
2	4	3	1	2	1
3	2	4	4	3	4
4	3	2	5	4	3
5	5	5	3	5	5

6. 某一测验的测量结果及一年后的学习成绩如下表，试求该测验的预测效度。（学习成绩按通过、不通过分别计1分、0分，测验成绩满分为100分）

【$S_t=12.37$】

被试	1	2	3	4	5	6	7	8	9	10	11	12	13
自编测验成绩	80	52	90	70	61	68	85	43	66	65	64	72	58
一年后考试成绩	1	0	1	1	0	0	1	0	1	1	0	1	0

7. 已知原测验的信度系数 $r_{xx}=0.46$，效度系数 $r_{xy}=0.50$，若把效度系数提高到0.72，原测验题要增加几倍？

8. 某论文题考试成绩，高分组为5分的3人，4分的5人，3分的5人，2分的1人，1分的0人，0分的0人；低分组为5分的1人，4分的2人，3分的4人，2分的3人，1分的4人，0分的1人。

第二编

教育测量的一般步骤和方法

第三章　测验的编制与实施

学习目的 ▶

1. 结合教育学和心理学相关知识，把握教育目标的分类，为双向细目表的理解奠定基础。

2. 理解权重的意义，明确双向细目表编制的步骤。

3. 掌握客观性试题及非客观性试题的试题类型及编制原则。

4. 明确试题评分误差的来源，掌握矫正分数的正确方法。

5. 结合实际教育教学活动，对试卷的整体编制与测验的实施过程进行把握。

第一节　测验目的的确定

一、确定测验目的的意义

要编制测验，首先要明确测验目的。测验目的明确规定测验所要达到的预期结果或标准，是编制测验的出发点和依据，影响测验质量的高低。只有明确测验目的，我们才知道测什么、怎么测，才能解决一系列关系到测量质量高低的重要问题。测验的质量在一定程度上是由测验的效度决定的。缺乏明确目的的测验不仅是盲目的、无效的，而且是有害的。

测验的目的来源于教育目标。测验是教育活动中的有机组成部分，是评价教育效果的主要方法，在教育活动中有着重要的作用。但是测验只能是为目的服务的工具，是促进教育目标得以实现的手段。教育测验不应有游离于教育目标之外的目的，教育目标是确定测验目的的唯一依据。一个测验的质量如何，关键在于能否有效地促进教育目标的实现。党的二十大报告中强调我们要坚持教育优先发展、科技自立自强、人才引领驱动，加快建设教育强国、科技强国、人才强国，坚持为党育人、为国育才，全面提高人才自主培养质量，着力造就拔尖创新人才，聚天下英才而用之。对标着这样的教育发展方向，测验目的确定的意义则更为深远。

二、教育目标的认识

要保证测验能有效地为实现教育目标服务，就必须有明确的教育目标。缺乏明确的教育目标，就无法确定为什么要测验、应该测验什么。所阐述的教育目标必须是能够测量、适合于测量的，否则就无法解决如何测量的问题。因此，确定测验目的的前提条件是要分析教育目标，并以适于测量的方式阐述教育目标。

教育目标是复杂的、多种多样的。从总体上分析，它包含许多不同的方面、不同的因素，具有多样性。这些不同的目标既是相互独立的，又是彼此联系的。它们之间交互影响，形成一个复杂的结构。从个体上分析，每项教育目标又包含了不同层次、水平，本身也构成了独立的结构。

企图用单一的测验方式去测量如此复杂的、具有多样性的教育目标是不现实的。多样性的目标只能用多样性的测量手段加以测量。因此，必须对教育目标进行分类，使每项目标所包含的因素尽量单纯、明确，以便用适宜的测量手段进行测量。

三、教育目标的具体分类

(一)历史上教育目标的分类

1948年，美国心理学家、测量学家开始进行行为目标的分类研究。1956年，布鲁姆(Bloom)制定出了教育目标的分类系统。他把教育目标分为认知目标、情感目标、运动目标三大类，每一类目标又分成不同的层次，排列成由低到高的阶梯。他的分类使人们对教育目标的深度和广度有了新的系统的认识。1969年，麦特弗塞尔(Metfessel)将这个分类系统加以改进，加上了可观察的行为描述和体现内部过程的作业内容。这样就使布鲁姆的分类系统更易于使用。

(二)布鲁姆的教育目标分类系统

1. 认知目标

认知目标是指与智力活动有关的学科教学目标。它分为六个层次，每一层次又有若干个小层次。这样就形成了由简单到复杂的目标阶梯，简单的目标在下，复杂的目标在上。高层目标包含低层目标，是在较低目标的基础上发展起来的。教育的一项重要任务就是要不断地引导学生向着更高层次、更复杂的认知目标前进。

六个层次的认知目标分别为：知识，即普遍的与抽象的知识(如定理、规律、理论)，论述事实的方法及有关名称的知识(如规则、趋势、分类、方法)，具体实事的知识(如符号、术语、日期、事件、人物)；理解，即推论(预测结果)，解释(说明总结资料)，转译(用自己的话复述、翻译)；应用，即在新情境中用所学知识解决问题；分析，即分析组织原则，分析关系，分析构成成分；综合，即推导关系，拟订计划，形成观点意见；评价，即依外在标准评价，依内在标准评价。

2. 情感目标

情感领域的教育目标是指态度、好恶、价值、信念等与学生的个性特点、道德品质有关的教育目标。它分为五个层次，这五个层次组成了连续性的、螺旋式的结构，由简单、具体、普遍性较小的行为开始，逐渐发展到较复杂、较抽象、较具普遍性的行为目标。后一层次的目标包含了前一层次的目标，通过价值内化过程，最后形成品格。

五个层次的情感目标分别为：接受或注意，即控制或选择的注意，愿意接受，感觉到事物存在；反应，即乐意或满意的反应，愿意的反应，默从的反应；评价，即稳固的信仰，价值的爱好，价值的接受；价值组织，即价值系统的组织，价值概念的建立；品格的形成，即一般化态度的形成。

3. 运动技能目标

布鲁姆虽然在教育目标的分类中开列了运动技能目标项目，但并未进行深入的研究。布鲁姆教育目标分类的学说对科学地组织教育教学活动，对测验的编制都是有意义的。认知目标分为六个层次，各层次存在着交叉重叠现象，我们在教学、测验中很难把这些目标泾渭分明地划分开来。这个目标系统并未说明各级认知能力是如何形成的，应该怎样促进学生心智能力的发展。情感、态度的培养是一项重要的教育目标，但布鲁姆在这方面的研究尚欠深入。

四、编制测验双向细目表

测验双向细目表是测验的蓝图，具有极大的实用性，对教学和测验都有重要作用。它是教育目标、测验目标的具体化，是测验编制的重要依据，可以帮助我们明确教学内容是什么、如何支配教学时间，明确相应知识内容的目的是什么以及如何用测验来测量相应教学内容的目标实现程度等。

(一)双向细目表的编制步骤

双向细目表的编制需要按照相应的步骤来进行。

首先，列出教材大纲。在编制测验前应该先列出教材大纲的细目表。无论是测验还是教学，都是针对具体的学科内容进行的。也就是说测验设计中必须解决相应的问题，如教学应使学生掌握哪些知识，不同知识在该学科中的相对重要性有多大，不同知识所应实现的认知目标是什么等。

其次，对列出的教材大纲进行权重。所谓权重，是对不同内容的百分比例分配。列出的教材大纲应根据教学内容在整个学科中的相对重要性，为其分配适当的比重。比重多以百分比表示。这既是教学时间、精力分配的比例，也是测验试题数量、考试时间、分数分配的依据。教学内容的权重可以根据内容的重要程度、教学所需时间以及其他因素予以确定。

再次，对各种教育目标进行权重。编制出的测验试题不仅要对学科内容具有足够的覆盖率，也要能涵盖所确定的教育目标。教育目标一般以布鲁姆的知识、理解、应用、分析、综合、评价六级目标进行分类。根据学科内容特点，对六级不同目标合理权重。对目标进行权重时，除了考虑学科特点外，应适当强调高级目标的相对重要性，对这类目标分配较大的比重，以促进学生智能的发展。教育目标的权重也是用百分比表示的。

最后，编制双向细目表。从内容和目标两个维度编制测验的双向细目表。

(二)双向细目表的说明

双向细目表的顶端横行开列了应测验的认知目标，与目标相对应的表格最后一行的数值为对各项目标所分配的权重(是以百分比表示的)。左端纵列开列的是测验内容(教学内容)，与内容对应的表格最右边的合计栏是对各项内容所分配的权重。表格内的权重是测验编制时确定试题数量、考试时间、分数分配的主要依据。假设在自然常识测验中，共出 100 题，那么试题的分配，即反映每部分教材和每个教学目标的试题比例就可以参考表中的数字。

小学科学测验编题计划　　应测验的认知目标

测验内容	知识	理解	应用	分析	综合	评价	合计
生物世界	3	5	6	3	2	1	
资源利用	2	3	3	1	1	0	10
动力与机械	2	3	4	2	0	1	12
物质与能量	5	6	8	3	2	1	25
气象	2	4	3	2	2	0	13
宇宙	2	5			0	0	12
地球	2	2	2	1	1	0	8
合计	18	28	30	13	8	8	100

目标分配权重

内容分配权重

图 3-1　双向细目表要素说明

(三)使用双向细目表的注意事项

双向细目表的主体部分的数值是依据上述原则计算出来的，但在实际编制试题时，不宜过于刻板、拘泥。有些内容可能不适用于测量某些目标的实现程度或某些目标难以落实在某种内容上加以测量。但是其他的目标很容易由这一内容加以测量。因此，在编制测验时，在保证总的权重分配不太偏离的情况下，可以灵活调节表格主体部分的权重数量。

第二节　试题的编制

确定了测验的目的，编制出测验双向细目表后，接下来的工作就是编制试题，即所说的命题。命题是测验编制中的核心环节，包括选择试题类型，编拟试题，确定评分方法，编制测验说明，配搭、组织试卷等项工作。根据不同的标准，可以把试题分为不同的类型。编制试题的第一步工作便是选择类型适宜的试题。试题分类的依据很多，最常用的方法是依据试题评分是否客观，把试题分为客观性试题、非客观性试题两大类。

一、客观性试题

客观性试题因其评分客观而得名。不同的评分者各自独立评分，所评结果基本相同。评分者之间的可靠系数(信度)约等于 1.00。客观性试题适于测量知识、理解、应用、分析几个层次的认知目标，不适于测量综合、评价两个层次的认知目标；答案明确，回答简便，因而在限定的测验时间内可以包含足够的试题数量，保证对知识内容的覆盖面；备有明确的标准答案，评分准确、简单、可靠，若采用计算机阅卷可以节省大量的人力、物力、财力；不易编制，且花费的时间较多；易受考生阅读能力的影响，而且难以排除考生对试题随机猜测的情况。

客观性试题包括多重选择题(唯一选择、最佳选择、多选)、简答题、是非题、填空题、匹配题等。

(一)多重选择题

1. 多重选择题的构成

多重选择题是客观性试题中应用最广泛的题型之一。它一般由题干和选择项两部分构成。题干可以用不完全陈述句，也可以用直接疑问句，如：

测验结果的准确性的指标是________　　哪个是衡量测验结果的准确性的指标？

选项部分由正确项和干扰项两部分组成。干扰项的目的在于干扰考生的选择，诱使那些不具备相应知识的考生做出错误的选择，因此也叫诱答项。

根据试题所提供选项的数量，多重选择题可以分为四重选择或五重选择(备选答案是4或5个)。若选项中只有一个唯一正确的答案，这种题叫唯一答案式选择题；若所提供的选项中有些项具有正确部分的属性，但其中只有一个选择是优于其他干扰项的，这种题叫最佳答案式选择题。

2. 多重选择题的特点

多重选择题可适用于各种不同层次的认知目标。这是此类试题的最大优点，也是现在人们偏爱选用多重选择题的重要原因。除了测量知识层次的目标外，也可用来测量理解、应用、分析、综合、评价等复杂的认知目标。多重选择题可降低由随机猜测对测验成绩的影响，提高测验的信度。在是非题中，随机猜测答对试题的概率是50%，在五重选择中只有20%，故可提高测验的可靠性。多重选择题具有诊断学习困难的功能，有利于改进教学，提高教学效果。多重选择题富有结构性，故可避免题意不清的缺点。采用最佳选择式试题可以处理不属于或对或错、非此即彼之类的问题。但多重选择题不适于测量学生组织材料及表达观点的能力，且难于编制确有诱答作用的干扰项。

3. 多重选择题的编制原则

(1)题干的意义完整明确

多重选择题的题干意义要表达完整，思想明确。检查的方法为：遮盖选项部分，看在没有选项的情况下提干本身的意义是否完整。

例如：

一个双向细目表________。

(若不看选项，显然无法确定怎样回答试题，意义不完整)

在拟定测验计划时，设计双向细目表的目的是________。

(2)题干的陈述简单

避免使用不必要修饰词及过分复杂的句子结构，尽量用简单、明确的语言叙述试题。过多的修饰词及过分复杂的句型通常会使测验变成阅读理解能力的测验，不利于达到预期的测验目的。

(3)选项中的干扰具有似真性

选项中设置的干扰项要确实能够起到对不具备相应知识的学生的诱答、干扰作用。这是编制多重试题最困难的地方。

例如：人口最多的城市为________

A. 开封　　B. 南京　　C. 济南　　D. 上海

(4)选项用语简练

多重选择题的选项不宜使用重复的词语。选项中多次使用重复词语，不仅显得啰唆，也给学生选择正确答案带来不必要的干扰。

例如：

客观性试题的所谓客观是指________。

A. 鉴别认知目标的方法　　B. 选择测验内容的方法

C. 提出问题的方法　　D. 试题评分的方法

去除赘述的词语后：

客观性试题的所谓客观是指________。

A. 鉴别认知目标　B. 选择目标　C. 提出问题　D. 试题评分

(5)题干与选项的关联度

多重选择题应注意题干与选项在逻辑与语法上的联系，避免提供选择正确答案的线索。在配成的试卷中，正确选项应无规则地排列在所有可能的位置上。

(二)简答题

在客观性试题中，简答题属于开放性题型，需要有学生提供答案。其他题型多属于封闭性题型，由学生在已提供的答案中选择正确答案。就记忆的测量而言，封闭性试题属再认性测量，只要学生辨认已学过的知识；开放性试题属于回忆性测量，需要学生主动提供答案，其难度较再认性测量要大。

简答题有两种陈述方式：一种是用直接疑问句；另一种是用不完全陈述句，由考生在试题的末尾所附空白处填写答案。

例如：

测验结果的信度是什么？测验结果的信度是________。

1. 简答题的特点

简答题可以测量术语的知识、特定事实的知识、原则的知识、方法和程序的知识等各层次的知识目标；可测量解决问题的能力，包括简单解释资料的能力，解决数字计算、使用数学符号的能力，完成或平衡化学方程式等能力。简答题因能测量多种认知目标，所以应用较为广泛。简答题在各类客观性试题中是较易于编制的一种。除了数学、自然科学可用简答题测量解决问题的能力之外，简答题通常是用来测量记忆性学习材料的。

同样，作为客观题的简答题难以测量综合、评价等高级认知目标。但相对于选择题、填空题等客观题，简答题的评分较封闭、费时，也不及封闭性试题客观，难以用计算机阅卷。

2. 简答题的编制原则

第一，一个简答题只能有一个答案，并且答案必须简短、具体。要做到这点，试题编制者需具备高度的措辞技巧和使用准确语言的能力。题意不够明确会给评分带来困难。

第二，应先以直接疑问句编制试题。只有在改为不完全陈述句以后可使题意更加明确时，才能使用不完全陈述式简答题。

第三，不应以简答题来测量零散、琐碎的知识，要尽量用简答题测量学生对学科知识的重要概念的掌握程度。

第四，在试题中避免提供正确答案的线索。除在试题内容、词语搭配上不应提供线索外，答案空格的长短应保持一致，因为长短不等的答案空格也是一种答题的线索。

第五，不可直接从教科书或其他参考书上原文抄写试题。

第六，如果以数据填写答案，试题中应规定所需要的精确程度以及单位名称。

(三)是非题

是非题是提供一个陈述句，让学生判断是非或正误，也叫正误题。

1. 是非题的特点

是非题取样广泛，学生可在限定的测验时间内回答许多是非题。是非题评分客观，因为有明确、统一的标准答案，所以可保证评分的客观性。相对于有题干选项的选择题来说，是非题更易于编制。

但是非题仅能测量最低层次的认知目标，使用的范围极其有限，主要用于测量一些最基本的、较琐碎的事实。由于此题的陈述必须是对或错，非此即彼，因此是非题所适应的知识内容受到很大的限制。且由于仅有两种判断，猜测答对的概率就达 50%，受随机猜测影响太大。猜测得分的机会太大，不能提供对学生学习结果进行深入分析的信息，无法起诊断教学的作用。学生回答问题常有一致性的反应心向，凡是遇到不会回答的问题，一律答对或答错，因而会降低测验的效度。

2. 是非题的编制原则

第一，叙述必须含义单一，否则难以判断对错。

第二，答案必须是明确的，且是无争议的。

第三，叙述应简单、明了，避免使用复杂的语言结构，以减少阅读能力对测验成绩的影响。

第四，应避免使用否定词。必须使用时，应强调一下，提醒学生注意。因为不必要的否定会引起困惑，给准确判断带来困难。

第五，避免使用具有暗示作用的词汇。

第六，在全部是非中，答案为对与答案为错的比例应大体相等，并应无规则地排列在试卷中。

第七，不应直接录入教材原文。要重新组织措辞，尽量不使用教材中的语句。

（四）填空题

填空题属于由学生提供答案的开放性试题，与简答题具有大体相同的特点。

编制填空题时，须注意以下几点。

第一，填空题只能有唯一的正确答案，而且能用一个词、词组或短语提供答案。否则，不适于编制填空题。

例如：中国古代的（四大发明）是__________。

第二，除非语法测验或为某种特殊目的进行的语文测验，否则不宜省略连词、介词、冠词等让学生填写，只能从题目中省去有意义的词让学生填写。

第三，不应从教材或参考书中照抄原句，留下空格要学生填答。这会助长学生死记硬背教材的不良风气。

第四，填空题的空格不宜过多，不应因留下空格而丧失题意的完整性。

例如：连接（ ）市与（ ）市的是（ ）河。无法判断与评分。

（五）匹配题

匹配题适于测验词汇、日期、事件、人名、公式、工具以及某些近似的观点。它一般由匹配项与选项两部分构成。

例如：匹配书名与作者

书名（匹配项）：《家》《子夜》《阿Q正传》

作者（选项）：鲁迅　郭沫若　茅盾　老舍　巴金

编制匹配题应注意的问题如下。

第一，匹配项与选项不应是一对一的，选项的数量应多于匹配项，以使学生从众多的选项中做出正确的匹配。

第二，匹配题应允许同一答案多次使用，而且每个项目都不能有少于一个的正确选项。

第三，匹配题可利用图形对知识进行测量。这类试题可在使用仪器、设备、工具的学科测验中使用。物体的图形可与它们的名称、用途或其他特点相匹配。

第四，匹配题项目一般不要超过10个。匹配题项目太多，会造成考生的心理负担，使考生产生厌烦情绪。

二、非客观性试题

非客观性试题适合于测量较高层次的认知目标，尤其适合于测量综合、评价两级认知目标。非客观性试题包括作文题、论述题、自由反应性试题。其中作文题与论述题合称为论文式试题。

(一)论文式试题

论文式试题是一种重要的题型，对测量综合、评价等高级认知目标具有特殊作用。论文式试题较客观性试题易于编制，比较省时、省力。论文式试题鼓励学生组织所学材料，表达自己的观点；没有明确答案，评分困难，且不可靠；不易回答，耗费时间长、精力大，在限定的测验时间内试题数量不能太多，对知识的覆盖率小，无法保证内容效度；易于使学生以模棱两可的叙述掩盖其知识的缺陷，测验成绩易受学生写作能力的影响。在编制此类试题时应注意，要限定论述题所包含的范围，试题不能过于广泛笼统。这样既可以节省学生回答试题的时间，又可以提高评分的可靠性。论述题的数量要尽可能多一些。在仅由论述题组成的测验中，不可只用一两道论述题。试题数量越少，测验误差就越大，测验结果就越不可靠。论述题测验不应给学生提供选择试题作答的机会。由于不易做到试题等值性，因而影响评阅试卷所得分数之间的可比较性。在编制论述题时要尽量选用适当的动词来陈述试题内容，以保证对复杂的认知目标的测量。要避免使用“谁、什么、何时、何处”等词语编制论述题。因为使用这类词语通常只能测得学生能否记住、记住多少等低级的认知目标。

(二)情景性试题

情景性试题是一种综合测量复杂认知目标的试题类型。这类试题通常提供情景性材料。这些材料可能是一段文章、一张图表或一个实验程序，另有几个需要由学生回答的试题。此类试题较其他类型试题难以编制，需要有较好的技巧，对测量高层次的认知目标具有很高的价值。

编制此类试题应注意以下几点。

首先，选择的情景性材料要与确定的教学目标相符。这类试题质量的高低取决于情景性材料与教学目标符合的程度。材料太简单，变成了单纯的普通知识或简单阅读能力的测验；材料太复杂，超过了教学目标的要求，变成了一般推理能力的测量。它的复杂程度要以能测量所确定的教学目标为依据。

其次，提供的情景性材料必须适合学生的知识经验与阅读能力。对于复杂的认知目标，可以采用不同类型的情景性材料加以测量，如短文、表格、统计表、地图等。情景性材料应是学生从未学过的，但应是学生可以理解的。若提供的材料是学生已学过的或是直接从课本中转录下来的，就变成了记忆能力的测量，属于低级的认知目标，失去了使用情景性试题的意义。编制这类试题可以先从有关资料中收集素材，然后再改写，使其能适合所欲测量的教学目标。

最后，情景性材料应是简短而有意义的。一方面，情景性材料越短越好，这样可以减少阅读能力对测验成绩的影响；另一方面，又不可省略材料中的重要部分，要使材料具有完整的意义，并能引起学生的兴趣。情景性材料的长短也要与试题的数量保持适当的比率。若材料很长，而需回答的试题只有一两个，就会造成测验时间的浪费。一般来说，情景性材料宜短，试题量宜多。这样才符合经济、有效的原则。

三、试题选择的原则

不管哪类试题，都有利有弊。没有一种适合于各种测验目的的试题类型。选择题型时，要充分认识不同类型试题的特点，了解各种试题的优缺点。一般来说，在选择题型时，首先，根据测验目的选择题型。编制试题是为测验目的服务的，不应因事先确定使用某种题型而固执地排斥其他适宜题型的选用，应根据测验内容、测验目标灵活采用不同类型的试题。其次，在同一测验中，试题类型不宜太多。题型变幻不定，会给考生带来不良的心理影响，使他们感到难以适应，因而降低测验成绩。最后，选择题型应考虑经济性原则。尤其在大规模的测验中，宜采用易于实施、易于评分、易于处理的试题类型，这样可借助于计算机进行评卷，提高效率，节省开支。

第三节 试题的评分

评分是教育测量的重要环节，对测验质量有着极重要的影响。评分应力求准确、客观。只有这样，所评定的分数才是可靠的。

一、评分误差

评分可靠是指不同人评定同一份试卷或同一个人在不同时间评定同一份试卷所评定的分数都应是一致的，这叫作评分信度。但教育实践中存在着大量的评分误差现象。评分误差可能来源于多个方面：试题意义含混，对考生及评分者造成歧义，由此可能产生评分误差；考生故意以含混不清、模棱两可的叙述掩盖知识缺陷，给得分评定带来困难，也会产生评分误差。误差最主要的来源还是在评分过程中发挥重要作用的评分者。

评分者本人的某些特点会影响评定分数的客观性。

首先，评分者知识水平的影响。评分者的知识水平会影响其对问题的理解，对评分标准的掌握。尤其当考生答题与众不同、表现出创造性时，更需评分者有较高水平。

其次，评分者心理状态的影响。情绪愉快和忧郁，心境平和与激动，头脑清醒与疲倦，睡眠充足与失眠，这些不但影响阅卷的速度，也影响评分的客观性。在不同心理状态下，评分者所掌握的评分宽严程度是不同的。

最后，评分者个性倾向的影响。有的评分者以宽大为怀，评分就高不就低；有的则吹毛求疵，扣分过严；有的坚持中庸，避免评定过高或过低的分数。评分者各具特点，这些特点也会影响评分的客观性。

评分者的种种特性使得评分过程中会出现各种效应，如名片效应(有些教师特别喜欢或厌恶某个学生，因而影响评分)，光环效应(评完一道回答极好或极坏的试题后，会影响对同一份试卷以后试题的评分)，对比效应(连续评完几份错误百出、文理不通、既脏又乱的试卷之后，对稍微好一点的试卷会评定出不应有的高分数)，先后效应(阅卷工作持续很长时间，不仅阅卷速度会发生变化，而且先批的考卷与后批的教卷在评分标准的掌握上也会有所不同)。

二、客观性试题的评分

客观性试题具有答案明确、易于评分的特点，但很难排除学生随机猜测对分数的影响。

(一)客观性试题的分数矫正

客观性试题大都存在学生猜测对测验结果影响的问题。在是非题、选择题、匹配题中，这种影响又格外明显。猜测会给测量带来误差。

1. 猜测误差的来源

(1)由猜与不猜引起的误差

例如，在有 100 道四重选择的测验中(每题一分)，两个学生都能正确回答 60 题，两人的实际水平相等。若甲生对不会的 40 道题全凭猜测做出选择，乙生只回答自己确已掌握的 60 道题。在四重选择中，选对答案的概率是四分之一，甲生猜对 10 道题的可能性最大。那么，甲生将得到 70 分，而乙生只得 60 分。在这个假想的例子中，猜与不猜所导致的误差达 10 分左右。

(2)由是否猜得对引起的误差

按照概率原理，是非题猜对的概率是二分之一，四重选择题是四分之一，五重选择题是五分之一。但具体到某一人，他实际猜对几道题不一定恰与概率值相等。上例的甲生，可能猜对 10 道题得 70 分，也可能猜对 8 道题得 68 分，或猜对 13 道题得 73 分。这是由猜测本身引起的误差。

2. 猜测误差的矫正

对于学生猜与不猜所导致的误差，可以用下面的方法加以控制。

第一，倒扣分的方法。

$$Y=\frac{X}{M-1} \qquad \text{公式(3-1)}$$

其中 X 为答对一题应得分数，M 为选项的个数，Y 为答错一题应扣分数。

在四重选择中，答错一题应扣：

$$Y=\frac{X}{M-1}=\frac{1}{4-1}=\frac{1}{3}(\text{分})$$

在二重选择中，答错一题应扣：

$$Y=\frac{X}{M-1}=\frac{1}{2-1}=1(\text{分})$$

第二，鼓励所有考生对自己不能肯定回答的试题做出选择或规定考生必须回答全部试题。这种方法可以避免猜与不猜导致的误差，比倒扣分的方法更好。

第三，对于猜测本身所造成的误差，可以采用增加选项、减少仅由猜测答对试题概率的方法来加以控制。所以，选择题多为四重、五重选择，很少采用二重、三重选择。

(二)在给客观性试题评分时，要注意以下几点

必须在测验前编制标准答案，在测验时应使考生了解评分标准，客观性试题应给每题计 1 分。不宜用每题 0.5 分或 1.5 分等小数计分法，这样不但增加评分的困难程度，且容易出现计算错误。所有客观性试题的分数值应尽量相同，若要强调某部分内容的重要性，可以适当增加试题数量，以增加该项内容在测验中所占的比例。为便于计分，可制作记分卡或空心模板，提高阅卷效率；也可借助计算机评阅试卷。

三、论文式试题的评分

论文式试题存在的最主要的问题为：评分信度低，评分误差大。要提高论文式试题的评分质量，除严格按编制论文式试题的原则拟定试题外，还需要用科学的方法控制评分的误差，提高评分信度。

(一)论文式试题的评分方法

1. 相对评分法

相对评分法是根据对学生答卷之间的相互比较进行评分。最好的答案得最高分，最差的答案得最低分。此种方法适用于测量较为复杂的行为，且难以确定标准答案的时候。

使用此种方法，第一步，确定评分等级并确定每一等级应占的比例。评分等级一般可采用 0～3，0～5，0～10。等级分得太细，分数跨度太大(0～20)，不仅给评分带来困难，而且会把实际是同一水平的答卷在那些并不重要的方面加以区分。各等级所占比例可视学生的实际水平而定，也可按正态分布的理论加以划分。第二步，粗阅答卷，如把试卷分为一般、高于一般、低于一般三大类。第三步，细读答卷，检查粗读分组是否精确，并根据确定的等级数量及比例对答卷进行分类，评定分数。

2. 分析评分法

分析评分法是根据确定的评分标准给答卷评定分数。此种方法必须预先确定明确的标准答案，并分配分数值，将学生的答案与标准答案相对照，然后评定分数。在能

够准确地描绘正确答案的特点，能制定出明确标准答案的情况下，宜采用此种方法。

使用此种方法应在编制试题以后紧接着编拟标准答案，并确定分数值。这样一方面，可促使对已编制的试题做进一步的检查，以发现错误，及时修改试题；另一方面，可提高试卷评分的客观性，若在测验结束后编拟标准答案，通常会因已得到学生回答水平高低的信息而有意无意地提高或降低评分要求。对于确定的每道题的分数值，应在测验时告诉学生。

(二)控制影响评分因素的方法

遮盖试卷上能辨认考生的所有标志，使评分尽可能地只以考生的答卷内容为依据。一段时间内，评阅所有试卷的同一道题，而不要一次评完所有试题。每题所评分数应记到在对下一题进行评分时看不见的地方，以避免评卷者受考生其他试题已得分数的影响。评分需要依据一系列不同因素，如准确性、方法的正确性、叙述的流畅性等。在评分时，每次只能考虑一个因素，并只给这单一因素评分。待所有因素评分结束后，再合计总分。这种评分方法特别适用于对作文的评分。学生在测验中书写潦草，标点、字词、语法方面的错误，除非与测验目的有关，否则不应作为评分的依据，不应影响学生所得分数。当然，此类错误应予指出并要求学生改正。但若影响评分，会降低测验的效度。评分结束后，要进行试卷的复评。这样做可以纠正错评、漏评，发现试题编制中的疏漏，提高编制试题的技巧。所谓复评，并非对试卷重新评分，而是要求浏览一遍已评试卷，找出明显的错误和评分不够准确的地方。

(三)分数的调整与控制

对同一份试卷，不同评分者有时会评出彼此悬殊的分数，这是论文式试题评分中最难解决的问题，也是论文式测验信度不高的主要原因。

为了提高信度，应对论文式试题的评分进行适当的调整。指派两人各自独立为一道论文试题评分，若所评分数之差不超过评分误差极限，则取两分数的平均值作为该题所得分数。若所评分数之差超过评分误差极限，则需要由主持试卷评阅者仲裁。例如，1984 年、1985 年广东省招生办公室利用计算机做评分信度动态控制，对作文评分进行调整。由专家对随机抽取的作文试卷进行试评，根据评定分数计算出分数分步的各项参数，并绘制分布密度曲线，以此作为高考作文评卷的倾向性标准。评卷过程中，考查各评卷教师对倾向性标准的拟合情况，进行动态控制，对在评分标准上掌握偏宽、偏严或不稳定的试卷评阅者改派其他工作。

论文式试题的测验成绩会受许多与测验目的无关的因素的影响。在评分过程中，应采取措施，排除这些无关因素对论文式试题评分可能产生的影响。例如，在文科测验中，拼字、标点、语法错误会影响测验成绩，书法好坏与论文式测验得分有显著意义的相关，答案的长短与得分高低也存在一定的相关。

由此可以看出，在论文式试题考试中擅长写作的学生所得分数通常比他们的实际水平要高，这显然会降低测验的效度。

第四节　试卷编辑与测验实施

一、试卷的编辑

试题拟好后，应进行搭配，编辑成试卷。为保证试卷的质量，对试题应谨慎地加以审查。

(一)试题的审查

试题的审查包括：检查试题的题意是否完整，试题叙述是否简单、明确，试题内容有无知识性、科学性错误，试题是否是从教科书或教学参考书中直接转录来的，试题是否向考生提供了正确答案的线索。大规模的或标准化测验的试题应经预测、鉴定质量以后，才可储存进题库，供编辑测验使用。

(二)试题的编辑

经审查合格的试题可以用来编辑试卷。在编辑试卷时，要注意以下几点。

首先，确认配搭在试卷里的试题对欲测量的学科知识是否有足够的覆盖面，能否涵盖双向细目表所开列的认知目标。对照双向细目表中内容与目标的权重，考虑试题数量是否合适，试题分数分配能否保证已确定的权重。同时，考虑试题的难度和测验的长度是否合适，学生能否在限定的时间内完成测验。

其次，要明确试题的编排是否恰当。编排试题的方法有以下几种。

1. 按照试题内容编排试题

将教材中同一内容的试题编排在一起。这样编排试题便于检查学生知识上的缺陷，也可以使学生在同一时间内集中思考同一内容的知识。

2. 按照试题所测量的认知目标编排试题

将知识的、理解的、应用的、分析的等不同层次的试题相对集中在一起。这样编排的优点是便于检查学生实现教育目标的程度，可使学生在同一时间内运用同一种智力活动来回答试题。

3. 按照试题类型编排试题

将是非题、简答题、选择题、论文式试题等不同类型的试题相对集中在一起。这样编排可以减少试题类型变换对学生产生的干扰。

4. 按照试题难易程度编排试题

试题编排时按照由易到难、逐渐增加难度的原则，整个试卷要具有难度的层次性。这样编排可以起到增强考生信心的作用。有的测验，前几道题是极简单的，一看便知，即使学生成绩很差也很容易通过，即俗称“热身题”。

5. 综合多种方法编排试题

编排试题不仅可以依据一种方法，而且可以综合多种方法。无论采用哪种方法编排试题，都应遵循从易到难的原则。例如，按认知目标编排试题，应将最低级目标(知识)的试题排在最前面；按学习内容分类编排，应将最简单的试题排在最前面。

(三)编写答题说明

答题说明必须简明扼要，表意明确，不使学生产生歧义。编写答题说明的目的在于尽可能使学生独立地理解试题，独立完成测验，避免监考老师临场指导。尤其当试卷由两位及两位以上教师同时评分，或同一份试卷被反复使用时，必须充分注意答题说明的作用。因为只有能使所有学生都能独立理解并完成测验的试题，才能保证测验的统一性、客观性。若不同时间对不同学生所附加的答案说明互不一致，就会极大地影响测验的客观一致性，降低测验结果的可比性。答题说明一般包括对测验目的、测验的时间限制、回答的方式、记分的方法等的说明。

二、试卷的印制

(一)试卷的种类

1. 分离式试卷

试卷与答题纸分离，学生只要将答题纸的题号与试卷题号对准，在答题纸上填写答案即可。分离式试卷可以反复使用，节约印刷试题的经费，只根据答题纸评分，便于评阅试卷，易于管理。若试题采用客观性题型，可用计分模板或计算机评分。这种分离式试卷在标准化测验中使用极为广泛。但用分离式试卷进行测验，不可采用一人读试题、多人在答题纸上作答的做法。这样的结果极不可靠。

2. 综合式试卷

综合式试卷是指试题与答案在同一张纸上。这类试卷因符合一般人的考试习惯，易于学生适应测验环境。

不论采用哪种试卷，都必须注意试题的编号应从头至尾依次排列。在同一份试卷中，不应有重复的题号出现，否则将会导致登记分数、整理试卷时的混乱，给测验后的试题质量分析带来困难。尤其在答题纸与试题分离的测验中，更要注意采用依次排列题号的试题编码法。选择题的题干与选项不能印在同一行，每个选项应单独占一行。试题与试题之间应留两行的间距，以达到易读的效果。一道题不可分开印在两页上，避免学生来回翻动试卷耽误时间、分散精力。试卷应按统一格式印制，并力求达到美观、经济。

三、测验的实施

测验实施中，最重要的是使所有学生均在相同的条件下接受测验，并尽量排除某些无关因素可能对测验结果产生的影响。

1. 影响测验结果的无关因素

物理因素：充分的考试时间、安静的环境、充足的光线、良好的通风、适宜的温度等。

心理因素：测验时学生过分焦虑、紧张、恐惧等，必然会对测验结果产生不良影响。监考老师不要逼迫学生，不可过分强调考试的重要，不可告诫时间不够，不可恐吓学生。

测验的时间安排最好不要在大规模的活动之前或之后，否则会影响测量的质量。个别学生的身体状况，如疾病、疲劳等也会对测验产生不良影响。必要时，可依据个别学生的状况延长测验时间。

2. 测验实施中应注意的问题

第一，测验前不应讲与测验无关的话。考场上，对于监考老师不必要的说明，学生不仅听不进去，反而会引起焦虑，产生不满情绪。同时占用测验的有效时间也可能影响学生的测验成绩。

第二，当学生回答试题时，应尽可能排除一切外界干扰。测验教室以外若干距离内不准有与测验无关的人员进入。当有学生要求澄清问题或说明题意时，这种说明应力求简短，且尽量减少次数。

第三，测验实施过程中，不能给学生提供暗示。如果试题本身相当清楚，即使学生要求解释，也要告诉他尽力独立作答，不必加以说明。若遇到除非向学生解释否则无法回答试题的情况，应同时向全班学生说明，不可仅对提出问题的个别学生加以说明。

第四，妥善安排学生座次，防止学生作弊。考试作弊不仅影响测验结果，降低测验的有效性，而且会影响学生良好品德的培养。应妥善安排学生座次，预防作弊现象发生。同时，应严格考成纪律，做好考场监督工作。对确有作弊现象的学生，应做适当的处理。

课后思考题

1. 如何理解教育目标的分类？
2. 结合教育教学实际，思考如何将评分者误差降到最低。
3. 就小学任意学科、任意年级内容，编制双向细目表。

第四章 测验项目的质量分析

学习目的 ▶

1. 理解进行测验质量分析的作用。
2. 理解定性分析和定量分析的作用。
3. 掌握常模参照性测验的含义。
4. 掌握目标参照性测验的含义。
5. 明确区分常模参照性测验及目标参照性测验。
6. 能够结合成绩对测验的质量进行分析，并有针对性地进行改进。

在测验结束之后，对学科测验中的试题、人格测验中的题目、等级评定中各等级的行为特征进行描述，即为对构成测验的各个项目进行质量分析。质量分析包括测验项目的难度分析、区分度分析以及对多重选择题各选项质量的分析等。

第一节　测验质量分析的作用及方法

一、测验质量分析的作用

对测验质量进行分析，有两方面的作用：一是可以为筛选、修改试题提供依据，提高测验质量，使测验逐渐实现科学化；二是可以为改进教学、提高教育质量服务。

(一)测验质量分析有助于测验科学化的实现

1. 有助于编制测验的技能、技巧的提高

只有通过对测验质量进行分析，才能发现在测验编制过程中有哪些成功的经验，有哪些失败的教训。只有在不断总结经验、修正错误的过程中，编制测验的技能、技巧才能不断提高。

2. 能为进一步修改试题提供依据

测验质量分析可以提供测验中哪些试题需要修改以及如何修改等重要信息。例如，缺乏足够区分度的多重选择题，经分析发现，某一干扰项无人选择，那么，修改这个选项，增加它的似真性，使其具有足够的诱答作用，便可提高整个试题的区分度。

3. 有助于提高测验的信度、效度

测验质量分析的一个重要目的是发现并淘汰劣质试题。它可以节省考试时间，提高测验的信度和效度(测验的信度、效度与测验的长度有关的条件是测验项目应是等值的)。淘汰的和保留的试题不等值，不仅不会降低测验的效度、信度，反而会比未删除试题前更有效、可靠。

4. 有助于题库的建立

经测验质量分析鉴定出的达到各项指标要求的高质量试题，可保留起来，以备后来搭配试卷使用。以后的测验就可以根据已确定的测验目的，从题库中抽取试题，拼配试题。这样可以省时、省力，保证测验有较高的质量，大大提高测验的科学性。

(二)测验质量分析有助于提高教学质量

对测验进行分析，有时是针对测验本身进行的，有时是针对测验所涉及的教学工作进行的。在分析过程中，可以对暴露出来的教育问题进行及时有效的解决。

1. 有助于改进教学

测验虽是教育活动中的有机组成部分，但并不能改进教学。只有通过对测验结

果进行深入分析，才能发现教学中存在的问题，起到改进教学的作用。通过测验分析，既可以发现学生学习上的共同弱点，也可以诊断个别学生在学习上的症结所在。

2. 有助于合理解释测验结果

向学生笼统地报告一个综合考试分数是没有多大意义的，更重要的是向学生报道各分项的测验成绩(各项测验内容得分，各项测验目标得分，各类型试题得分等)，这些成绩在学生群体中的相对位置。只有这样，学生才会最大限度地利用测验所提供的信息来促进自己的学习。

二、测验质量分析的方法

在对测验质量进行分析时，可采用定性分析、定量分析。

(一)测量质量的定性分析

定性分析是依靠分析者的知识、经验，经过逻辑判断，对测验的质量做出质的分析。首先，定性分析要对测验目的的适宜性进行分析，评价确定的测验目的是否恰当，能否起到有效促进教育目标实现的作用；检查测验类型、试题类型的选择是否合适，能否适应测验目的的需要。其次，要针对出题的双向细目表进行核检，核检表中测验内容与测验目标的配合是否合理测验对学科内容是否有足够的覆盖率，能否涵盖必要的教育目标，各项权重是否适宜，与已确定的教学重点、教学目标有无不合之处。再次，确定测验目的和双向细目表准确无误之后，要对试题整体的编制情况进行评价，评价试题编制质量，看试题陈述是否准确、清晰，试题之间有无重叠，是否向考生提供了正确答案的线索，试题有无知识性、科学性的错误，例题使用是否恰当，作答说明表述是否简洁、明确且不使考生产生误解等。最后，检查试题编排、试卷印刷和测验实施的质量。查看编排试题所依据的标准是否适宜，试题排列是否具有难度层次，试卷印刷是否具有易读性、适用性、经济性特点，测验实施是否符合无偏性的要求。

(二)测验质量的定量分析

定量分析是借用数理统计的方法对测验质量进行分析，以计算出的各种指数作为评价测验质量高低的依据。定量分析首先适用于对测验质量做综合分析。这是针对整个测验进行的分析，包括计算测验平均分数、标准差，绘制测验分数分布曲线，计算效度系数、信度系数等。其中最重要的是对效度、信度的分析。对于测验的各项分析，定量分析同样适用。

任何事物都是数量和质量的统一。把对测验质量的分析分为定性与定量两种方法是相对的。定性分析不可能也不应该完全忽略数量方面的特征；定量分析也绝不能仅仅满足于计算出某些数值，而是要通过数量分析确定质的优劣。在分析测验质量时，只有从定性、定量两个方面进行分析，才能得出切合实际的结论。

第二节　常模参照性测验的项目分析

一、常模参照性测验的含义

常模参照性测验是以已建立的常模为标准，衡量学生在参加测验的群体中的相对位置，并以此来解释考试分数的意义的测验。常模是指某一规定的测验群体在该测验中的典型成就。在标准化的测验中，常模实际上就是指标准化样本在测验中的平均成绩。测验中的某一学生成绩的好与差，是与常模比较，或者说视其在测验群体中的相对位置而言的。常模参照考试测验是比较不同学生在学业上的成就的，目的是对学生做最大限度的区分，以利于考生之间的横向比较。升学考试就是典型的常模参照性测验。

常模参照性测验的主要用途是评定和监督，不能起到诊断学习中的问题的作用。常模参照性测验是一种选拔模式的测验，其目的在于鉴别学生的不同程度。测验结果是在对学生所得分数的比较中加以解释和理解的。所以测验分数越具有变异性，离散程度越大，对分数的解释就越准确，对学生程度的鉴别力就越大。测验分数的变异性是常模参照性测验最显著、最重要的特点。影响分数变异性的因素主要是难度、区分度。

二、常模参照性测验的难度分析

难度分析的一个简单方法是观察测验分数的分布状态。

例如：如果测验分数的全距(最高分减最低分之差)大，又没有零分或满分，测验的平均分数在测验分数分布范围中间或接近中间的位置上，就可以认为测验具有适宜的难度。

表 4-1　三次测验分数情况

	最高分	最低分	全距	平均分数
测验 a	75	11	64	42
测验 b	80	50	30	69
测验 c	40	0	40	15

从测验分数分布情况可以直观地判断，测验 b 太过容易，测验 c 过难，测验 a 的难度最为适宜。

上述难度分析的方法是一种综合的、直观的分析，不能得出精确的难度指数。它适合于教师对自编测验做难度的一般性估计或作为大规模严格测验(标准化测验)

预测性检查的手段。要对难度做深入的分析，还需借助统计公式，计算难度指数。

(一)基本方法

1. 对于客观性试题

$$P=\frac{R}{N} \qquad \text{公式(2-12)}$$

$$P=1-\frac{R}{N} \qquad \text{公式(2-13)}$$

两公式中，P 代表试题难度，R 为答对该试题人数，N 为参加测验总人数。

2. 对于主观性试题

$$P=\frac{\overline{X}}{K} \qquad \text{公式(2-14)}$$

公式中，P 代表试题难度，$\overline{X}$表示所有学生在这道题上的平均得分，K 表示这道论文题的满分。

除了用常规的三个公式之外，我们之前学习到的极端分组法同样适用于常模参照性测验的难度分析。

(二)极端分组法

1. 对于客观性试题

$$P=\frac{P_H+P_L}{2} \qquad \text{公式(2-15)}$$

公式中，P 为难度，P_H为高分组答对该题的学生所占的百分比，P_L为低分组答对该题的学生所占的百分比。

2. 对于主观性试题

$$P=\frac{X_H+X_L-(2NL)}{2N(H-L)} \qquad \text{公式(2-16)}$$

公式中，P 为难度，X_H为高分组得分总数，X_L为低分组得分总数，N 为应试总人数的 25%，H 为这道题的最高得分，L 为这道题的最低得分。

三、常模参照性测验的区分度分析

(一)测验项目与测验总分的内部一致性分析

项目区分度是鉴定试题质量，对试题进行筛选的重要依据。在分析项目区分度时，可以以测验总分作为分析项目是否具有区分能力的依据。这叫作测验项目与测验总分的内部一致性分析。这种分析方法适用于具备同质性特点的测验，即测验所测量的是同一特质，如单一学科测验、某种独立的智力因素测验、个性品质测验(记忆力测验、情绪稳定性测验等)。

(二)测验项目效度分析

区分度分析也可以外在效标作为分析项目是否具有区分能力的依据。这叫作项目效度分析。此种分析方法适用于具备异质性特点的测验，即测验所测量的并非是同一特质，如多门学科的综合测验、综合的智力测验、人格测验等。这时的测验项目与测验总分是否一致并没有多大的意义。过分追求测验项目与测验总分的一致会降低测验的效度，应以外在效标作为项目效度的分析依据。

内部一致性或项目效度虽然在分析时所依据的标准不同，但使用的计算公式、分析的基本程序是一致的。

(三)分析程序

1. 极端分组法

客观性试题：

$$D=P_H-P_L \quad \text{公式(2-17)}$$

公式中，D 表示区分度；P_H 表示高分组的难度，即通过试题的人数比例；P_L 表示低分组的难度，即通过试题的人数比例。

主观性试题：

$$D=\frac{X_H-X_L}{N(H-L)} \quad \text{公式(2-18)}$$

公式中，D 为区分度，X_H 为高分组得分总和，X_L 为低分组得分总和，N 为应试总人数的 25%，H 为这道题的最高得分，L 为这道题的最低得分。

2. 相关法

$$r_{pb}=\frac{\overline{X}_p-\overline{X}_q}{S_t}pq \quad \text{公式(4-1)}$$

r_{pb} 为试题一致性系数，$\overline{X}_p$ 为答错试题学生所得测验平均分数，$\overline{X}_q$ 为答错试题学生所得测验平均分数，S_t 为全体学生测验分数的标准差，p 为答对试题学生占应试人数的比例，q 为答错试题学生占应试人数的比例。

除了用上述公式计算区分度外，还可以用项目特征曲线对区分度进行分析。

项目特征曲线是以效标分数为横坐标，以百分比为纵坐标绘制出的测验项目曲线图。

例如，从图 4-1 中可以看出，效标分数得分较高者通过第 2、第 3 题的比例也高。第 1 题无此变化的趋势，无论效标高低，通过的百分比相当接近。据此可以判断，第 3 题的项目效度最佳；第 2 题较高；第 1 题基本无区分作用，项目效度最低。

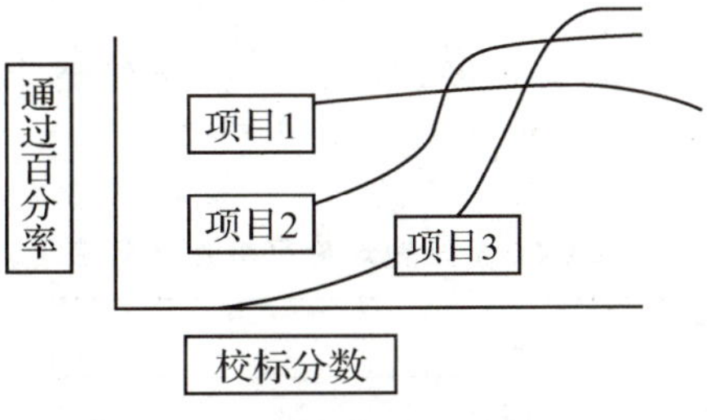

图 4-1　项目特征曲线图

四、项目分析报告的编制

在对测验项目进行分析的基础上，可以编制出分析报告，对测验项目的质量做全面的分析与评价。

表 4-2　高中物理测验项目分析报告

测验名称：物理		应试学生：高中生	
教师：刘明水		试题数量：100 题	
测验日期：2006.5.13		考试时间：100 分钟	
测验人数：50 人		总分：100 分	
	预期应达到的目标	经分析实际达到的水平	评价
一、目标	1. 事实知识＜20％	20％	可
	2. 术语知识＜20％	18％	可
	3. 原则理解＜20％	10％	可
	4. 原则应用＞10％	14％	可
	5. 分　　析＞5％	12％	很好
	6. 综　　合＞10％	10％	好
	7. 评　　分＞5％	16％	很好
二、难度	1. 大(0.20 以上)＜20％	30％	太多
	2. 中(0.30－0.80)＜60％	50％	少
	3. 小(0.80 以下)＜20％	20％	好
	4. 平均难度 0.50	0.41	太难
三、区分度	1. 高(0.40 以上)＞25％	18％	低
	2. 中(0.20－0.39)＜65％	68％	可
	3. 小(0.01－0.19)＜10％	14％	太高
	4.0 或负值＜10％	22％	太高
四、测验分数	1. 平均数约 60 分	52.5 分	低
	2. 标准差＞12.5	10.1	小
	3. 信度＞0.80	0.72	低
五、非速度性完成试题比率＞90％		94％	很好

也可以将计算所的各试题的难度、区分度登记在统计表格中，以备进一步分析使用。

表 4-3　试题难度区分度统计表

题目	1	2	3	4	5	6	7	8
难度	0.6560	0.2821	0.2655	0.4463	0.3198	0.4423	0.3647	0.3282
区分度	0.5590	0.6638	0.4412	0.4038	0.5701	0.4876	0.8134	0.6144

第三节　目标参照性测验的项目分析

一、目标参照性测验的含义

目标参照性测验又称标准参照性测验，是以既定的教学目标为衡量学生学习水平的依据的测验。学生是否完成教学任务，仅仅通过与教学目标比较来确定，与测验群体中其他人无关。目标参照性测验中的标准是指根据教学目标来确定的该学习内容通过的最低标准，毕业考试应属于这类测验。我国现行的考试多以 60 分为及格线，对目标参照而言，60 分就是根据教学目标来确定的通过该学科的最低标准。当然，这种一律以 60 分划线的办法是否科学，有待于进一步研究。

目标参照性测验与常模参照性测验有如下区别。

首先，两测验所要提供的信息种类有所不同。目标参照性测验的用处在于确知有哪些规定的教学目标某一学生已经完成，记录的成绩要表明一系列完成的和未完成的教学目标。常模参照性测验的用处在于确知某一学生在某个学科中知识量掌握的多少，记录的成绩是全部测验试题中答对的总计题数。

其次，两测验用以解释所获得信息的依据不同。目标参照性测验中，学生学习的优劣是以该学生对预定的各项教学目标已完成的数量或百分数来判断的。常模参照性测验中，学生的学习情况乃是由该学生成绩在这一规定群体中所居地位来判断的。

目标参照性测验并不在考生中做相互间的比较，不排列学生的名次、等级。因此，测验分数的变异性不是目标参照性测验的必要条件。常模参照性测验中的难度、区分度也不适用于目标参照性测验的项目分析。例如，对接受了汽车驾驶训练教学的学生进行测验，以便发给合格者驾驶执照。这就是典型的目标参照性测验，凡合格者均可获得执照。若接受训练的全部学员都能领取执照，恰是教师期望得到的结果。这类测验中，学生的名次等级是没有意义的。目标参照性测验通常是从试题可否有效地识别达标的学生和试题对教学感受性的灵敏度两方面来评价试题质量的。

二、目标参照性测验的项目识别度分析

目标参照性测验的一个主要特征是事先要确定一个卷面分数，所有测验结果都与这个分数相比较，达到或超过这个分数的可以通过，在这个分数以下的被判定为不及格而不予通过。这就是目标参照的含义。这种测验中的试题应有助于对学生及格、不及格做出正确判断。这其中的项目识别度可定义为，对及格学生的比例与不

及格学生的比例做出的正确判断。

目标参照性测验的项目识别度计算步骤如下：

第一步，将试卷分为及格与不及格两部分；

第二步，分别统计及格、不及格学生正确回答试题的人数，并计算比值；

第三步，按公式计算项目识别度。

$$D = P_P - P_N \qquad \text{公式(2-17)}$$

公式中，D 为项目识别度符号，P_P 为及格学生中正确回答试题的比例，P_N 为不及格学生中正确回答试题的比例。

【例题】30 个学生接受目标参照性测验，根据测验总分 20 人及格，10 人不及格。对测验中第 10 题的回答情况如下：及格组 15 人通过，不及格组 5 人通过。求第 10 题的项目识别度。

解：$D_{10} = \frac{15}{20} - \frac{5}{10} = 0.25$

答：这道题的识别度为 0.25。

识别度指数的数值范围为－1～＋1。若识别度指数为零，表明该题对达标者与未达标者没有什么识别能力。因为达标者与未达标者答对该题的人数比例一样。若识别度指数为负值，则表明该题质量很差，因为它不仅不能鉴别达标者与未达标者，反倒是未达标者中答对该题的人数比例高于达标者中答对该题的人数比例，是一种反常现象。若识别度指数为正值，其数值越大，对达标者与未达标者两类人的鉴别力越强，测题质量越好。但是识别度指数的数值一般不会太高，因为目标参照性测验试题难度一般较小，特别是平时教学的达标性考试是按照让绝大多数学生都能通过的原则设计的。例题中的识别度指数为 0.25，属于有良好识别作用的试题。

三、项目灵敏度分析

目标参照性测验在教学过程中应用极为广泛，测验中的试题应具有对教学效果灵敏反应的能力。

【例 1】如果用一道试题分别在教学前、教学中、教学后对学生进行测验。学生所得的分数的模式应大体为下列形式：

1. FFFP　2. FFPP　3. FPPP(F 代表回答错误，P 代表通过)

这种得分模式证明试题对教学有足够的感受能力。

1. PFFF　2. PFPF　3. FFFF

这种得分模式证明试题没能反映出教学效果，缺乏灵敏的教学感受能力。

【例 2】下表是包含 5 道题的目标参照性测验在教学前后各进行一次所得的统计结果。

学生	试题									
	1		2		3		4		5	
	前	后	前	后	前	后	前	后	前	后
1	F	P	P	P	F	F	P	F	F	P
2	F	P	P	P	F	F	P	F	P	P
3	F	P	P	P	F	F	P	F	P	P
4	F	P	P	P	F	F	P	F	F	P
5	F	P	P	P	F	F	P	F	P	P
6	F	P	P	P	F	F	P	F	F	P

对 5 道题对教学效果感受性的灵敏度的分析如下。

第 1 题 教学前均失败，教学后均通过，这表明试题对教学效果反应灵敏，也说明教学是有效的。

第 2 题 所有学生教学前后均能通过，说明试题太容易，无法感受教学效果的影响。

第 3 题 教学前后均无人通过，说明试题太难，不能感受教学效果。当然也可能是教学效果不佳，题目本身并无问题。

第 4 题 教学前通过，教学后失败，此题质量较差。当然，也可能是试题极容易，学生不用学习也会做，但因教学不当，经教学后反使学生变得糊涂了。

第 5 题 这是一个有效的试题，因经教学后通过试题的比例从 1/3 提高到 1。

试题对教学灵敏度可用下公式计算：

$$S=\frac{(P_A-P_B)}{N} \qquad \text{公式(4-2)}$$

公式中，S 为灵敏度指数，P_A 为教学后通过试题的学生数，P_B 为教学前通过试题的学生数，N 为学生总数。

由此，上表中各题项灵敏度可转换成数值形式。

$S_1=1$　　$S_2=0$　　$S_3=0$　　$S_4=-1$　　$S_5=0.50$

得出的灵敏度指数 S 值若为正数，即为有效试题；S 值越大，试题对教学效果感受越灵敏；S 值指数为 0 或负数，表明试题不能反映预期的教学效果，试题质量不佳。

试题对教学效果感受灵敏度从计算方法到对结果解释都还相当粗糙，存在不少缺点。为计算灵敏度指数，同一测验必须实施两次，程序烦琐，浪费时间和精力。S 值低，可做两种解释：试题质量不高或教学不当。只根据 S 值高低，难于得出准确的结论。同一试题，两次测验，会产生练习效应。后测成绩提高，可能由练习所致，而非教学产生效果。尽管试题对教学感受灵敏度的分析存在不少缺陷，但在尚未有更可靠、更科学的鉴定试题质量的方法之前，它仍是评价目标参照性测验的有效方法。

第四节 多重选择题的项目分析与改进

一、对多重选择题各选项的质量分析

多重选择题由于能比较有效地控制由随机猜测所导致的测量误差，能测量复杂认知目标，能为改进教学提供更多的反馈信息，且具有易于评分、能用计算机阅卷等优点，因此在学科测验中应用极为广泛。

想要提高多重选择题的质量，需对多重选择题的各选项进行质量分析。步骤如下：

第一，按测验总分从高到低依次排列试卷；

第二，从最高分(第一名)依次向下取全部试卷的27%，作为高分组；

第三，从最低分(倒数第一名)依次向上取全部试卷的27%，作为低分组；

第四，分别登记高分组与低分组选中各选项的人数(也可将人数换成比例)，然后登记；

第五，根据登记结果进行选项的质量分析。

【实例分析】

多重选择题分析表

组别	选择题					P	D
	1	2#	3	4	5		
高分组	5	84	0	11	0	0.66	0.37
低分组	25	47	10	18	0		

这道题的难度为0.66，区分度为0.36。若仅从这两项指标看，显然是一道质量很好的试题。但从各选项被选人数分析，对于第五个选项，无论是高分组还是低分组，均没有学生选答，不能起到诱答作用。因而，5重选择实际上变成了4重选择。这个选项错得太明显，应进行修改。

在实际进行选项分析时，可以将多重选择题的选答情况登记在一张选择分析表中，以便于分析评价。

多重选择题项目分析表

题号	组别	选项					P	D
		1	2	3	4	5		
2	高分组	0	0	0	20#	0	0.90	0.20
	低分组	2	0	1	16	1		

续表

题号	组别	选项					P	D
		1	2	3	4	5		
4	高分组	0	10#	9	0	1	0.65	−0.30
	低分组	2	16	2	0	0		
5	高分组	2	3	2	11#	2	0.55	0
	低分组	1	3	3	11	2		
7	高分组	5#	3	5	4	3	0.125	0.25
	低分组	0	5	8	3	4		

注：#为正确答案。

第 4、第 5 题不能起到积极的区分作用。

第 4 题：高分组答对人数比低分组少，应让高分组学生说明选择错误的原因，以便发现试题编制中存在的问题。

第 5 题：主要缺点可能是题干与正确答案的语法配搭不当。因为答错这一题的考生大致均匀分布在第 4 个错误选项上。

第 7 题：显然太难，正确选项被选人数极少，低分组无一人选中。选择第 3 个选项的人数稍微集中一些，表明这个选项与题干在语法上可能有表面的吸引力。正确答案可能存在语法上的不当，使考生判断为错误。

通过这样的分析，不仅有助于评价试题质量，而且提供了进一步修改试题的线索，对提高编制多重选择题的技巧也有很大帮助。

二、多重选择题的改进

项目分析的资料不仅用来评价试题，筛选试题，也可以作为进一步修改试题的依据。

【例 1】气候与天气有何不同？

选项	选答人数	
	高分组	低分组
1. 没有重要区别	1	6
2. 气候主要指温度与雨量，天气包括许多其他自然现象	33	51
3. #气候指长期固定的自然现象，天气指短时间的自然现象	43	30
4. 天气指某地方的自然现象，而非全国的自然现象	23	13

注：#为正确答案，$P=0.37$，$D=0.13$。

这道题区分度很低($D=0.13$)，难度稍大($P=0.37$)。各选项中，第 2 个选项吸引力太大，有 84 人选中。第 4 个选项高分组比低分组选答人数多。本题题干意义明确，无缺陷，重点应修改第 2、第 4 两个选项。第 2 个选项宜更简单、具体些，以降低吸引力；第 4 个选项对高分组似真性较大，应舍弃，另拟干扰项代替。

修改后，第二次实测，结果如下：

选项	选答人数	
	高分组	低分组
1. 没有重要区别	2	22
2. 气候主要指雨量，天气指温度	3	25
3. #气候指长期固定的自然现象，天气指短时间的自然现象	91	33
4. 天气指云量而定，而气候视风速与风向确定	4	20

注：#为正确答案，$P=0.62$，$D=0.58$。

【例 2】下列哪一个因素是造成很多地方用水短缺的重要原因？

选项	选答人数	
	高分组	低分组
1. 砍伐地面植物使雨水流入溪流速度加快	17	13
2. 工业、农业、居民用水量增加	15	26
3. 1、2 项均不对	12	22
4. #1、2 项均对	56	36

注：#为正确答案，$P=0.48$，$D=0.17$。

此题难度适宜，区分度太低。试题的缺点在题目的设计上。这道题有两个正确答案，必须同时选中才算答对，只选中其中一个判为错误。这样设计试题很容易引起考生的困惑。而且，四个选项中，没有一个是真正的干扰项。因此，在修改试题时，应将其中的一个正确答案安置在题干中，编制三个具有诱答作用的干扰项。试题修改后，情况如下。

试题：除了用水需求量增加这个因素外，还有哪一个因素是造成很多地方用水短缺的重要原因？

选项	选答人数	
	高分组	低分组
1. 水力发电用的水坝，限制了河水的流量	3	22
2. 人造雨的干扰，影响了正常的雨量	3	18
3. 农作物密植，使大量雨水渗入地下	10	38
4. #砍伐地面植物，使雨水加速流入河流	48	22

注：#为正确答案，$P=0.53$，$D=0.62$。

试题修改后，比原来容易了一些，区分度由 0.17 提高到 0.62。显然，经过修改，试题质量有了很大的提高。

课后思考题

1. 测验评分中要注意什么问题？
2. 如何结合教育教学实际进行测量的质量分析？

第五章　标准化测验的基本程序与应用

学习目的 ▶

1. 理解标准化测验的含义。
2. 明确标准化测验的显著特点。
3. 掌握标准化测验的基本程序。
4. 明晰标准化测验在实际教育教学中的应用。

第一节　标准化测验的特点

上一章节介绍的测验编制的一般步骤与方法同样适用于标准化测验。本章仅对标准化测验中的几个特殊问题做进一步的阐述。

一、标准化测验的理解

一般来说，测验的标准化并不仅仅是对测验的某个局部环节而言的，而是指测验全过程的标准化，即在确定测验目的、进行测验设计、编制测验试题、评价试题质量、筛选试题、配搭试卷、评分、解释测验分数以及控制测验实施环境等程序均要实现标准化。测验标准化的目的在于提高测验的科学性，保证测验目的的有效性及测验结果的可靠性，并能科学地使用测验结果。

二、标准化测验的四个显著特点

(一)标准化测验须经预测

对于非标准化测验，试题一经编制，即可配搭试卷，组成测验。对试题难度是否适宜、有无积极的区分作用、整个测验的效度和信度通常是由命题老师根据经验加以判断的，并没有评价的客观指标。在标准化测验中，凡编入测验的试题，必须预先经过试测。根据试测结果，对试题质量进行严格分析，然后筛选试题，把确有积极区分作用、难度适宜的试题配搭成试卷，组成测验，以供使用。未经过预测的试题不能作为标准化测验的试题。因此，在标准化测验中，预测是一个必不可少的重要程序。

(二)对测验的要求极其严格

凡标准化测验，均应在同一环境、标准下进行。只有这样才能保证公平合理地对待所有考生，保证测验结果的客观性，提高测验分数之间的可比性。标准化测验对实施测验的标准化要求极其严格，一般备有考试指导手册或考试指南。考试指导手册所规定的细节必须在测验实施过程中严格执行。考试指导手册要详细规定向学生说明测验目的的方法、指导学生回答试题的正确方法、对测验实施环境的要求、测验时间的限制以及在测验中处理可能发生的事件的方法等。

(三)计分方法标准化

计分方法是导致测量误差的一个极其重要的因素。为控制、减少测验评分中的误差，标准化测验要使计分方法标准化，事先准备计分表，并规定测验各分及总分的计分方法。

(四)必须编制常模

到目前为止，标准化测验还多用于常模参照性测验。在标准化的常模参照性测验中，必须编制常模，将其作为解释分数的依据。

第二节 标准化测验的基本程序

标准化测验有许多不同的类型，如学科测验、智力测验、人格测验等。这些测验有的是施于个人的，有的是施于团体的，有的属于文字测验，有的属于非文字的图画或操作测验。由于标准化测验的类型各异，因此编制的方法、步骤也各有特点。本书介绍的是标准化测验最基本的程序。

一、编制测验计划

编制常模参照性测验的计划包括确定测验目的及测验内容、测验适用的年龄或年级、测验使用的期限、测验编制人员的组织、测验经费的预算、测验编制工作的日程安排等。

二、编制测验原稿

标准化测验有两种：一种是自己根据确定的测验目的，编制出符合需要的标准化测验；另一种是修订已有标准化测验，以满足社会的需要。

(一)自编标准化测验

自己编制标准化测验需经过收集素材与编制问卷两个步骤。

1. 收集素材

不同类型的测验，收集素材的途径不同。比如，学科标准化测验主要是从教学大纲、教学参考书籍、学生考试成绩中收集编制标准化测验的素材的。在这个基础上编制试题，测量不同年级(或不同年龄)的学生。根据测验结果进行分析，选出测验的试题。

例如：用5道试题测验三至十年级的学生，根据测验结果，绘制出每道题答对人数所占百分比的统计表，分析结果。

	三年级	四年级	五年级	六年级	七年级	八年级	九年级	十年级
第1题	0	1	15	26	48	67	86	98
第2题	0	1	1	28	77	100	100	100
第3题	0	10	38	58	40	11	24	12
第4题	0	0	0	1	20	80	98	100
第5题	20	68	95	99	100	100	100	100

第1题答对人数的百分比从四年级到十年级逐渐增加，这个题目最合适于7年

级学生(将近有50%的学生答对这个题)。由于该题答对人数随年级升高而增加，不仅有足够的鉴别力，而且适用的年级也广泛，所以是一道有效的题目。

第2题比第1题难度大，在六年级以下和八年级以上是不适用的，但在6年级至8年级的范围内是一道具有很大鉴别力的题目。

第3题答对人数并不随年级升高而增加。在标准化测验中，这类试题应被剔除。

第4题与第2题相类似，只是难度更大些。此题适用于测量七至十年级的学生。

第5题适用于测量三至六年级的学生。

依据以上分析，评定各题目的价值及所适用的年级范围，就可以确定每个年级的适用题目。在智力测验、人格测验的编制中，收集素材的方法更困难些，但基本步骤是一样的。

2. 编制问卷

编制问卷是在收集素材的基础上编制出一套问卷，并确定测验实施的规则及评分。编制问卷时需要注意以下事项。

第一，编拟的试题需要登记在试题卡上。

在收集素材的基础上编拟出试题，要登记在卡片上，以便于筛选、拼配成试卷。

表5-1　问卷单个题项试题卡

题目原文					
标准答案					
命题人		题目来源		日期	

第二，编拟的试题数量至少要比最后所需要的题目数量多出一倍，以备筛选试题使用。

第三，问卷格式须妥当。

第四，依难度配搭问卷。问题的难度可以主观判断，大体确定，然后按难度排列成问卷。

(二)修订标准化测验

这也是编制标准化测验的重要方法之一，但又不同于自编标准化测验。它是把国外著名的标准化测验改编成适合本国国情的测验，或把沿袭已久、具有权威性的标准化测验改编成符合现代社会环境的量表。党的二十大强调，坚持和发展马克思主义，必须同中国具体实际相结合。我们坚持以马克思主义为指导，是要运用其科学的世界观和方法论解决中国的问题，而不是要背诵和重复其具体结论和词句，更不能把马克思主义当成一成不变的教条。同样对于引进国外的标准化测验，也要注意对其进行中国化的调整。修订标准化测验应注意以下几点。

第一，沿袭原量表设计所依据的理论、测验目的、测验内容、适用范围等。

第二，只对测验中不符合本国国情或不适合当前环境的个别项目加以调整或更换。

第三，修订的标准化测验仍然要经过试测、项目质量分析等步骤，并要重新制定常模。

由此可见，修订一个测验所付出的代价、支出的经费是相当大的，并不比自编测验省时、省力、省经费。因此，除非一个测验已被世界公认为具有极高的科学价值，确有保留、继承的必要，否则一般不宜采用修订量表的方法。

三、试测

试测是标准化测验编制程序中的关键关节。试测阶段主要有两项工作：一是试测的组织与实施，二是试测后的质量分析。

(一)试测的组织与实施

1. 试测对象的选择

任何测验都仅适用于相应的被试群体。用对小学生有效的测验来测量中学生不一定有效。所以接受试测的人员必须在各种属性上(如年龄、性别、职业、文化程度、居住条件等)都能充分代表以后正式被试的各种属性。例如，在编制用来测验各年级的综合智力或学科标准化测验时，每年级有 100～200 人接受试测。这些学生应能充分代表各年级的实有程度。每个年级程度最高者与程度最低者都包含在接受试测的学生群体中。若因经费限制而不能逐年级取样时，可采用间级取样的方法。例如，取单数年级一年级、三年级、五年级、七年级、九年级的学生或者取双数年级二年级、四年级、六年级、八年级、十年级的学生。

2. 试测的实施

在试测时，测验时间可放宽一些，最好能使所有的学生都能有机会尝试每道题目，以便以后进行测验的质量分析。如因测验时间太长，需要分成几份进行试测，这时要注意消除顺序误差的影响，妥善安排试测的次序。如测验分成三份进行试测，接受试验的每个年级的学生也应分成相应的三部分。其中三分之一的学生应先做甲卷，再做乙卷，最后做丙卷；另有三分之一的学生先做乙卷，再做丙卷，最后做甲卷；余下的三分之一的学生先做丙卷，再做甲卷，最后做乙卷。

3. 试题的保密

试测使用的题目要在以后实测中使用。若试测泄密，就会导致在测验实施时出现“虚假高分”，使测验变得无效。

(二)试测后的质量分析

试测的主要目的在于评价测验质量，鉴定试题的优劣。各种测验质量的分析方法前面已经讲过，要把有关的质量信息分等级。

四、修改测验原稿

草拟的测验原稿试测后可进行修改，着手编拟正式的标准化测验。这一般需经过以下几个步骤。

(一)筛选试题，拼配试卷

根据试题质量分析的结果，把难度适宜、区分度高的挑选出来供拼配试卷使用。测验包含试题的多少，一方面受测验时间的制约，另一方面又影响测验的信度。所以要综合考虑这两方面的因素，确定试题的数量。然后根据需要的题数，从挑选出的优质试题中筛选出质量较好的试题组成标准化测验。测验的理想难度是最高分不超过 99 分或最高分可能得分的 99%，最低分不低于 23 分或最低分数可能得分的 23%。整份测验的难度在 50%左右。

根据测验题数确定测验所需时间。测验时间的确定是估计每道题所需时间，把各题所需时间相加求得的。估算试题所需时间一般是以优等学生群体完成试题的平均所需时间为依据的。

良好的测验大都备有复本。复本越多，使用起来越方便。各复本之间必须等值，否则就失去了编制测验复本的意义。所谓复本等值，即在试题数量、试题类型、试题所测的内容和范围、试题难度、试题排列形式等方面均保持等值，但又不可有重复的题目。如果编制了大量试题，经质量分析积累了足够数量的优质试题，建立了题库，那么编制测验复本并不困难。复本编制的基本程序如下。

把测量相同内容、同一教学目标的试题按难度大小依次排列编号：1，2，3，4，5，6…

如果编制两分等值试卷，可按下列次序排列试题：

A 卷：1，4，5，8，9…

B 卷：2，3，6，7，10…

如果编制三份等值试卷，可按下列次序排列试题：

A 卷：1，6，7，12，13…

B 卷：2，5，8，11，14…

C 卷：3，4，9，10，15…

这样拼配的测验复本可基本保持等值。

(二)制定评分标准

标准化测验除具有统一的标准答案外，还应有统一的评分标准。对客观性试题进行评分比较容易统一，对非客观性试题的评分也应尽量做到统一。一般应通过大量预测，把可能得到的各种答案按一个确定的标准排列等级，再指定某一等级答案应得的分数。

例如：为什么说不要同坏人交朋友？

2 分 行为可因环境影响而变化

1 分 与坏人交朋友的直接后果

0 分 对坏人的描述

在个人标准化测验中，非客观性试题的评分标准难以确定，不易把握，只有实现了评分的标准化才称得上是标准化测验。所以，评分方法的标准化是标准化测验的一个必要条件，也是有别于一般测验的重要特点。

五、制定常模

常模是测验分数相互比较的标准，是解释测验成绩的参照数字。只有制定常模才能实现解释测验结果的标准化。由于标准化测验适用的范围不同，常模也有地区常模、国家常模、国际常模的区别，因此，测验适用的范围越广，建立常模的工作就越复杂、越困难。但不管是哪一级常模，编制常模的基本程序是一致的。

（一）选取常模样本组

首先，确定测验适用的范围。一个标准化测验是用来测量某一特定团体的某项特质的。只有明确规定了测验适用的范围，才能知道从多大范围内选取哪个层次的人作为常模样本组。

其次，设计取样计划。常模样本组必须能充分地代表测验适用范围群体的一切特性，否则，制定出的常模就会过高或过低地估计这一特定群体的典型特征。为保证常模样本组的代表性，必须精心设计取样计划。

第一，要分析测验适用范围群体的主要特征（如年龄、地域、文化程度、性别等）。

第二，按照每个特性的内在联系排列层次，并确定每个层次应选取的常模样本组数量。

第三，编制出取样计划表。

在实际取样过程中，要尽量按拟定的取样计划选择被试。遇有特殊情况，也可做适当调整。但必须说明调整计划的原因，并提供详细的测试记录。

（二）编制常模

根据统计学知识，一组数据的平均数是这组数据集中趋势的最好代表。所以人们常常把常模样本组测验结果的平均数作为常模。算术平均数只能反映一组数据的部分样貌，只有当算术平均数与这组根据的离散趋势的指数联合使用时，我们才能比较准确地了解这组数据的全貌。因此，确切地说，常模是被试总体在测验中普遍的、一般的状态。这个状态可以由不同的统计方法和统计指标表示。当常模样本组的测验成绩接近正态分布时，往往将平均数与标准差作为常模。

在标准化测验中，表示常模的方法很多。最常用的有年级常模、年龄常模、百分等级常模、T 分数常模等。

例如，年级常模是以不同年级测验平均分数为常模的，通常用在学科或学力测验中。

五、六年级年级常模表

年级	五年级										六年级									
学月	1	2	3	4	5	6	7	8	9	10	1	2	3	4	5	6	7	8	9	10
常模	40	41	42	43	44	45	46	47	48	49	50	51	52	53	54	55	56	57	58	59

年级常模中，除了学年程度外，通常还将一学年分为10个学月，分别求出各学月的平均分数，将其作为常模。例如，一考生得了48分，查年级常模表，就知道该生与五年级9学月的成绩相等。

又如，年龄常模是以不同年龄的测验平均分数为常模的，一般用在智力测验中，有时也用在教育测验中以表示学生的教育年龄。

甲、乙、丙三个测验的年龄常模表

年龄(岁)	8	9	10	11	12	13
甲测验	4	8	12	15	18	20
乙测验	20	30	38	45	50	55
丙测验	85	84	82	80	78	75

若一考生在甲、乙、丙三个测验中分别得12、46、83分，那么该生在甲测验中为10岁，在乙测验中为11.2岁(11＋1÷5＝11.2)，在丙测验中为9.5岁(9＋1÷2＝9.5)。取三个测验的中数作为该生的教育年龄，即该生具有10岁的教育年龄。

因为中数不受两极端特殊量数的影响，然而反映数值变化不如平均数灵敏，所以取中数作为常模指数不够严密准确，现在已较少使用，但在早期教育、心理测量中应用极为广泛。

六、收集测验信度、效度的资料

编制的标准化测验若无验证信度、效度的资料，不仅测验编制者不放心，测验使用者也不知道对测验结果究竟可信赖到什么程度。严格地说，缺乏信度、效度资料的测验是无法得到社会承认的。有了这个信度和效度的指数，才能使我们在使用、解释测验结果时做到心中有数。

七、编制测验指导手册

经过以上步骤，测验已可面向社会交付使用。在标准化测验正式使用之前，应编制出测验指导手册或指南，以指导测验的实施，使测验严格按标准化的程序进行。测验指导手册有两种：一种是专供测验主持使用的，另一种是供被试使用的。

测验主持者使用的指导手册应包括以下各项内容：

第一，测验的目的、功用；

第二，测验的材料是根据什么原则、用什么方法选择的；

第三，关于如何实施测验的说明；

第四，标准答案、计分方法以及如何评阅试卷的说明；

第五，常模表以及如何应用常模解释测验结果的说明；

第六，提供测验信度、效度资料；

第七，关于应用测验结果的指示。

供被试使用的测验说明书一般包括测验的目的、内容，回答试题的方法，测验的时间限制；有时还要附加例题，以帮助被试掌握正确回答试题的方法。这类说明内容较为简单、明确、具体。

第三节　标准化测验的应用

编制标准化测验是相当复杂、极其困难的一项工作，不具备扎实的专业知识是无法胜任的。使用标准化测验虽比编制测验容易、简单，但也有许多特殊的技术，须经训练才能掌握。

一、选择适用的标准化测验的方法

标准化测验种类繁多，如何从众多的测验中选择适宜的测验加以应用呢？

(一)根据测验的目的，选择适宜的测验

每种测验都是为一定目的服务的，都是用来测量某种特质的。仅以智力测验而论，就有测量综合智力的，测量推理能力、记忆力、观察力的等。这些测验有的适用于 6 岁以下的学前儿童，有的适用于 6～16 岁的学龄儿童，有的适用于 16 岁以上的人；有的是为甄选低能儿童或各类残疾儿童编制的，有的是为选拔天才儿童设计的；有的仅能对具有一定知识水平的人使用，有的不受被试知识水平的限制。因此，在使用测验时，决不可信手拈来、任意使用，而应谨慎选择测验。

选择测验一方面要明确自己使用测验的目的，为什么要测验，测验哪种特质，如何使用测验结果；另一方面要了解测验本身的各种特性、适用范围。只有这样，才能挑选出适宜的测验。

(二)尽量使用曾经多次修订的量表

一般来说，量表能被修订是获得专家承认的证据。因为修订量表并不比编制量表省时、省力，除非量表确有较高的科学价值，否则测量学家是不会反复进行修订的。

(三)尽量选用具有较高学术水平的专家编制的量表

编制标准化测验不是一般人所能胜任的。测验编制者不仅要精于测量理论与编制测验的技巧，而且对所要测量的特性有深入了解，有较高的学术造诣。缺乏这些

条件的人是编不出高质量的标准化测验来的。现在科普报刊、各种读物上常有关于某种能力的测量量表，这些所谓量表很少具有科学价值。

(四)尽量选用我国自己编制或修订的量表

国外的量表是根据他们各自国家的实际情况编制的，很难完全符合我国的国情，量表的常模也不能直接作为评价我国被试成绩优劣的凭据。外国的量表只有经过修订，使其符合我国国情后才能被使用。

(五)严格控制测验量表的信度和效度

选用具有信度和效度的资料，提供常模的量表，评分客观、方便，测验易于实施。

二、使用标准化测验的条件和注意事项

(一)使用标准化测验的条件

标准化测验的实施是极其严格的，使用标准化测验应具备相应的条件。美国心理学会对测验者的资格做出了明确的规定。测验者分三种水平，每种水平都有使用某种标准化测验的资格。A 水平的测验者可使用实施方法较为简便的标准化测验，如学力测验、智力测验等。具有此水平的测验者须对所使用的测验的构成有一般的了解，并能按照说明书进行测验。B 水平的测验者能够使用性向测验或一般适应测验。具有此水平的测验者必须对教育统计学、心理学、教育原理以及测验的结构具有相当专业的知识。C 水平的测验者可实施个别测验或投射测验。具有此水平的测验者必须充分理解测量学与心理学理论，并接受过测验实施的特殊训练。中国心理学会心理测量专业委员会也明确规定使用标准化测验的条件，即必须在心理测验训练班接受训练、通过考核、领取考核结业证者，才有资格实施测验，解释测验结果。

(二)使用标准化测验的注意事项

第一，与被试建立融洽的关系，减少被试的紧张与焦虑。

第二，创造良好的测验环境。测验场所应肃静、宽敞、明亮、通风，不使被试过度疲劳。

第三，宣读测验指导语要清晰、缓慢，务必使被试准确理解指导语的含义。

第四，严格按测验说明书的程序评分，务必使评分客观、准确。

第五，被试的测验成绩应适当保密。

标准化测验的实施既涉及测验使用者的专业修养，也涉及测验者的职业道德。

近年来，各种书籍、报刊等常常刊载各种类型的模拟试卷，许多国际上具有权威性的量表内容也被刊登。这种现象应坚决被制止，以保证标准化测验的严肃性和科学性。

课后思考题

怎样正确使用标准化测验？在使用时有哪些条件和注意事项？

第六章　教育测量的分数整理与转换

学习目的▶

1. 理解教育测量的分数整理与转换的意义。

2. 明确原始分数与导出分数的特点以及二者的区别。

3. 在实际教育教学活动中，理解导出分数相对于原始分数的实际功用。

4. 掌握常用的常模参照分数的转换方法。

5. 理解百分等级、百分点的含义以及计算方法。

6. 理解标准分数、T 分数、标准九分的含义及其与原始分数的区别。

7. 理解内容参照分数与结果参照分数的含义。

在教育测量中，通过各种测验，可以获得大量的分数。这些分数往往是以分散的、零乱的数字形式出现的，我们很难从这些零乱的分数中了解总体现象的分布情况，一目了然地看出其规律性，从而评价测验分数。为了对测得的分数进行分析，探索其规律性，为进一步计算、评定奠定基础，必须将测得的分数进行整理和转换。这是测量工作中的重要一环。

第一节　教育测量的分数整理与转换的概述

一、教育测量的分数整理与转换的意义

处理教育测量的分数的目的就在于怎样才能使测验的分数具有意义，而且能将有意义的信息传达给被试者及相关的人。但是在实际测量中，并不是每个人都能科学地整理与转换分数并做合理解释的。具体表现在：不能科学地组合与解释测验分数，把测验分数简单相加，进行绝对化的解释，错误地组合与解释。

如果不能科学正确地处理与解释被试在测验中的得分，那么不但会对被试产生不良影响，而且会对其他方面产生不良影响，甚至会造成不良的社会后果。例如，用考试选人，由于分数处理与解释的错误，该录取的没有被录取，不该录取的反而被录取了；用考试分类与安置教师，由于分数处理与解释的错误，该安排到高教学水平中的却被安排到低教学水平中去，该被甲专业录取却被安排到乙专业中去；用考试对学生学习困难进行诊断，由于分数处理与解释的错误，本来是阅读能力的障碍，却被诊断为记忆能力的障碍等。这些都是有弊无利的。因此，对测验分数进行科学的处理与解释是教育测量中十分重要的环节。

二、原始分数

通常在测验完成之后，可直接从测验中得到一个分数，这种从测验中直接得到的分数叫作原始分数。例如，某考生在一次数学考试中得了 87 分，某考生高考语文 94 分，某儿童在中国比内智力测验中得了 18 分，这些分数都是原始分数。原始分数本身没有多大意义，不能直接用来解释测验的结果，这是由原始分数的特点决定的。

原始分数具有以下几个特点。

（一）没有绝对零点

教育测量中所得到的原始分数都是没有绝对零点的。例如，某个学生在某种测验或考试中得了零分，我们不能因此认为他在这方面什么都不会；得了满分，我们也不能认为他在这方面什么都会。因此，不能用几倍或几分之几的关系来表示不同

的原始分数之间的关系，也不能进行原始分数之间的比较。

(二)具有不确定性

任何测量都有误差存在。教育测量所测的对象是人，或者说是学生。教育测量只能是一种间接的测量，因而，误差更难控制。教育测量中的误差是多方面的。在测量的过程中，题目可能会出现取样的误差。如果题目取样有偏差，测量的结果就不准确，就会产生误差；在施测过程，施测环境、主试方面等的变化，也会导致误差的产生；另外在测量过程中最为主要的被试群体也可能会产生一系列误差。

由于教育测量中的误差比较难以控制，因此，在测验上得了 60 分的人，很难说就一定强于得了 5 分的人。如果我们用同一测验对同一组被试进行多次测量，就不难发现，每个人每次测验所得分数将围绕着某一分数上下波动，成正态分布，即每个人每次测验的分数都分散在一定范围内。因此，不能把测验分数看作一个点，而应该看作一个区间。在该区间内，各分数以不同的概率出现。由此可见，原始分数具有不确定性。

(三)具有不等距性

教育测量中所得到的原始分数都不具有等距性。第一，同一次测验中的相同的分数差异并不能表示有相同的能力水平差异。例如，甲、乙、丙、丁四人成绩分别为 50 分、60 分、70 分、80 分，不能说相邻四人的差别是一样大的，尽管都是 10 分。因为原始分数不等距，前一个 10 分与后一个 10 分的意义是不一样的。第二，两次测验中不同的考生成绩提高的幅度相同，并不能表明他们的能力、水平提高的幅度也相同。例如，在两次考试中，甲的考试成绩由 40 分提高到 50 分，乙的成绩由 70 分提高到 80 分，虽然都提高了 10 分，但不能认为甲、乙能力、水平提高的幅度是一样大的，因为原始分数不等距，从 70 分提高到 80 分要比从 40 分提高到 50 分困难。

(四)具有孤立性

在进行分数处理和解释时，要考虑的因素比较多。例如，智力测验要考虑年龄因素，人格测验要考虑年龄、性别因素。因此，单一的原始分数不能够确切地说明被试的行为。例如，在一次智力测验中，原始分数同样是 20 分，对于不同年龄的被试来说意义是不同的。对于学龄前儿童来说，可能是智力超常；对于中学生来说，可能是智力中常；对大学生来说，可能是智力有缺陷。因此，从原始分数本身去解释测验结果，不能说明任何问题，这是由原始分数的孤立性决定的。

由于原始分数具有上述特点，因此从测验上直接得到的原始分数不能直接相加组合，不能直接进行比较，也不能进行加减运算。严格地说，目前学校把学生的各科分数简单地加在一起作为学期或学年总成绩的方法是不合理、不公平、不科学的。

例如，某心理系学生共开设 7 门课程，甲、乙两人在这 7 门课程中的得分如下。请判断甲、乙两人成绩好坏。

	体育	大学语文	哲学	外语	教育心理	普通心理	心理测量	总分
甲	98	95	90	61	98	71	80	563
乙	68	71	61	90	95	98	79	562

如果只考虑原始分数，那么，甲是比乙强的。但就心理专业来讲，应该说乙是比甲强的，因为乙的专业课分数占优势，而甲只是非专业课占优势。当然，这样比较也是不科学的，因为在进行时比较不仅仅要考虑专业，还要考虑全班的学习成绩以及各科的权重。但只利用原始分数的和进行比较，无论怎么讲，都是不科学的。

三、导出分数

既然原始分数有那么多的缺点，本身又没有多大意义，不能直接进行相加和比较，而从测验中直接得到的分数又都是原始分数，那么，怎么才能科学、合理地处理和解释测验分数呢？我们依据统计学原理，采用一定的统计方法，将原始分数转换成具有一定参照点和单位的测量量表上的分数。这种分数我们称之为导出分数(量表分数)。导出分数为科学地组合与解释测验结果提供了依据。导出分数由于其解释分数时所参照的标准不同，可以分为常模参照分数及标准参照分数两大类。具体内容将在第三节具体阐述。

第二节 教育测量分数的初步整理

教育测量分数的整理通常分为检查分数、组合分数、整理分数三个步骤。

一、检查分数

分数的检查是统计工作的基础。对测验分数的检查包括检查分数的准确性和完整性。所谓检查分数的准确性，就是检查测验中各测验题目得分在计算方法和计算结果上有无错误。如果发现分数有错误的地方，应当立即做出必要的更正。所谓检查分数的完整性，就是检查原记录是否有遗漏和重复。如果发现遗漏，应采取措施，填补缺漏；如果发现重复，应设法及时纠正，以保证分数的完整性。

二、组合分数

教育测验通常是用许多独立的试题来测验被试的；有时是通过几个分测验(或量表)来进行的，每个分测验都有它自己的分数。有时需要根据测验的目的和任务，将这些分数组合起来成为一个合成分数。例如，韦氏成人智力量表是由 11 个独立分测验组成的，其中 6 个测验构成言语量表，这 6 个分测验的总分叫作言语智商；其他

5 个分测验构成操作量表，其合成分数叫作操作智商。11 个分测验分数合成得到总智商。又如，中国高等学校招生对体检、政审、高考分数、中学成绩全面考虑。这实际是将几个预测源所得的结果组合起来进行计算和评价。由于测量的目的与所用资料的不同，组合分数的方法可以是统计，也可以是推理或直觉。

下面介绍几种常用的组合方法。

(一)临床判断

在实际工作中，人们最常用的方法是对各变量做直觉的组合。这种方法叫作临床判断，即凭直觉经验主观地将各种因素加权，做出结论或进行预测。例如，医生凭经验对患者做出判断，而不是对有关患者的各种资料进行统计分析。

临床判断的方法能够从整体上对各个因素进行综合考虑，不仅能够考虑到各个因素的相对重要性，而且能够考虑到各个因素间的相互作用；并且它是针对特定的个体做出的判断，能考虑到每个人的具体情况。但此方法易受评判者偏见的影响，不够客观，缺乏精密的数字分析，没有精确的数量指标。因此使用此种方法要求评判者必须受过专门训练，并具有丰富的经验。

(二)推理方法

推理方法是根据某种理论或规定来进行加权组合分数的方法，主要有两种方式：单位加权和等量加权。

1. 单位加权

最简单的方法是将各变量(题目、分测验或测验)直接相加，获得一个合成分数。用公式表示即为：

$$X_C = X_1 + X_2 + \cdots + X_N \qquad \text{公式(6-1)}$$

公式中，X_C 为合成分数，X_N 为各变量的分数。

此方法看起来好像将所有分数做了等量加权，实际上是将分数最多(满分最多)的考试做了最重的加权。在教育测量中，尤其是学校的各科考试中，更多的是强调比较。只要进行比较，就不能用原始数据，因为原始分数不具有等距性，各科的原始分数加在一起组合成一测验或考试的原始总分，也就无法进行比较。因此，将各科考试成绩加在一起，形成原始总分，用原始总分的高低来标志学生的知识、能力水平的高低是不科学的。为了克服原始分数不等距的问题。一个行之有效的办法就是等量加权。

2. 等量加权

等量加权是将所有分数转换成标准分数，然后将它们组合起来。等量加权法仅在各变量具有同等重要性时使用。用公式表示为：

$$Z_C = Z_1 + Z_2 + \cdots + Z_N \qquad \text{公式(6-2)}$$

公式中，Z_C 为合成的标准分数，Z_N 为各变量的标准分数。

例如，某班评选三好学生，甲生的总分为 595 分，乙的总分为 594 分，这两名学生 7 科考试成绩如下，谁该当选为三好学生？

	全班情况		两名学生成绩	
	平均数	标准差	甲	乙
语文	85	5	80	90
数学	88	7	90	85
政治	76	10	85	84
外语	82	8	93	89
历史	78	9	82	90
地理	80	11	78	70
体育	90	10	87	86

如采用单位加权法来计算，甲的总分为 595，乙的总分为 594，甲应该当选为三好学生。但采用单位加权法是没有道理的，必须采用等量计算才科学，即把两名考生各科的考试成绩都转换为标准分数，再相加。进行等量加权后，甲的标准分数总分为 1.35，乙的标准分数总分为 1.43。所以，乙应该当选。

当然，等量加权并不是在任何情况下都是合适的，在有些情况下使用等量加权也是不科学的。例如，在某些情况下，各科测验或考试对测验目标的贡献不同时，即各变量不具有同等重要性时不能使用。

（三）连续选择法

当用测验来选人时，必须确定考试的分数线。分数线以上的人被录取，分数线以下的人被拒绝。在实际工作中，仅用一次测验的情况是比较少的，更多的是多次测验联合使用。当几次测验不具有补偿性时，即在某一测验上的低分不能用另一测验上的高分来补偿时，就要给每一次测验都划上一个分数线。不论有多少测验，只要一个人的得分在任一测验上低于分数线，即被拒绝。

例如，美术专业招生考试，考试科目有以下几种：文化课考试、素描、水色考试。假如三科都是 100 分，如果不为每一科都确定一个可接受的分数线，只有总分为 180 分即被录取，那么，有甲、乙两考生，甲生文化课考试得了 100 分，素描得了 80 分，水色得了 0 分，共 180 分；乙生三科都是 65 分，共 195 分，甲、乙都能被录取。如果采用连续性选择法，假如每一科都必须达到 60 分才能被录取，那么只有乙能被录取，甲不能被录取。假如我们知道，甲生是色盲，如果按照前一种办法录取的话，由于甲的总分已达到录取分数线，要被录取，这当然是不科学的。连续选择法要求考生在每一次测验都达到录取分数线，有一次达不到，也将被拒绝。

（四）多重回归法

当同时采用几次测验来预测一个效标，而且这些测验变量又具有互相补偿性时，多采用多重回归法来组合分数。

三、整理分数

(一)顺序排列

顺序排列是一种简单且有效的整理分数的方法。它是将测验所得的分数按其数值的大小顺序排列起来。通过顺序排列，可以初步了解某一分数在这个序列中的大概位置。

顺序排列仅是对分数的粗略解释。为了较准确地解释分数在团体中的位置，往往需要将分数进行等级排列。

(二)等级排列

根据需要，有时要将顺序排列的各分数编成等级排列表，即把分数顺序排列后再划分等级。是以最大数为第一等级，还是以最小数为第一等级，还需要依据分数所反映的事物本身的性质而定。例如，若是反映潜伏期的，则应以数值小的为第一等级；若属于学科测验，则应以数值最大的为第一等级。

(三)编制次数分布表

将分数进行顺序排列和等级排列，还不能清楚地看出分数的分布情况，了解不了测量分数的平均水平、差异情况和分布的特征。这就需要数据分组，编制次数分布表，以便进行统计分析。

所谓数据分组就是把所有数据按大小分成若干小组，把所有的数据归到有关的组内，得到数据在各组内出现的次数(频数)，从而清楚地看出全部数据的分布情况。其具体的表示方法是编制次数分布表。次数分布表是一种反映数据分布的统计表，是整理数据的重要步骤和方法。

第三节　教育测量分数的转换

为避免原始分数的一系列缺点，我们引出导出分数。根据其解释分数时所参照的标准不同，导出分数可以分为两大类：常模参照分数和标准参照分数。

一、常模参照分数转换

教育测量中，主要的常模参照分数有：百分位数、标准分数、T 分数、标准九分、商数。

(一)百分位数

百分位数常模主要包括百分等级、百分点。

1. 百分等级

在常模团体中，低于该分数的人数百分比即为百分等级。它是教育测量中使用比较广泛的将原始分数转换为量表分数的方法。原始分数仅表示分数多少，不能表明它在全体分数中的地位。百分等级分数是一种相对地位量数，把参加测量的全体人数作为一百分来计算，从而以某一原始分数换算出其在全体中所占的地位，说明分数比他少的人占人数的百分之几。例如，一名学生测验成绩为 80 分，经换算某百分等级分数是 73，即表明参加测验的 73% 的人低于 80 分，超过他的成绩的有 27%。

百分等级分数常用 P_R 表示。它可以表示一个分数在团体中的地位，可以比较一个人两种学科测验或两次不同测验的成绩，还可以比较两个团体的成绩。因此百分等级分数是使用最广泛的一种相对地位量数之一。百分等级可以运用公式进行计算。计算包括两种不同情况：未分组的百分等级计算和已分组的百分等级计算。

(1)未分组分数求百分等级分数的方法

$$P_R=100-\frac{100R-50}{N}$$　公式(6-3)

公式中，P_R 是百分等级；R 是全体分数按大小排列某一给定原始分数所占的名次；N 是数据个数。

【例题】一次测验中，有 30 名被试，求其中原始分数排列第 8 名(80 分)的百分等级。

解：$P_R=100-\left(100P-\frac{50}{N}\right)=100-(100\times8-50\div30)=75$

答：在 30 人中第 8 名的百分等级为 75，可以解释为 80 分以下的占总人数的 75%，或 80 分超过全体人数的 75%。

在人数较多的情况，特别是大规模的测验或标准化考试中，往往是按照分数分段登记人数的，这时计算百分等级时需要按照分组的形式来进行计算。

(2)已分组分数求百分等级分数的方法

$$P_R=[f(X-L)/i+F_b]\times100/N$$　公式(6-4)

公式中，P_R 为百分等级，X 为给定的原始分数，f 为该分数所在组的次数，L 为该分组所在组的下限，i 为组距，F_b 为小于 L 的向上累积次数，N 为总次数。

【例题】有 120 名学生参加历史测验，他们测验的原始分数分配如下表，试求 64 分的百分等级。

120 名学生历史测验原始分数次数分配表

分数	次数(f)	累积次数
80～85	4	120
75～80	3	116

续表

分数	次数(f)	累积次数
70～75	8	113
65～70	15	105
60～65	18	90
55～60	21	72
50～55	17	51
45～50	13	34
40～45	10	21
35～40	6	11
30～35	3	5
25～30	2	2

解：由上表可知，$N=120$，$X=64$，$f=18$，$i=5$，$L=60$，$F_b=72$，

代入公式 $P_R=[f(X-L)/i+F_b]\times100/N$

$P_{64}=[18\times(64-60)/5+72]\times100/120=72$

答：64 分的百分等级为 72，可以解释为 64 分以下的占总人数的 72%，或 64 分超过全体人数的 28%。

百分等级分数是应用较广泛的导出分数。它计算简单，意义明确，易于理解。但在运用时应注意，首先百分等级分数是顺序量数。由于它是依据原始分数的等级而来的，因此差距相等，百分等级对应的原始分数可能不是等差的。例如，30 名学生的测验分数中，93 分是第一名，89 分是第二名，88 分是第三名。虽然他们的名次等级都是相差一等，但原始分数之差并不相等。所以，百分等级分数不能进行代数运算，这就给进一步的分析带来了困难。其次，百分等级对两极原始分数反映不敏感，即处于两极端的原始分数发生较大的变化，也不能引起百分等级的相应变化。例如，30 名学生参加的测验中，最后一名得了 54 分 。若该生得 10 分、0 分，他仍然是第 30 名。第一名(94 分)与第二名(90 分)相差 4 分。若第二名提高到 93 分，他仍然是第二名，相应的百分等级分数不变。两端原始分数之间的区别在百分等级中不能灵敏显示。最后，在百分等级对原始分数较集中的地方，原始分数的极小变化也能引起百分等级的极大波动。例如，64 分的百分等级是 72，66 分的百分等级是 77.5。因此，在运用百分等级分数时，应对处于两端的百分等级变化特别重视。只有充分了解百分等级的特性后，才能较好地运用百分等级分数这个良好的导出分数。

2. 百分点

确定百分等级是求低于某一测验分数的人数比例。然而，有时我们还想知道将被试团体按某一比例分开的原始分数，该分数即为相当于相应百分等级的百分点。

例如，根据20%的录取率来确定分数线，或把某一年级最好的20%的学生区分出来编成快班，把最差的20%学生区分出来编成慢班。这就要求求出相当于百分等级为80的分数和百分等级为20的分数，即百分点。

3. 百分位数的评价

百分位数的计算比较简单，解释也比较容易，并且对于许多情况都比较适用，可适用于多种常模测验，也可适用于各种被试，最主要的是还能够对各种不同的测验结果进行比较。百分等级不受原始分数分布形态的影响。百分位数只涉及低于某一分数的人数比例的问题。无论原始分数是怎样的分布，都不会改变百分位数的解释能力。

但相对的，百分等级没有相等单位，属于顺序量表。顺序量表对特别大的常模团体往往不很适用，因为它不能对被试进行精细的区分。并且，百分位数无法比较和说明不同被试间分数差异的数量，只能知道他们的等级差别，不能说明他们具体相差多少。

(二)标准分数

1. 标准分数的意义

标准分数是将原始分数和其平均分数之差与原始分数的标准差相除所得的数，又称 Z 分数，常常以 SS 或 Z 表示。它可以表示一个原始分数在团体中所处的位置，即告诉我们它在平均数之上多少个标准差，或者是在平均数之下多少个标准差。它是一个抽象值，不受原始测量单位的影响，并可用代数方法处理。

标准分数是以标准差为单位度量原始量数离开其平均数的量数。标准分数以原始的平均数作为零点，以标准差为单位，即有相等单位而无绝对零点。因此，由标准分数组成的量表属于等距量表，可以进行加减运算。标准分数的绝对值表示某一原始分数与平均数的距离，正负号表示某个原始分数是落在平均数之上还是落在平均数之下。由原始分数转换成标准分数是线性转换，因此，标准分数的分布形态与原始分数的分布形态相似。当原始分数是正态分布时，标准分数也是正态分布；当原始分数是偏态分布时，标准分数也是偏态分布。原始分数所能进行的计算，标准分数也能进行。标准分数的最大优点即标准分数间是等距的。因而，可以对不同被试在测验上的得分进行比较。

标准分数可以运用公式进行计算，计算公式为：

$$Z=(X-\overline{X})\div S \qquad \text{公式(6-5)}$$

公式中，Z 为标准分数，X 为原始分数，$\overline{X}$ 为原始分数的平均数，S 为原始分数的标准差。

【例题 1】某班进行算术能力和阅读能力两种测验。已知算术能力测验的平均分为 65 分，标准差为 7 分，甲生得了 72 分。阅读能力测验的平均分为 30 分，标准差为 6 分，甲生得了 38 分。甲生哪一种测验成绩在班级的位置靠前些？

（在两种测验中，平均数不同，标准差不同，不能用原始分数直接比较，只有将原始分数转换为 Z 分数，依据 Z 分数的大小判断哪一种测验成绩的位置。）

解：依据题意可知，

Z 算术 $=(72-65)\div7=1$　Z 阅读 $=(38-30)\div6\approx1.3$

答：甲生的算术能力测验成绩在其整体分布中位于平均分之上 1 个标准差的位置，他的阅读成绩在其分布中位于平均分之上 1.3 个标准差的位置。由此得出，甲生的阅读能力在班上的位置靠前些。

【例题 2】某班级要评选一名学生为三好学生，甲乙两名学生得思想品德评定都是优等，且语文、数学、物理、化学、外语五科成绩的总分都是 440 分。问哪位同学应当选为三好学生？

测验	原始分数		班级成绩	
	甲	乙	$\overline{X}$	S
语文	80	90	80	8
数学	90	95	85	7
外语	85	80	78	6
物理	90	75	80	5
化学	95	100	90	8

解：从原始分数上看，总分相同，无法确定二者的成绩高低，因此需将原始分数转换为标准分数。

根据题意，将相应统计量代入公式。

甲：Z 语 $=(80-80)/8=0$　Z 数 ≈0.71　Z 外 ≈1.16　Z 物 $=2$　Z 化 ≈0.63

乙：Z 语 $=(90-80)/8=1.25$　Z 数 ≈1.43　Z 外 ≈0.33　Z 物 $=-1$　Z 化 $=1.25$

Z 甲 $=4.5$　　Z 乙 $=3.26$

答：甲生标准分数总和为 4.5，乙生的标准分数总和为 3.26，甲生的学业成绩优于乙生，甲生应该被评为三好学生。

2. 标准分数的评价

(1)优点

第一，具有等距性，可以做进一步的统计分析，可将几个量表分数组合在一起。

教育测量中，有各种各样的测验或考试。有时为了某一目的，就要使用不止一次测验或考试。这样，就存在着如何将各科测验或考试分数组合起来的问题。将原始分数直接加在一起组合成总分的方法是不科学的，科学的方法是将各科的原始分数都转换成标准分数，再将各科标准分数加在一起。

第二，可以利用标准分数对测验结果进行比较。

一种情况是可以比较同一个人在不同测验中的分数。目前，教师对学生的考试成绩进行比较时，不参照任何标准，只是看两科或几科考试的原始分数，哪一科的原始分数高，就认为哪一科学得好。例如，某生语文考试得了 80 分，数学考试得了 85 分，就说该生数学比语文学得好。很显然，这种说法是不准确的。不能根据该生语文分数不如数学分数高，就认为该生语文不如数学学得好。这是因为如果该生所在班级的语文分数都低于 80 分，那么该生的语文在全班就是最好的；如果该生所在班级的数学分数都高于 85 分，那么该生的数学在全班就是最差的。因此，对一个学生的不同学科的考试成绩进行比较时，不能只看该生的几科考试的绝对原始分数，而应该有一个参照标准。这个参照标准就是该生所在班级这几科的考试情况。根据全班考试的平均数和标准差，将该生的各科考试成绩转换成标准分数进行比较。例如，该生所在班级的语文考试的平均分差 70 分，标准差是 10；数学考试的平均分是 90 分，标准差是 10。转换成标准分数后，$Z_{语文}=1$，$Z_{数学}=-0.5$，说明该生的语文比数学学得好。

另一种情况是可以比较不同的人在同一测验或考试中的分数。当然，利用原始分数也可以对不同的人在同一测验或考试中的分数进行比较，但这种比较只能说明甲比乙强，乙比丙强，而不能说明甲乙的差别与乙丙的差别的大小。例如，在一次考试中，甲、乙、丙三人的成绩分别是 76 分、80 分、93 分。只从原始分数来看，我们可以知道丙的成绩最好，甲最差，乙中等。但将三人成绩都转换成标准分数后（标准差=10，平均数=76 分），甲的标准分数为 0，乙的标准分数为 0.4，丙的标准分数为 1.7，这样的话，我们不仅知道三人谁的成绩好，还可以知道差别究竟有多大：甲的成绩与平均成绩无差别，乙的成绩比平均成绩高 0.4 个标准差，丙的成绩比平均成绩高 1.7 个标准差。再有，可以比较不同的人在几次测验或考试中的分数。

(2)缺点

标准分数的计算依赖于比较复杂的统计原理，一般人很难理解。当测验分数由于种种原因并没有成正态分布时，用标准分数并不能使分数分布的形态有所改进，而且，还有可能使分布的形态扭曲。

(三)T 分数

1. T 分数的意义

标准分数是以平均数为零点的。原始分数经转换后，一半为正值，另一半为负值，而且在正态分布中标准分数一般均在 -3 到 $+3$ 个标准差，转换后的标准分数又多是小数，这就给运算带来了许多麻烦，并且和日常的评分形式不相一致。为了克服这些缺陷，派生出了 T 分数。T 分数实际是由标准分数派生出的标准化分数，美国教育测量专家麦克尔(Michael)建议将标准分数扩大10倍，再加上50，以避免小数和负数，并将这种转换后的分数命名为T分数。

2. T分数的计算

$$T=10Z+50 \qquad \text{公式(6-6)}$$

$$\text{或 } T=10(X-\overline{X})/S+50 \qquad \text{公式(6-7)}$$

公式中，T为T分数，Z为标准分数。T分数是对单科标准分数的变换，T在[0，100]上变化。T分数的平均数为50，标准差为10。由原始分数转换而来的T分数若大于50，则在平均数之上；若小于50，则在平均数之下。

计算步骤如下。

第一，如果原始分数的分布是正态分布或接近正态分布，那么由原始分数转换为标准分数；如果原始分数的分布不是正态分布或不接近正态分布(偏态分布)，那么由原始分数的百分等级从累计正态曲线面积表中找出相应的Z分数。

第二，将Z分数代入公式，进行计算得出T分数。

【例题】120名八年级学生先后进行两次测验，已知测验A的平均分数是47分，标准差是15；测验B的平均分数是62分，标准差是12。甲生在测验A中得60分，在测验B中的65分。甲生哪一次的测验成绩好？

解：计算出所需统计量并代入公式。

$T_A=10(X-\overline{X})/S+50=10\times(60-47)/15+50\approx58.7$

$T_B=10(X-\overline{X})/S+50=10\times(65-62)/12+50=52.5$

答：由此可以得出甲生在测验A中的成绩好。

3. T分数的评价

T分数是由标准分数直接转换而来的，不仅具备标准分数的所有优点，而且克服了标准分数的缺点。T分数没有负数和小数，取值范围为20～80，比较接近百分制的计分习惯，计算也不烦琐。所以T分数是教育与心理测量中应用最广泛的导出分数之一。单位是等距的，全为正值，而且全部是整数。它使分数的分布正态化，可以对不同测验的T分数进行比较，而且还可以相加求和。但T分数相对其他导出分数来说，不易被人们理解。

(四)标准九分

1. 标准九分的意义

标准九分又称标准化九级分制，是以0.5标准差为单位，将正态分布下的横轴分成九段，最低一段为1分，最高一段为9分，中央一段为5分。除了两端(1分和9分)分数外，每段均等距，有0.5个标准差。

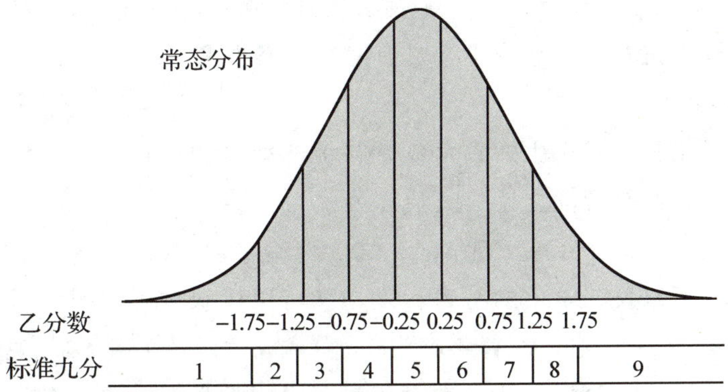

图 6-1　标准九分常态分布图

由标准九分的意义描述可以得出标准九段分数的公式：

$$标准九分=2Z+5 \quad 公式(6-8)$$

2. 标准九分的评价

任何接近于正态分布的原始分数都可以使用标准九分，可以对各种测验分数进行比较。无论任何测验，同一个标准九分数值所表示的被试在团体中的相对地位是相同的。标准九分只用一位数来表示，一目了然，使用非常方便。可以将不同类型的资料进行加权，从而得到一个组合分数，能够决定每位被试的总体情况。

但标准九分不够精密。在不要求对测验分数进行精密划分时，使用标准九分是比较合适的。

(五)商数

商数是分数解释中的一个重要的概念，主要用于表示能力发展的相对水平。比较常用的是离差智商、教育商数以及成就商数。

1. 离差智商

离差智商最早是由韦克斯勒(Wechsler)提出来的，是将被试在测验中的原始分数转换为正态化的标准分数(以 100 位平均数，15 为标准差)。其计算公式为：

$$IQ=100+15Z \quad 公式(6-9)$$

离差智商属于常态化标准分数，因而它具备正态化标准分数的优点，其中最主要的是两个离差智商可以进行比较。但由于其分布正态化，使得其对于智力极低者打分偏高，对于智力极高者打分偏低，对于智力中等者打分比较准确。

2. 教育商数

教育商数是教育年龄与实足年龄之比。其计算公式为：

$$EQ=EA/CA\times 100 \quad 公式(6-10)$$

公式中，EQ 表示教育商数，EA 表示教育年龄[1]，CA 表示实足年龄。用教育年龄为单位的缺点是意义不够明确，且有时容易发生混乱。

3. 成就商数

成就商数是指将一名学生的教育成就与他的智力做比较，即教育年龄与智力年龄之比，或者是教商与智商之比。其计算公式为：

$$AQ=EQ/MA\times 100=EQ/IQ\times 100 \quad \text{公式(6-11)}$$

成就商数既可以反映学生的努力程度，又可以反映教师的教学效果。例如，一名学生的智力年龄为 12 岁，教育年龄为 10 岁，成就商数为 8.83，说明他学习不努力。如果学生的平均教育年龄低于教育年龄，说明教学有问题。在评价教师时，绝不能单纯看学生考试分数的高低，因为不同学校、不同班级的学生的素质是不同的，因而没有办法直接比较。如果用成就商数来考察教师的教学效果，则比较公平合理。

但成就商数将学绩测验分数与智商做比较，其前提是假定学习成绩与智力完全相关。但这个假定是不完全成立的。学绩测验与智力测验都不是很可靠的，两个不可靠的分数的比例更不可靠。尽管成就商数有上述的缺点，但在教育工作中还是很有用的。尤其当成就商数较低时，有关人员就应该对此加以重视，因为这是学生与教学不相适应的表现，应该认真查找原因，以图补救。

二、目标参照分数转换

目标参照测验中用来参照的标准主要有两种。一种是对测验所包含的材料熟悉或掌握的程度，将被试在测验中的得分与此标准比较，可以清楚一个人知道什么和能做什么。因为涉及的主要是测验的内容，所以把这种分数叫作内容参照分数。另一种标准是外在效标，即用预期的效标成绩来解释测验分数。因为涉及的主要是后来的结果，所以把这种分数叫结果参照分数。

(一)内容参照分数

1. 内容参照的意义

所谓内容参照是指看被试对特定内容和技能掌握得如何。编制内容参照测验和对此测验进行分数解释有两个主要步骤：一是确定测验所包含的内容或技能的范围，二是编制一个能显示测验成绩的量表。

对于特定测验内容或技能的范围来说，当所研究的问题比较简单时，确定其范围是比较容易的。例如，10 以内的加减法的范围就很容易被确定；而对于比较复杂的问题，如几何问题，确定范围是比较困难的。一般情况下，常用的方法是确定每一纲目的具体行为目标，说明让学生做什么，在什么情况下做，达到什么样的熟练

---

① 教育年龄是指某岁学生所取得的平均教育成就。比如，一名学生的教育年龄为 15 岁，就是说这名学生教育成就与一般 15 岁学生的教育成就相等。换句话说，不管这名学生的实际年龄的大小，只要他在一个教育测验上的分数与 15 岁学生的平均分数相等，那么他的教育年龄即为 15 岁。

水平。

2. 几种主要的内容参照分数

编制内容参照测验量表的关键是预先制定一个决定是否已掌握某种内容或技能的标准，这种标准主要有以下几种。

(1)掌握分数

有时，我们只想知道被试是否掌握了某些知识或技能。为此，我们编制一个测验，并设定一个最低标准，看被试是否达到了这一标准。被试如果达到了这一标准，说明已经掌握了这方面的知识或技能，可以进行更深程度的学习；被试如果没有达到这一标准，说明还没有掌握这方面的知识和技能，需要再学习。这种测验就叫作掌握测验。掌握测验所要求的最低通过分数叫作掌握分数。确定这一标准通常的做法是选择有 80%～90%的人通过的那一水平。但不同人有不同意见。不论怎样确定这一标准，只要标准确定，对标准之上的分数标准之下的分数都要一样看待。

(2)正确百分数

掌握分数是以通过与未通过的二分法计分的，丢掉的信息较多。正确百分数可以避免这一缺点，对于考查被试对特定的内容或技能的掌握程度来说是更为合适的方法。

正确百分数表明的是被试在测验中答对题目的比例，即为正确百分数＝答对题目数/题目总数×100。在使用正确百分数时必须注意以下两点。第一，对所测的内容或技能的范围必须界定清楚，题目应该是该目标范围的代表性取样，否则答对多少题并不能反映被试对该目标的掌握程度。第二，要考虑题目的难度，因为同一正确百分数对于不同难度水平的测验意味着不同的东西。在同一测验中，两个人也可能通过正确回答不同的题目而获得相同的分数，如果题目内容或难度不等值，分数的意义也不会相同。

(3)等级评定

有时，我们感兴趣的不是一个人回答问题的能力，而是一个人完成某种活动或生产出某种产品的能力。对于各种技能，是不能用回答问题来确定其掌握和熟练的水平的。通常，我们是用等级评定量表来报告一种活动的熟练程度或一种产品的质量的。例如，在对学生的技能或作品进行等级评定时，为了尽可能客观，需要对各种水平定出评定的标准。根据标准，将学生的技能或作品与既定的标准进行比较。与哪种标准接近，学生便得到哪个等级。

3. 内容参照分数的评价

内容参照分数的主要优点在于它用个人所掌握的内容或技能水平来描述行为，指出一个人知道做什么和能做什么。在某种意义上说，这比知道一个人在团体中的相对等级更为重要。内容参照分数能提供教师教学效果的有关信息，适用于计算机辅助教学和程序教学。内容参照分数主要适用于学绩测验，能确定出所接受的最低标准的资格测验，而对于多数能力及能力倾向测验则不适用。

(二)结果参照分数

1. 结果参照分数的意义

结果参照分数是将效度资料与常模资料结合起来，用效标行为的水准表示的分数。结果参照分数适合于用测验来做预测的情况。例如，对于高考平均分数在 90 分以上的人，我们可以预测其入大学以后的学习成绩为优秀。这里我们是用结果参照分数来解释测验分数的，因而叫作结果参照测验分数。

想要得到结果参照分数，首先，测验分数必须与某一效标具有高相关性，即具有效度证据。其次，要有一个能把测验分数与效标成绩之间的关系结合起来，即同时表达出来的方法。教育与心理测量中，通常是使用期望表将测验分数与效标成绩展示出来的。此种方法是通过一个简单的统计表来显示获得特定测验分数的人得到每一种效标分数的百分比，即用测验成绩可产生各种不同结果的概率来描述。

2. 结果参照分数的评价

结果参照分数的主要优点是使我们能用预期的效标行为水平去解释分数，因此，特别适用于预测的情况。但是结果参照分数获得的前提是效标，因此当效标资料无法得到时候，没有办法使用结果参照分数进行分数解释。用期望结果的概率来解释分数时，所依据的是团体的平均数，即只提供一组获得相同预测源分数的人们的成功的概率。这种由团体中得到的资料只能用于对团体做解释，在解释个人分数时会遇到困难。例如，一个在测验中得分为 80 分的人，其成功的概率为 65%，这只能解释为在得 80 分的人中，有 65%的人在该项工作中获得成功。但对一个人来说，可能成功，也可能失败。说明一个人具有 65%的机会成功在逻辑上是没有意义的。

课后思考题

1. 进行分数转换的意义是什么？
2. 结合实际教育教学对测验分数进行转换并对分数进行有效解释。

课后练习题

1.200 名学生参加某次语文填空题测验，按 27%的规则将被试分成高分组和低分组。其中高分组答对第一题的共有 40 人，低分组答对第一题的共有 10 人。请计算第一题的难度。

2. 有 120 名学生参加历史测验，他们测验的原始分数分配如下表，试求 77 分、53 分的百分等级。

分数	次数(f)	累积次数
80～85	4	120
75～80	3	116

续表

分数	次数(f)	累积次数
70～75	8	113
65～70	15	105
60～65	18	90
55～60	21	72
50～55	17	51
45～50	13	34
40～45	10	21
35～40	6	11
30～35	3	5
25～30	2	2

3. 某一次测验，A学生考试得了85分，已知该测验的平均分是75分，标准差是10，此学生的标准分数是多少？

4. 下表是10名学生的考试成绩，根据表中的成绩，把其中的第2名、5名、7名、10名的成绩转换成T分数。

学生编号	1	2	3	4	5	6	7	8	9	10
考试成绩	75	77	79	80	85	84	89	92	97	90
标准分数	−3.99	−1.29	−0.84	−0.52	0	−0.25	0.25	0.84	1.29	0.52

第三编

教育评价的一般步骤和方法

第七章　教育评价方案的编制与实施

学习目的▶

1. 掌握教育评价的基本原则。

2. 明确教育评价方案的构成，掌握教育评价方案编制的基本内容和方法。

3. 掌握教育评价方案实施的基本步骤和要求。

4. 明确常用的教育评价方法的基本要求，并能够选择适当的方法进行教育评价。

第一节　教育评价的基本原则

教育评价的原则是开展教育评价活动的基本标准，是依据教育目的、教育教学规律以及对教学评价的认识而提出的对课程与教学开展评价的基本规范与要求。教育评价原则既是教育活动的基本规律在评价工作中的具体运用，是对教育评价规律的反应，也是对评价工作中积累经验的高度总结和概括，是教育评价主体在教育评价过程中必须遵循的评价行为准则，具有规定上的权威性和行为上的强制性。它可以指导教育评价，也可以为衡量教育评价的质量提供标准。在教育评价活动中，只有评价者的评价行为服从评价原则所规定的标准，不同评价者才能达成共识，评价行为才能同步。合理、准确的教育评价，一般遵循方向性原则、公平性原则、科学性原则、可行性原则、指导性原则和多元化原则。

一、方向性原则

(一)定义

教育评价的方向性原则要求教育评价要坚持正确的政治导向，体现教育事业的社会主义方向，通过教育评价活动促进学校把各项工作引导到正确的轨道上，避免误导学校管理、误导教师工作和误导学生学习的情形发生。教育评价对教育管理和教学活动具有指挥、定向的作用。二十大报告强调，我们必须坚持解放思想、实事求是、与时俱进、求真务实，一切从实际出发，着眼解决新时代改革开放和社会主义现代化建设的实际问题，不断回答中国之问、世界之问、人民之问、时代之问，作出符合中国实际和时代要求的正确回答，得出符合客观规律的科学认识，形成与时俱进的理论成果，更好指导中国实践。在教育评价中，对一所学校的管理人员、教职人员和学生提出一套评价指标和标准，就是对相关主体提出具体的奋斗目标及要求。教育评价的标准坚持正确的导向，既有利于教育质量的提高，也有利于促进学生身心全面发展。

方向性原则的提出是由教育的社会制约性和教育评价的导向功能决定的。教育的社会制约性指教育对人才的培养和思想文化建设要受到一定的社会政治、经济、文化的制约和影响。教育评价的导向功能是指教育评价本身所具有的引导评价对象朝着理想目标前进的功效和能力。在教育评价中，对任何被评价对象所做的价值判断都是根据一定的评价目标、评价标准进行的。我国是社会主义国家，政治制度决定了教育的价值在于培养全面发展的人，教育为社会主义建设服务，因此坚持社会主义的办学方向是对教育活动进行价值判断的首要原则。

(二)贯彻此原则的基本要求

第一，教育评价指标的制定要体现正确的政治方向和教育目的。制定教育评价指标的时候，要依据我国的教育目的和教育方针，明确教育主管部门对评价的相关要求，领会方针、政策的精神实质，明确评价指向；同时认真学习教育理论，掌握教育规律，使评价指标和标准在科学的基础上符合国家的有关要求，反映时代精神，具有明确的方向性和前瞻性。

第二，评价人员要具有良好的政治素质和正确的教育价值观，要深入学习党和国家的教育方针、政策、法规等，明确国家教育方向和要求，在评价过程中准确把握方向性原则，以促进学生全面发展、培养社会主义事业的建设者和接班人为根本目的。

第三，评价过程要体现正确的评价方向，实现真正的评价目的。教育评价活动要符合我国教育目的的要求，通过评价活动调动评价对象的积极性，增强教育活动的效率，促进学生身心健康发展。

二、公平性原则

(一)定义

公平性原则指以平等、公正的价值标准开展教育评价活动，不受社会因素和主观情感影响。公平性是教育评价中最核心的文化价值。评价者要秉持真理面前人人平等、一视同仁的评价理念，使整个评价活动切实体现客观、公正、平等的原则，即评价指标的制定要体现公平性，评价过程要体现公平性，评价结果的解释与处理要体现公平性。

公平性原则的提出是由教育评价的鉴定功能决定的。鉴定功能指教育评价能够依据一定的标准认定、判断评价对象合格与否、优劣程度、水平高低，对评价对象具有鉴定优劣、区分等级、排列名次、评选先进、资格审查等功能。鉴定功能是教育评价的基本功能，是在对所有的评价对象都采取一致的评价标准、相同的评价环境和方法，在公平的状态下才能够实现的。

(二)贯彻此原则的基本要求

第一，制定评价指标体系要遵循公平性原则。评价指标体系的确立是教育评价开展的核心内容，其结构和内容会关系到每一个评价对象收集的数据类型和评价结果。因此，在制定教育评价指标体系时要尊重地方差异、个体差异，教育评价的指标、标准、权重和分值的确定要合理、合规、合情。

第二，执行评价程序要遵循公平性原则。教育评价是一个系统过程，各个环节都有着明确的顺序、活动内容及执行标准。评价者在评价过程中切实保障程序的公正性，保证评价程序规范严密，评定等级和打分评价各环节稳定一致。

第三，开展评价活动要遵循公平性原则。在对同类评价对象开展教育评价的时候，评价标准应保持一致性，不要此时一个标准，彼时一个标准。在同一范围内，对不同评价对象开展教育评价也必须用同一个标准，不要此人一个标准，彼人一个标准。

第四，增加评价活动的透明度，建立监督检查制度。教育评价过程要坚持群众性和民主性，鼓励建立监督机制，在提高评价主体的职业道德修养、尽量减少心理因素和外部因素的干扰的情况下，以民主参与、群众监督为公平性原则得以体现的保障机制。

三、科学性原则

(一)定义

教育评价的科学性原则是指教育评价过程(包括确定指标体系、编制评价方案和实施评价)的各个环节都要符合科学标准，不能只靠经验和直觉开展教育评价活动。所谓科学标准，是指评价的过程和结果都应符合客观实际，尊重客观事实，实事求是，在真实资料的基础上对教育活动的过程和结果做出准确的价值判断。要使评价客观真实地反映评价对象的实际情况，在做出价值判断时，应力求准确，不能臆测，不能掺杂个人情感。只有这样，才能使评价对象心悦诚服地接受评价结果，明确自身努力的方向，从而调动起工作、学习的积极性；也只有这样，才能为教育管理部门的科学决策提供有效的依据，才能对教学发挥指导作用。

科学性原则的提出是由教育评价自身的性质决定的。教育评价的科学化是一个反复实践和不断完善的过程。作为一种价值判断活动，只有坚持科学的原则，才能对评价对象做出客观的评价，进而推动教育事业的发展。科学性不仅要求评价目标和标准的科学化，而且要求评价程序和方法的科学化。

(二)贯彻此原则的基本要求

第一，评价要有科学的态度，一切从实际出发，以事实为依据，以评价标准为准绳。在评价过程中要严肃认真地对待每一个细节，必须有严谨的科学态度和不怕麻烦、一丝不苟的工作精神。只有遵循教育评价活动的客观规律，按照教育评价活动的客观规律去开展评价活动，才能取得科学的评价结论。

第二，评价要有科学的指标体系，指标体系的制定要有科学的依据、科学的结构和科学的内涵界定。构建一个科学合理的评价指标体系，设计出符合科学实施程序的教育评价方案，并正确熟练地掌握科学的评价方法、手段和技术，科学地安排和设计评价的标准和方法。

第三，评价要有科学的技术和方法。无论是评价方案的制订，还是评价信息的采集整理、评价结果的确认，都要具有理论依据与实践上的可靠性和有效性。将定性分析和定量分析结合起来，将静态评价和动态评价结合起来，将他评和自评结合起来，将终结性评价和过程性评价结合起来，可令评价结论更加全面和合理。

四、可行性原则

(一)定义

教育评价的可行性原则是指评价方案的制订和实施要立足于现实的需要和可能，

即评价指标和标准要符合实际、具体可行，能够被大众理解和接受，具有操作上的可行性。由于评价对象纷繁复杂、情况各异，评价的条件和环境也不尽相同，因此评价方案的设计和评价活动的实施必须与实际情况相适应，在一定情境下具有较好的可执行性、可实施性。

(二)贯彻此原则的基本要求

第一，评价方案的总体设计要考虑人力、物力、财力、时间、空间、技术等各种因素。对于不确定的因素，需要在方案实施前进行可行性分析和评估。可以先在小的范围内试行，试行成功后在更大范围推广。

第二，评价指标体系不要过于烦琐。评价计算体系要简便易算，简明不失关键，全面不失重点。评价指标越多，指标间重复的内容越多，评价运作的耗能越大。因此评价指标要少而精，简明集中，这样才有利于评价的开展。

第三，评价指标应具有直接可测性。指标的直接可测性就是指标作为具体的目标，应该能够用描述具体行为的语言加以定义，具有清晰明确的测量范围和项目。那些描述心理或思想状态的语言表述缺乏鉴别力。

第四，评价标准不宜过高，应是评价对象经过努力可以达到的目标和评价者经过努力可以完成的任务。对评价的总体要求要切合实际，如评价的范围和规模、评价结果精度的确定都要量力而行，不能脱离实际。

五、指导性原则

(一)定义

教育评价的指导性原则是指在进行教育评价时，不能为评价而评价。评价不是目的，而是手段。要把评价和指导结合起来，要对评价结果进行认真分析，从不同角度查找评价结果产生的原因，并通过评价后的信息反馈使评价者能够给予评价对象必要的指导，帮助他们改进工作或学习状态，调整自己的行为，更好地达成既定的目标。这样的教育评价活动是一个动态的、持续的过程。因此，在评价之前，一定要明确评价的根本目的。美国学者格兰特·威金斯(Grant Wiggins)说，评价如果不能对学生、教师、学校以及教育管理者有所教益，就失去了价值。因此，在实践中，要防止各种本末倒置的现象，改变为评价而评价的思想。评价者应与评价对象平等相处，通过评价帮助评价对象发现问题、找准原因，为其未来的发展指明方向。

传统的教育评价强调诊断性功能的实现，倾向根据评价标准对评价对象的表现做出价值判断，分析优劣，指出问题，找出原因，再针对这些原因提供改进途径和措施。这样的教育评价强调对最终目标的达成情况进行判断，强调发现教育问题而不是纠正教育问题。指导性原则要求教育评价发挥教育功能，重视利用评价过程和评价结果帮助评价对象明确评价目标，找到差距，及时改进和提高，使评价过程成为“学习—对照—调节—改进—完善”的过程，从而促进评价对象的自我认识、自我改进、自我提高、自我完善。

（二）贯彻此原则的基本要求

第一，指导必须在评价的基础上进行，不能离开评价随意指导。教育评价既要注重判断评价对象当前的状况和水平，又要注意考察其过去的存在状况，用纵向的、整体的、发展的眼光看待评价对象的变化，着眼于评价对象在自身原有基础上的进步，注重个体内部差异评价，以激发他们的自信心，增强他们的自我效能感，调动他们工作、学习的积极性。指导性原则须更好地体现评价对照过去、诊断目前、预测未来的功能，不仅要了解评价对象的“所知所能”，还要了解评价对象的“可知可能”，加强对评价对象未来发展的可预见性并提供支持性的指导。

第二，指导要方向明确、标准清楚，切忌含糊其词、模棱两可。教育评价一方面帮助评价对象认识自己，正确、客观地看待自己和他人在教育活动中的表现及结果；另一方面要为个体的成长提供明确的方向和切实可行的改进方案，对个体成长进步具有指导意义。所以在教学评价活动中要用清楚明晰的语言表明评价者的意见，指出通过评价活动发现的问题，分析问题产生的原因，并给出解决问题、修正不足的方向和建议。

第三，指导性原则要体现教育评价的稳定性和差异性。评价的稳定性指教育评价内容和评价标准在一段时间内和某种情境中具有相对的稳定性，不能随意改变，以保证评价结果的公平性、公正性。差异性是指在执行评价标准的时候，为了达到促进评价对象自我认知、自我提高的目的，评价内容和标准可以做适度调整，进行分层次评价、分类别评价，以最大限度地适合每个评价对象，不搞“一刀切”，为评价对象的进一步发展提供更有效的信息，增加后续发展动力。

六、多元化原则

（一）定义

教育评价的多元化原则是指教育评价主体、评价内容、评价标准、评价方式方法应该是多样的，而不是单一的。多元化原则体现了现代素质教育和新一轮基础教育课程改革的发展要求。由这一原则指导的多元评价在本质上是鼓励评价对象不断肯定自我、超越自我，告别以完全同一的标准进行分等和奖惩的评价，不再鼓励评价对象之间的横向比较和竞争。在教育评价中，单一的权威主体评价使评价的内容和结果不能全面反映评价对象的整体素质，多元评价的价值观是鼓励人的多元发展、全面发展。

（二）贯彻此原则的基本要求

第一，评价主体的多元化。评价主体是指那些参与教育评价活动的组织与实施，按一定的标准对评价对象进行价值判断的个人或团体。让需要评价信息的各方面的人员都参与到评价中来，请他们对评价提出建议和要求，以便使评价结果更好地满足使用者的需求，这就是评价主体的多元化。在现有的教育评价活动中，评价主体主要有以下四类人员：第一类是教育决策者，指在制定政策时起决定作用的人，包括学校校长以及教务管理人员；第二类是教育教学活动的实施者，包括评价中各项具体工作的负责人和一线教师；第三类是教育的接受者，包括正在接受教育的学生或已毕业的学生；第四类是评价信息的使用者，包括各级教育行政管理部门、学生家长等。评价主体多元化可以改变评价者与评价对象之间的关系，丰富评价者的角色内涵，提高评价的质量，体现了评价过程的民主性和公平性。

第二，评价内容的丰富性和评价标准的差异性。美国心理学家加德纳(Gardner)的多元智能理论认为，人类的智能至少可以分为 8 个范畴：言语—语言智能、音乐—节奏智能、逻辑—数理智能、视角—空向智能、身体—动觉智能、自知—反省智能、交往—交流智能和自然—观察智能。每个人都有属于自己的智能强项。基于多元智能理论的评价主张考查学生更为广泛的智能，而不仅仅是关注学生的言语—语言智能和逻辑—数理智能。“多一把衡量的尺子，就会多出一批好学生。”多元智能理论给现代教育评价的重要启示就是评价内容要丰富，评价标准要多元。

第三，评价方法的多样性。评价方法的多样性主要是指在评价中将量化评价和质性评价相结合。量化评价追求评价过程与结果的客观性，并以评价结论数量化作为客观性的标志，具有简明、精确、便于统计处理等优点。目前全球许多学校普遍采用的标准化测验、常模测验等就是典型的量化评价方法。质性评价方法是指确定评价对象主流是否积极、方向是否正确，对某些细节和小的利弊得失采取模糊评价的方法，如课堂行为记录、项目调查、书面报告、作业等方法，能够较全面地反映学生的变化及特征。量化评价与质性评价并不冲突，两者的整合是对教育对象的一种全面考察。

第四，注意多元评价的适用范围。多元评价不是万能评价，有自己的适用范围。从评价的目的来看，多元评价更适合于形成性、发展性评价，这种评价的主要功能在于诊断、反馈和改进。对于以鉴定或选拔为主要目的的终结性评价，因为必须坚持严格、明确的评价标准，所以一般应由专业人士按统一的方法来实施，以保证评价结果的权威性。因此，在什么情况下使用多元评价，应视评价的具体情况而定，要从评价的主要目的出发，避免盲目追求形式。

第二节　教育评价方案的构成与制订

教育评价是对教育活动、教育过程和教育结果进行科学判定的过程。教育评价活动必须预先进行周密的计划与设计，才能确保教育评价活动的方向性、计划性与系统性，才能收集到可靠的、有效的评价资料，从而对教育活动做出正确的价值判断。因此教育评价活动的开展在有计划的教育评价方案指导下才可以完成。教育评价方案是根据评价目的，遵循教育活动及评价活动的规律，对评价的目标、范围、方法、手段、过程以及组织管理工作加以规定与规范的文件；是教育评价活动有效开展的基本保障。

一、教育评价方案的构成

教育评价方案一般由三部分组成，即前言、评价指标体系、附录。

前言是一些说明性的内容，包括教育评价的目的和指导思想，教育评价指标体系设计的说明，教育评价的方法和工具的说明，实施程序的说明，评价者和评价对象的选择等。

评价指标体系是从教育评价目标中分解出来的若干评价指标所组成的集合体以及各项指标的权重和评价标准，包括评价指标、指标权重(量化符号)、评价标准三个基本要素。评价指标体系是教育评价方案的核心内容，是对评价内容和评价标准的详细阐述，是开展教育评价的核心依据。

附录呈现教育评价所使用的工具、收集评价信息的表格等。

二、教育评价方案的制订

教育评价方案的制订是一个系统设计的过程，需要在教育评价目标的引领下，明确评价对象和评价标准，选择合适的评价方法和技术，形成具有实践指导价值的执行指导方案，以确保教育评价的有效性。

(一)前言部分的编写

1. 确定评价目的和指导思想

教育评价的目的决定教育评价的具体目标和内容。此部分要明确评价活动的基本方向和执行规范，着重阐述教育评价在促进评价对象自我教育和自我发展方面的重要意义，同时明确开展教育评价的背景、依据和原则。一般来说，指导思想和评价目的可以围绕教育目的和方针政策来写，结合实际情况具体明确地阐述；也可说明评价的功能及评价过程中应遵循的一般原则。

2. 明确教育评价的具体方法、资料收集的工具及处理方法

教育评价所使用的评价方法和工具很多。此部分要说明哪些方法最适合本方案使用，明确提供的方法和工具的性能，说明使用方式，如表现性评价的具体环境和任务、成就测验的基本方法和标准等；还要说明收集评价资料的具体方法、工具手段，体现对评价活动的技术要求，如文献查阅线索与范围、考试试卷或调查问卷的编制、访谈提纲与程序规定等。

3. 确定评价实施的具体程序、步骤和组织管理要求

以提纲的方式说明教育评价方案实施的整体过程和具体步骤，要求流程清楚，要点明确，简明扼要，能够对教育评价者开展教育评价活动起到指导作用。

（二）教育评价指标体系部分的编写

评价指标是对评价目标所包含的内容要素进行分析、分解、还原，从而把具有抽象特点的评价目标内容变成可操作、可测量的内容。评价指标体系是一系列具有层级顺序和相互关联的指标群，包括纵向的层级关系和横向的内容关系。构建评价指标体系指细化教育评价的内容与评价标准，从而形成可执行的评价体系，规定评价对象在特定的评价内容上应达到的程度或水平，为评价活动提供评价资料收集的依据及价值判断的标准。构建评价指标体系是教育评价方案设计的中心环节，需简要清晰地说明指标体系中的指标内容、评价标准和量化符号的确定以及构建指标体系的原理及操作程序。

1. 教育评价指标体系的结构

(1)框架

教育评价指标体系的框架是由反映评价对象内涵的指标集、评价标准和量化符号共同构成的，主体是指标集。指标集由多个级别项目组成，每一个项目可以被看作具有相对关系的评价对象或指标。指标是从教育评价目标中分解出来、反映评价对象某一方面特征的规定，是用来反映、说明或测量上一级项目的次级项目。评价对象是被反映、说明或测量的上一级项目。因此，评价对象和评价指标作为评价项目，具有相对性。“一级指标 B”既可以被看作说明“评价对象”的指标，也可以被看作“二级指标 b1”的评价对象。“二级指标 b1”可以再行分解，又成为三级指标的评价对象。同理，如果将本指标体系看作一个更大指标体系中的子体系，那么大指标体系中的评价对象则是大指标体系中的一项指标，这便是评价对象与指标之间的相对关系，它们共同构成了评价指标体系。所以在构建指标体系的框架时要明确每一个项目之间的关系，确定好评价对象和各级指标。在指标体系中，指标的级数越往上，指标越抽象，概括性越强；指标的级数越往下，指标越具体、独特。

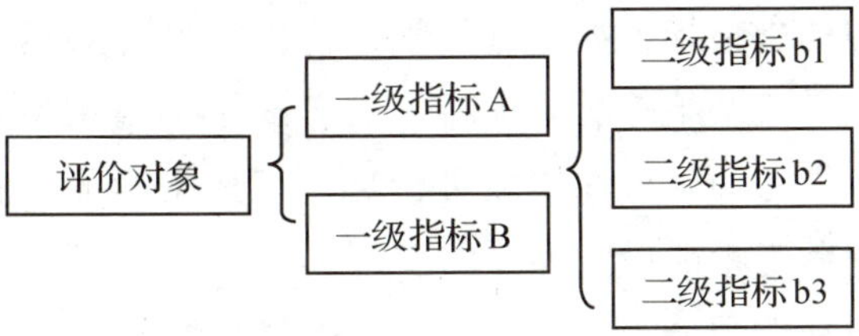

图 7-1　教育评价指标集

(2)模型

教育评价指标体系分为两类模型，即一般模型和分类模型。一般模型是评价某一范围内一般现象的指标体系，适用于对该范围内所有评价对象的评价与比较。分类模型是评价某一范围内特殊现象的指标体系，适用于对某一类评价对象的评价与比较。在同一评价范围内，两种模型可以共存。譬如，当所界定的评价范围是“一所中学的教师的教学工作”时，这一范围内构建的一般模型是中学教师教学工作评价指标体系。此模型适用于对该中学各科教师教学工作的评价与比较，即具有中学各科教学评价的共同性。构建的分类模型是中学语文教学工作评价指标体系、中学数学教学工作评价指标体系、中学英语教学工作评价指标体系等。这些模型仅适用于对某一学科教师教学工作的评价与比较，即具有中学某科教学评价的独特性。

一般模型与分类模型是相对而言的。如上例，中学教师教学工作评价指标体系在“中学教学工作”这一范围内属于一般模型，在“中学全面工作”这一范围内属于分类模型。因为全面工作比教学工作范围大，教学工作仅是全面工作中的一个类别，与教学工作并列的还有德育工作以及其他方面的工作。相对于全面工作而言，教学工作又显示出其独特性。由此可见，当我们说某评价指标体系为一般模型时，是相对于它所界定的评价范围以内的各种特殊情况而言的；当我们说它为分类模型时，是相对于它所界定的评价范围以外的更大范围内的一般情况而言的。两种模型的相对关系使我们在构建教育评价指标体系时，既联想到一般情况，又注意到特殊情形，把一般与特殊结合起来，从宏观上、整体上把握教育评价指标体系构建的路向。

框架和模型是教育评价体系的宏观结构，框架和模型下还分有不同的指标类型、评价标准、量化符号等组成成分。

(3)指标

指标是教育评价活动的基本要素。人们根据不同的评价标准对其进行了不同的分类，以便于满足不同情境的评价需要。

第一，按达标水平分类，教育评价指标分为必达指标与期望指标。

两类指标在不同情况下会有不同的操作标准，一种情况是两类指标评价同一项指标内容，必达指标是达标的下限，期望指标是达标的上限。达标的最低数值为必达指标，达标的最高数值为期望指标，如对教师学历、学校设备等项目，可设置必达指标和期望指标。另一种情况是某些评价项目本身就是必达指标，评价在必达指标的基础上主要参照期望指标，如课堂教学评价中出勤为必达指标，在此基础上考察课堂活动参与度、学习结果等具体项目，后者属于期望指标。必达指标的设置要充分考虑教育方针政策上的要求和实际可行性。期望指标的设置应有超前意识，充分考虑其对评价对象所产生的激励和导向作用。

第二，按指标内涵性质分类，教育评价指标分为稳定性指标和变动性指标。

稳定性指标是在相当长的一段时期内，在不同国家或地区，内涵保持不变的指标以及在指标体系中仍然保留的指标。它反映教育的客观规律对教育工作提出的共同要求不会因时间、地点的变化而更换或取消。例如，教学方法这一指标是以教育规律为评价依据的，在相当长的一段时期内，不同国家或地区的教学方法的含义以及评价教学方法的有效性的标准是不变的、一致的，评价教师的教学工作都必须设置教学方法这一指标。教育评价指标体系中，由于存在着稳定性指标，因此指标体系具有相对固定的内部结构。变动性指标是在不同时期、不同国家或地区，可改变内涵(包括改变评价标准)或可更换的指标。它由一定时期一定社会的政治经济状况、生产力、文化、科技发展水平等对教育工作提出的不同要求所决定。例如，德育这一指标，不同社会制度下，其内涵和评价标准是不同的。又如，计算机辅助教学这一指标，适用于经济发达、教育条件较好的地区的学校，不适用于贫穷落后、教育条件较差的地区的学校。变动性指标的存在令教育评价指标体系具有一定程度的可塑性。设置变动性指标越多，指标体系结构的可塑性越大。对变动性指标的研究令我们注意用发展变化的眼光来看待评价指标，面向未来，面向世界，并从实际出发，创造性地构建教育评价指标体系。

第三，按指标的精确度分类，教育评价指标分为硬指标和软指标。

硬指标是指达标要求是固定的、精确的，强调评价时看“硬件”，包括实物、证件、统计数据、静态资料等，如教学设备、场地、获奖情况、教师学历、学生考试成绩、教师队伍年龄结构等均属硬指标。对硬指标的评价比较客观。软指标是指达标要求伸缩性较大、不精确，强调评价时看“软件”，常采用定性分析评价，包括对事物的性质特点、变化过程、因果关系的分析评价，如办学特色、决策水平、教学思想、教改状态等均属软指标。软指标具有较多的主观因素。但由于教育现象具有复杂性，模糊现象颇多，因此教育评价不可避免要使用软指标。硬指标与软指标结合使用是教育评价指标体系结构的典型特点。

从不同角度去考察指标的性质特征，可以将指标分成不同种类。各类指标之间并不是非此即彼的，常出现交叠现象。例如，某些必达指标可能同时是稳定性指标或硬指标。对指标进行分类研究，目的不仅在于启发我们恰当地从各类指标中选择某些类型的指标去合理地构建教育评价指标体系，而且在于指导我们从不同的角度去考察同一项指标的内涵，以便加深对某一项指标的性质、特征的认识，从而有助于评价标准的确定。

(4)标准

评价标准是评价教育实际达到指标程度(或情形)的具体要求，是衡量评价对象是否达到评价指标要求的标尺。达标程度分为不同等级，不同等级有不同的评价标准。在教育评价指标体系中，每一级指标必须明确规定评价标准。目前，评价标准有不同分类方法，常见的标准分类如下。

首先，按评价内容不同，分为素质标准、职责标准和效能标准。

素质标准是从承担各种职责或完成各项任务应具备的条件的角度提出的标准。例如，作为一名中学校长应具备哪些条件才算称职，当一名教师应具备什么条件才符合要求。

职责标准是从评价对象所应承担的责任和完成任务的角度进行评价的。它主要是考察评价对象的劳动过程、工作任务和态度，而不是看其工作效果。

效能标准包括效果标准和效率标准。效果标准是从工作效果的角度确定的评价标准，评价教育工作的优劣主要看教育工作的效果。效率标准是把人力、物力和时间的投入与成果联系在一起进行考察，评价教育工作的优劣主要看投入与成绩的比例。投入少，成果大，则为优；反之，则为劣。

上述三类评价标准是互相联系的。在制定教育评价的标准时，应同时考虑三者，不可偏废。

其次，按照参照标准不同，分为社会标准和科学标准。

社会标准是以社会对教育的规范要求为依据来确定的评价标准。它要求达标过程符合社会规范化标准。具体说来，评价标准是根据教育方针、政策、法规以及政府有关部门对教育的统一要求而确定的；评价参照点是外部的、横向的，常与评价对象以外的社会现象做比较，包括对教育场地、教学设备、教师队伍结构、学生素质、师生比例等指标的评价，强调价值判断标准的社会统一性和规范性。

科学标准是以科学上的客观规定和原则为依据来确定的评价标准。它要求达标过程符合教育工作自身发展的客观规律，以教育工作过程、方法、措施、结果的科学水平来衡量其价值；要求开展评价工作要从评价对象自身的实际出发，仔细考察和分析教育工作过程、方法、措施等是否符合科学要求，是否遵循评价对象自身发展的客观规律，判断教育效果是否准确和可信，将事物发展的结果与事物发展的初期做比较分析，参照点是内部的、纵向的，是自比而不是他比。例如，对“教改实验”这一项指标的评价，以科学标准来评价实验设计和实验过程，包括评价实验变量、无关变量和测量工具的控制水平，评价实验假设的检验程度，评价实验结果的效度和信度等。除此之外，学校领导决策、教师工作效能等指标也可采用科学标准，强调以实践为标准来检验工作过程的科学性。

量化符号是教育评价指标体系结构中不可忽略的部分。在评价指标体系中，为了使每一项指标都发挥其作用，人们会为指标做量化符号的赋值，一般会用权数和分数两类数值来反映某一个体在整体中的相对地位。权数常用小数形式，把同一级指标群集视为一个整体，整体权数总为 1。此外还有其他形式，如百分数、分数值等。分数表示得分数，在评价中分为指标赋分和等级赋分两种。同一级指标赋分满分为 100 分，可在此范围内按指标标准赋予得分。等级赋分可使用达到度表示，如 A、B、C、D 四等的达到度为 0.95，0.85，0.75，0.65。

在教育评价指标体系中，既可以单纯使用这两类数值的其中一类，也可以将这两类数值结合起来使用。

对指标、评价标准、量化符号等内部元素的分析有助于厘清教育评价指标体系内部的横向关系，加深对教育评价指标体系内部结构的认识，从微观上掌握教育评价指标体系的构建方法。

2. 教育评价指标体系的编写

(1)期望评语式编写法

期望评语式编写法是指根据理想的要求，将评价指标体系的末级指标分为若干因素，又将每一因素分为若干等级，每个等级都编写相应的期望评语，以此评语的描述内容作为评价判断的参考依据，并依此给出评价等级。

表 7-1　期望评语式编写法示例

末级指标	因素	评价标准
学习目的	课前预习	……
	上课状态	专心听讲，积极参与讨论，认真做笔记
	作业完成	及时复习功课，独立完成作业，作业质量高
	课外活动	……

(2)积分评语式编写法

积分评语式编写法是把末级指标分解为若干要素，每个要素都有相应的评语来描述其理想的状态，并为其指定独立的分数。编写分数有两种方法：一种是等分积分编写法，即指标分解成的每个要素的分数标度都相等，所有指标全部等值，无权重差异；另一种是累计积分编写法，即指标分解成的每个要素的分数标度不相等，有权重差异，每个指标的分数也就不同。

表 7-2　等分积分评语式编写法示例

末级指标	分值	评价标准(要素)
业务素养	4	1. 对学生心理活动具有敏锐的观察力　1 分
		2. 具有良好的思维方式和表达能力　1 分
		3. 具有组织管理学生的能力　1 分
		4. 具有教学系统设计的能力　1 分

表 7-3　累计积分评语式编写法示例

末级指标	评价标准(要素)	分值
学习态度(50 分)	求知欲强烈	5 分
	重视学科学习	10 分
	上课专心听讲、积极思考、大胆发言	15 分
	能自觉认真完成作业	15 分
	喜欢阅读课外读物	5 分

(3)隶属度式编写法

隶属度标准是用模糊数学中的隶属度函数为标度的一种评价标准。其特点是运用模糊集合概念来测量和评价人或事物的功能，可以使难以精确定量的要素得到较为客观合理的评价。隶属度式编写法可分为隶属度分段式编写法和隶属度全域式编写法两种。隶属度分段式编写法是将要素的各个等级分别归属于隶属度的某个范围。

一般说来，要素的等级若是递进关系，可采用这种隶属度分段式评价标准。隶属度全域式编写法是评价者对因素的每个等级（要素）都可选择隶属度在0～1的任一实数。要素的等级若是并列关系，可采用隶属度全域式评价标准。

表7-4　隶属度分段式评价标准示例

末级指标	因素	A	B	C	D
智力	记忆力	不能记住常用基础数据，教学中常出现遗漏	教学中需查找基础数据，以保证教学的准确性	能较熟练地掌握教学基础数据，记忆准确度较高	熟练掌握教学基础数据，记忆准确度高，记忆速度快
隶属度		0～0.25	0.26～0.5	0.51～0.75	0.76～1.0

表7-5　隶属度全域式评价标准示例

末级指标	评价标准（要素）	隶属度
学习态度	专心听讲	0～1
	勤于思考	0～1
	遵守课堂纪律	0～1
	积极回答老师的提问	0～1
	认真做笔记	0～1

（4）行为目标编写法

行为目标编写法是通过对评价对象的观察分析，选择一例关键行为作为评价对象的一种标准。行为目标包括具体的行为、行为产生的条件、判断行为是否合格的标准三个基本要素。行为目标的优点是它具有清晰性，通过对外显行为的具体描述，可以较清楚地测量某种能力和目标。一个好的行为目标需要包含学习结果的检测方式和评价标准。

表7-6　行为目标编写法示例

末级指标	因素	评价标准（行为目标）
能力	自学能力	能够进行课前自主预习
	沟通能力	能主动、有效地与他人交流
	实践能力	能正确对实验器材进行操作使用

（5）量表式编写法

量表式编写法是用刻度量表的形式直观地划分等级的一种评价标准编写方法，是一种量化考核方法。在考核中，考评人员主要按照预先设计好的量表对评价对象进行全面评价。量表是根据评价目的编制的一系列测验项目（任务或问题），每一个任务或问题项目各有事前规定的标准分数。使用量表进行测量评价时，根据被试的表现对照量表项目计分。实际运用中的量表形式多种多样，但其基本结构主要由两大部分构成：一部分是用以规定考核内容的指标体系，另一部分是用以表示各种指标相对重要程度的权数体系。一般量表积分采用偶数分等法。奇数分等法容易出现评价选择集中到中间等级的现象，使区分不明显。

表 7-7　量表式编写法示例

末级指标	因素	评价标准(行为目标)			
品德	对待他人	帮助	理解	嘲笑	欺负
	礼貌语运用	自然使用	经常使用	提示运用	不用
	做事态度	积极主动	随遇而安	消极被动	抱怨抵触

(6)量尺式编写法

量尺式编写法是用以平均分作为零点，标准分作为刻度的量尺来直观地划分等级的一种评价标准编写法。评价时可将各评价要素的原始分数转换成标准分数，然后在每一个要素的标准量尺上将标准分标出来。

表 7-8　量尺式编写法示例

末级指标	因素	评价标准						
成绩	语文	−3	−2	−1	0	1	2	3
	数学	−3	−2	−1	0	1	2	3
	英语	−3	−2	−1	0	1	2	3
	物理	−3	−2	−1	0	1	2	3

(三)附录部分的编写

附录部分包括在本次教育评价中使用到的各种评价工具用表，一般包括采集信息的工具表格和评价用的量表，如调查表、问卷和测试样卷、观察记录表等，是重要的补充性信息的汇总。

三个基本部分的编写不必强求格式的一致性，在符合教育评价的原则的基础上应根据实际需要灵活确定编写内容及其程序，具有科学性和可行性、条理清楚、结构完整即可。

附录：职业学校发展性综合督导评估方案

一、评估原则

（一）全面质量管理原则。强调教育质量管理的全面性、全程性、全员性和质量管理方法的多样性，形成促进学生、教师与学校不断发展的质量管理体系。

（二）发展性原则。根据学校发展的不同背景，设计和运用督导评估指标体系，既对学校的办学水平做现状评估，又对学校的发展趋势做发展评估。

（三）主体性原则。尊重学校个体差异和办学自主权，鼓励和指导不同区位、不同类别、不同基础的职业学校依据自身的发展状况进行自我评估，充分体现学校在督导评估中的主体地位。

（四）整体性原则。将对职业学校的教育督导评估置于经济和社会发展大背景之中，充分考虑区域经济、政治、人口、环境、资源等因素对办学的影响，全面考察、分析和把握学校整体发展的轨迹。

（五）激励性原则。采取质性评估为主、量化评估为辅、评估结果质性反馈并通过媒体公布的方式，充分发挥教育督导评估的考核、激励作用。

二、指标体系

（一）评估区域的划分。本次综合督导评估指标体系由发展规划、教育资源、学校管理、办学水平4个A级评估区域、16个B级评估项目和50个C级评估要素以及政府责任指标、学校责任指标两类评估指标构成。政府责任指标用于考核同级政府及其有关部门履行教育工作责任的情况；学校责任指标分为基础性要素指标(C1)和发展性要素指标(C2)，分别用于评估学校基础性发展现状与持续发展的潜力和趋势。

（二）考核指标的使用。督导评估方案中各项指标的权重分配是由它们在指标体系中的地位和相互关系决定的。每项指标在学校办学中所起的作用不同，其权重亦不同。总分值100分中，发展规划(A1)权重为20%，发展现状(A2、A3、A4)权重为80%；基础性要素指标(C1)权重为70%，发展性要素指标(C2)权重为30%。有关教师队伍建设、实训基地建设及教育教学管理等反映职业教育办学过程和办学特点的关键性动态指标则赋予较大的权重。

（三）考核等级的确定。考核细则中的评分标准C1、C2的总分值为100分。评估得分满90分以上的学校为优秀级，80～89分为良好级，70～79分为合格级，不满70分为不合格。

评估指标体系详见附表“职业学校发展性综合督导评估考核细则”。

三、工作规程

职业学校的发展性综合督导评估活动遵循国家学校评估文件要求实施。根据近几年的评估工作实践，现将职业学校接受综合督导评估和学校督导自评的周期调整为每3～5年进行一次，将教育督导向接受综合督导评估的学校下达评估报告的时间调整为20个工作日。

四、结果使用

发展性综合督导评估结果的使用主要体现在三个方面：一是通过督导机构反馈评估意见和学校制订改进方案，指导和促进学校依法办学、科学管理，更好地完善和达成学校发展规划；二是将在规定年限内接受发展性综合督导评估并达到合格以上等级作为对学校进行其他综合评定的必备条件；三是通过媒体公布评估结果，促进社会对学校的关心、了解、支持和监督。

五、相关附则

（一）本方案适用于职业学校，从颁布之日起施行。

（二）本方案的解释权属于教育督导部门。

附件：职业学校发展性综合督导评估考核细则

评估区域 A	评估项目 B		评估要素 C	基础性要素检测评分标准 C1	发展性要素检测评分标准 C2
A1 发展规划（20 分）	B1	上一轮发展状况（4 分）	1. 发展基础（4 分）	发展规划依据充分、目标明确、措施有效、达成度高（2 分）；正确处理学校发展与经济社会发展需求的关系、学校阶段发展与持续发展的关系，有改革创新举措，为下一轮发展奠定了基础（2 分）	
	B2	本阶段发展规划（10 分）	2. 发展思路（4 分）	坚持“以服务为宗旨、以就业为导向”的办学方针，发展规划思路清晰，校本发展重点突出（2 分）	学校规划的创意新、立意高，领导班子带领学校发展的水平高、能力强（2 分）
			3. 发展目标（6 分）	符合政策法规，适应市场需求，遵循职业教育规律，实施素质教育（2 分）；目标定位准确，措施科学可行，学校目标与师生自身发展目标融为一体（2 分）	正确处理学校发展与经济社会发展需求的关系、学校阶段发展与持续发展的关系，有改革创新举措，形成良好办学机制，是学校发展史上又好又快发展的时期之一（2 分）
	B3	下一轮发展规划（6 分）	4. 发展构想（6 分）	制定规划思路清晰，突出校本发展重点，适应区域经济与社会发展需求，全面贯彻教育方针（2 分）；符合政策法规，遵循职业教育规律，目标定位准确，措施科学可行，规划的操作性强（2 分）	面向市场，兼顾长远，扬长避短，适度超前，目标新颖，示范性强（2 分）

续表

评估区域 A		评估项目 B		评估要素 C	基础性要素检测评分标准C1	发展性要素检测评分标准C2
发展状态（80分）	A2 教育资源（20分）	B4	办学经费（4分）	5.★上级拨款	生均教育经费等拨款指标达到规定标准，并能统筹安排专项经费（不记权重）	
				6. 经费筹措（1分）	合法、规范地收足预算外经费（0.5分）	多渠道依法募集社会资金，用于改善办学条件（0.5分）
				7. 支出结构（1分）	学费收入全部用于公用经费，师训、基建、现代教育设施装备、教工福利等支出占比合理（1分）	
				8. 资产负债（1分）	学校发展适度，资产与负债结构合理（1分）	
				9. 使用效益（1分）	办学条件改善，技术装备更新，有效控制成本，资产保值增值（1分）	
				10.★占地面积	生均占地面积达到省定标准（不记权重）	
		B5	办学条件（8分）	11. 建筑面积（2分）	学校各类用房及生均建筑面积均达到省定标准（1分）	生均建筑面积增长与学校层次、办学规模、专业建设需要相适应，且布局和功能合理（1分）
				12. 设施设备（4分）	建有校园网，各类馆室、教学装备、实验器材配置齐全，实用性能及现代化、信息化程度均符合省定标准（1.5分）；实训基地与专业设置匹配，各类设施设备配置符合省定标准（1.5分）	学校适度超前谋发展，部分设施设备水准高于省示范性职业学校建设标准（0.5分）；实训基地建设水平高，建设模式有特色，基地厂房建设近似现代企业生产场景（0.5分）
				13. 教学信息化水平（1分）	电教设备使用率及课堂教学信息化水平符合规定要求（0.5分）	注重信息技术与课程教学的整合，广泛运用网络技术、数字技术、多媒体技术、仿真技术等现代化教学手段，成果明显（0.5分）
				14. 图书报刊（1分）	生均藏书量（含报刊、音像资料、教学软件）、图书借阅率及开馆时间符合规定要求（0.5分）	主干专业生均专业藏书及专业期刊符合省示范专业建设要求（0.5分）

续表

评估区域 A		评估项目 B		评估要素 C	基础性要素检测评分标准 C1	发展性要素检测评分标准 C2
发展状态(80分)	A2 教育资源(20分)	B6	师资配备(5分)	15. 教师结构(4分)	教师的年龄、学历、职称及专业结构合理(1分)；文化课、专业课与实习指导教师比例，教学与非教学人员比例，师生比例合规(1分)；教师健康状况良好(0.5分)	教师高学历人数、中青年教师高职称人数比例均高于同类学校(0.5分)；专业教师中“双师型”教师比例高于省定标准(1分)
				16. 社会师资(1分)	学校有一支来源较为稳定、数量适宜、素质较高的外聘教师队伍(1分)	
		B7	社会环境(3分)	17. ★周边环境(0.5分)	政府责任不记权重，但应达到规定的治理要求。学校积极配合政府履行净化育人环境的责任(0.5分)	
				18. 社会教育(2分)	注重开发、利用社会资源，有稳定的校外教育和实习基地(0.5分)；融入社区教育网络，制度健全，活动正常，并用学校文化辐射社区(0.5分)	有丰富的校外教育教学资源，行业企业成为产教结合中的主体，为学校培养适销对路人才提供市场、生产现场及现代企业制度等多方面服务(1分)
				19. 家庭教育(0.5分)	家长委员会等组织健全，活动正常，家校联系渠道通畅，形成制度，家长满意度高(0.5分)	
	A3 学校管理(30分)	B8	行政工作(6分)	20. 领导班子(2分)	结构合理，依法行政，团结协作，勤政廉政，胜任工作(1分)；发挥党组织政治核心作用，教职工代表大会民主，监督作用，开拓进取，师生拥戴(1分)	

续表

评估区域 A		评估项目 B		评估要素 C	基础性要素检测评分标准 C1	发展性要素检测评分标准 C2
发展状态(80 分)	A3 学校管理(30 分)	B8	行政工作(6 分)	21．依法治校(1 分)	自觉执行政策法规，坚持校务公开、依法办学，学校管理无违法违规问题(1 分)	
				22. 规章制度(1 分)	依法制定学校章程，各项管理制度健全、执行到位，考核与奖惩挂钩(1 分)	
				23. 工作效率(1 分)	按照精简、效能、统一的原则设置行政机构和人员编制，行政运作整体功能发挥好、效率高(1 分)	
				24. 评价体系(1 分)	评价体系完善，适应办学需要(0.5 分)	运用现代教育质量观和评价观，形成符合职业教育发展规律和素质教育要求的、有校本特色的现代学校监控评价体系，激励功效明显，内外认同度高(0.5 分)
		B9	师资建设(6 分)	25. 师德教育(2 分)	地位突出，措施扎实，形式多样，行之有效(1 分)	形成特色，成效显著，所创经验有推广价值(1 分)
				26. 专业发展(2 分)	有促进教师专业发展的规划与措施，“四新”培训、企业实践有必要的经费保障，且落实到位，取得成效(1 分)	立足校本，面向未来，创新机制，广开渠道，特色鲜明，成效显著，教师满意度高(0.5 分)；部分教师建有专业工作室(0.5 分)
				27. 教师权利(2 分)	教师享有学校管理的知情权、参与权和监督权(1 分)；教师的经济待遇得到落实，且体现奖勤罚懒、优质优酬的分配原则(1 分)	

续表

评估区域A		评估项目B		评估要素C	基础性要素检测评分标准C1	发展性要素检测评分标准C2
发展状态（80分）	A3 学校管理（30分）	B10	教育教学（12分）	28. 德育工作（4分）	领导重视，机构健全，全员参与，目标职责明确，活动正常多样（1分）；重视职业道德、职业纪律、岗位规范教育和职业指导（1分）；有德育科研成果，形成行之有效的德育经验和德育传统（1分）	有德育理论创新、机制创新、方法创新、课程创新举措，能提升学校文化品位，彰显职业教育校本德育特色，得到同行与社会赞赏（1分）
				29. 教学管理（6分）	根据市场需求及办学条件，合理设置专业，制定专业发展规划（0.5分）；各专业实施性教学计划与教学大纲完备（0.5分）；教学管理流程科学、规范，阶段性管理计划和目标明确，活动正常有序（1分）；按教学管理规范和素质教育要求开齐、开足课程，教学组织严密，形式有效（1分）；重视语言文字工作，教学常规督导检查考核评价奖惩到位（1分）	积极开展课程改革实验，主干专业形成以综合职业能力为本位、以职业实践为主线、以项目课程为主体的模块化专业课程体系，具有与国家和省规定课程有机统一的、体现学校办学特色的校本课程及教材建设成果（1分）；具有适应技能型人才培养的教学模式创新实践和经验（1分）
				30. 教育科研（2分）	有专门机构和人员，有系统的校本教研制度（0.5分）；有市级以上研究课题且取得实际成果，教师发表市级以上论文人数达20%以上（0.5分）	有省级以上研究课题且取得研究成果，有教育、教学、管理类个人专著或有推广价值的读物，教师发表市级以上论文人数达30%以上（1分）
		B11	后勤服务（6分）	31. 经费使用（2分）	严守财经法纪，执行部门预算，按规定设置会计账簿，账务处理及时、准确（1分）；经费分配使用合理公开，年度财务报告经教职工代表大会审议通过（1分）	

续表

评估区域 A		评估项目 B		评估要素 C	基础性要素检测评分标准 C1	发展性要素检测评分标准 C2
发展状态(80分)	A3学校管理(30分)	B11	后勤服务(6分)	32. 校产管理(2分)	各项管理制度完善，统一使用厅发管理软件，各类资产账、卡、物相符，部门“二级账”健全，责任人明确(1分)；校舍完好，各类设施设备管理规范，使用维护得当，利用率高(1分)	
				33. 校园建设(1分)	学校“三图”齐全，规划、建设科学合理，环境净化、绿化、美化，管理规范，无安全事故隐患(0.5分)	环境育人意识强，校园文化氛围好，校园建设规划留有调整余地和发展空间(0.5分)
				34. 服务质量(1分)	严格执行食品卫生等法规、制度(0.5分)；教学和生活服务质量高(0.5分)	
	A4办学水平(30分)	B12	学生素质(8分)	35. 思想道德(2分)	达到国家和地方制定的政策法规中有关青少年思想道德建设和职业道德建设的标准(1分)	在思想道德和职业道德建设方面树有较高层次的先进典型(1分)
				36. 文化、专业知识(2分)	全科合格率、优秀率高(1分)；自主学习、合作学习、探究学习的意识和能力较强(1分)	
				37. 职业技能(2分)	技能考核合格率、优秀率高，毕业生获本专业相关技能证书占比达省定标准(1分)	学生实践动手能力强，毕业生获行业认定职业资格证书及获高一级技能证书比例高于同类学校(1分)
				38. 体能、健康状况(1分)	学生的体育成绩、体育锻炼达标率高，有一定数量的体育特长生(0.5分)；学生心理健康，卫生习惯良好，学期病休率、近视眼新发病率均符合规定标准(0.5分)	
				39. 个性发展(1分)	个性健全，审美情趣健康，崇尚科学，追求真、善、美，创新能力、个性特长得到较充分的发展(0.5分)	学生综合职业能力提升明显，毕业生就业、创业能力较强，成才典型事迹突出(0.5分)

续表

评估区域 A		评估项目 B		评估要素 C	基础性要素检测评分标准 C1	发展性要素检测评分标准 C2
发展状态（80分）	A4 办学水平（30分）	B13	教师素质（8分）	40. 职业道德（2分）	符合有关法律规定，达到各级教育部门职业道德标准，没有严重违法违规问题(0.5分)；教师团结协作，师生教学相长，家校关系融洽(0.5分)	职业道德建设有创新经验，有考核督查激励制度，教师群体精神风貌、职业形象、社会反响好(1分)
				41. 教学水平（3分）	教师都能达到“教学六认真”要求（0.5分）；能按技能型人才培养要求设计、实施教育教学方案，具有对自身教学思想、行为进行反思和与他人沟通交流的能力(1分)；大多数教师能正确掌握和应用现代教育技术，具有教育教学研究能力(0.5分)	部分教师教学思想领先，教学风格、技艺独特，教学能力、实践能力一流，教育科研能力、产学研结合项目成果显著，在市级以上范围发挥引领作用，教学质量在省、市同类学校中名列前茅(1分)
				42. 名特教师（2分）	学校有名师建设方案与措施(0.5分)；形成具有特级教师、县级以上骨干教师、学科及专业带头人等称号的名特教师群体(1分)	学校在培养掌握国内国际职业教育理论，具有较强教育教学、科研和管理能力的职业教育领军人才及行业知名人士方面成效明显(0.5分)
				43. 个性发展（1分）	个性健全，心理健康，人生态度积极，生活情趣高尚，追求真、善、美，有较强的人格感染力(0.5分)	教师个性发展目标成为学校发展目标的重要影响因子和组成部分(0.5分)
		B14	办学模式（6分）	44. 校企合作（2分）	行业企业参与学校办学程度高，校企合作方式有效，形成“订单”培养、产教结合、校企共进、互惠双赢的良性循环(1分)	校企合作有创新举措，与企业合作项目多，建有技能鉴定站，在依托专业发展产业、以产业发展促进专业建设上成效显著(1分)
				45. 社会培训（2分）	学历教育与非学历教育并重，面向社会开展形式多样的职业技能和创业培训，积极开展新型市民或新型农民教育培训，年对外培训量达规定要求(1分)	充分利用教育资源，形成培训网络，社会培训、富民服务工作成效明显(1分)

续表

评估区域 A		评估项目 B		评估要素 C	基础性要素检测评分标准 C1	发展性要素检测评分标准 C2
发展状态（80分）	A4 办学水平（30分）	B14	办学模式（6分）	46. 弹性学习制度（2分）	积极试行学分制等弹性学习制度，采取灵活的学制和学习方式，为学生半工半读、工学交替、分阶段完成学业创造条件（1分）	学校在办学模式上面向社会、适应市场、突出特色，具有创新性、实效性和示范性，与境外合作办学取得实际成效（1分）
		B15	学校文化（3分）	47. 三风建设（1.5分）	形成优良的校风、教风、学风，丰富学校文化内涵，成效显著（1.5分）	
				48. 校园文化（1.5分）	学校的物质文化、制度文化、精神文化、行为文化具有明显的职业教育校园文化特点（1分）	学校的专业文化具有鲜明的校园文化个性，与企业文化对接，彰显职业教育特色（0.5分）
		B16	办学业绩（5分）	49. 政府评价（2.5分）	学校在省级示范专业建设、创建省级以上技能性紧缺人才培养培训基地方面成效明显（0.5分）；获得市级以上荣誉称号（0.5分）；在扶持边远学校、薄弱学校建设方面成效明显（0.5分）	学校在创建省级以上高水平示范性职业学校建设中业绩显著，发挥示范作用、辐射作用、骨干作用、带头作用突出（1分）
				50. 社会评价（2.5分）	用人单位和家长对学生的职业道德、职业能力和就业率评价较高，社会各界对学校发展现状的认同度高（1.5分）	毕业生优质就业率高（0.5分）；用人单位、学生家长和社会各界对学校人才培养模式评价较高，对学校发展前景认同度高（0.5分）

说明：1. “发展状态”指被评估阶段（本阶段）的发展状况和态势。

2. 打“★”的评估要素属政府行为，不记权重。

3. 表内“（　　）”中的数字为量化考核的参考分值。

第三节　教育评价方案的实施

教育评价方案的实施是按照教育评价方案的要求开展教育评价活动的过程，是教育评价方案的执行过程，一般包括三个基本步骤：准备工作、评价的实施、评价结果的处理。

一、准备工作

准备工作主要有思想准备、材料和工具准备、组织准备三项。

(一)思想准备

任何评价活动的开展都有其特定的目的和指导思想。因此，在开展教育评价时，首先要明确评价的目的和意义、导向和标准，确定好评价方向，学习有关文件，掌握有关原则；其次要明确评价对象，了解评价对象的整体特征和基本属性，以便在开展教育评价时可以有效地获取信息和分析信息；最后要充分考虑评价的各种因素，估计评价过程中可能出现的新问题，并做好充分的思想准备，必要时要有预案。

(二)材料和工具的准备

材料和工具的准备工作主要包括评价方案、评价表格等材料及各种工具的准备，如设计和印制教育评价方案、各种问卷和调查表格，制定工作指导文件和有关文字规定，撰写开展评价活动的宣传资料，准备计算工具、办公用品等工作。

(三)组织准备

组织准备主要是根据不同的评价目的、对象和内容，成立不同的组织机构，组织和实施教育评价工作，宣传工作纪律，组织和监督评价活动。不同类型的评价小组负责对不同类别的评价项目开展评价活动，同时做好评价人员的分工，组织相关人员开展相关知识和技术的学习和培训。常见的评价组织机构有：管理部门与社会力量结合的评价组织机构，地区和社会民间团体结合的评价组织机构，同行评价的组织机构，自我评价的组织机构。在评价的组织准备阶段可多方吸纳社会力量，以提高评价质量，提高评价的客观性和准确性。

二、评价的实施

为了充分发挥评价的作用，增强评价结果的有效性和可信度，我们一般将评价的正式实施过程分为两步：第一步为预评期，第二步为再评期。

(一)预评期

预评期的评价也称自我评价，是指评价对象根据评价准则进行自我预评。自评尊重评价对象在评价活动中的主体地位，是评价过程中的一个必要环节，具有无法替代的重要地位。

1. 自我评价可以为整个评价提供初步信息，奠定评价的数据基础，有助于形成高质量的评价结果

在教育评价活动中，能否对教育价值形成准确的判断，很大程度上取决于能否全面收集到评价对象的信息。评价对象对自己的情况最熟悉。由他们所提供的自评材料既可以作为整个评价材料的一部分，也可以作为扩大和深化评价者对评价对象

认识和了解的主要信息来源，对随后的再评价具有一定的借鉴意义。

2. 自我评价过程是自我诊断的过程，有助于评价对象的改进和提高

自我评价是进行自我检查、自我评估，评价不是目的。开展自我评价主要是为了使评价对象能够自己发现问题，寻找问题的原因，更愿意去主动解决问题以更好地改进工作和自我提升。由于是自己发现和面对问题，因此评价对象通常会正视存在的问题并积极改进，较少出现故意隐瞒问题或产生抵触情绪的情况。

3. 自我评价可以减轻评价者的工作负担

在选拔性评价中，自我评价的过程往往也是自我把关的过程。一些明显不符合条件的评价对象通过自评，就不会再申报下一环节的评价了。这使得评价者的工作量得到大大减轻，使他们能集中精力做好其他评价对象的评价工作。

综上可知，自评有利于全面收集信息，准确地形成判断。如果评价对象是个人，自评资料与他评资料可互相印证，为评价者最终做出评价结论提供参考。如果评价对象是学校、班级或单位，自评可作为评价过程的预评阶段。通过自评，收集资料，做出初步判断，积累经验，为下一阶段的他评做准备，有利于减轻评价者的工作负担。无论是个人还是单位，通过自评，自我诊断问题，找出差距，有利于自我教育，促进各方面工作的改革。

（二）再评期

再评期的评价也被称为确定性评价，是在自我评价基础上进行的外部评价，是指他人对评价对象进行评价。评价者一般包括校内外有关部门的管理人员、专家、同行等，可以是个体也可以是团队。相对于自我评价而言，确定性评价可以避免弄虚作假现象，结论比较客观、可靠，有权威性，易为大家所接受。

1. 确定性评价有助于提高评价的可靠性

在预评期的评价过程中，由于评价工作是评价对象自己展开的，缺少他人的监督，而评价结果又会涉及自身利益，因此部分评价对象有时会片面夸大自己的成绩，故意掩饰自己的问题，呈现自评结果时“报喜不报忧”、回避问题、避重就轻。在评价活动中出现这种虚假信息，既干扰了评价管理部门的正确决策，又不利于评价对象自身的进步和工作的改进。确定性评价是在自我评价基础上的再评价，借助于科学的评价标准和全面客观的信息，以旁观者的视角看待评价对象和评价内容，保证评价活动的客观性和公正性，使评价结果具有较强的可靠性和科学性。

2. 确定性评价有助于提高评价的权威性

确定性评价小组的成员来源广泛，一般由相关领域专家或业务骨干组成，具有较强的信息收集能力、标准解读能力、数据分析能力和良好的专业背景，具有根据正式信息进行评价判断的素质。另外，评价者之间具有明确的任务分工。他们可以专注于某一评价项目，也可以进行信息的沟通，使评价信息更全面公开。由他们开展的评价活动能有效地提高评价的客观性，得出的评价结论也更容易为人们所接受。

在开展确定性评价时要做好以下的工作。

第一，确定性评价要在自我评价的基础上开展，以自评的口头汇报和书面汇报作为评价依据，对自评的结果进行检查核实，同时收集更全面的信息开展更深入的分析和判断活动。

第二，确定性评价要以客观的数据和实际的判断活动为基础，要提供文字和数字资料、证据或实物作为评价依据。

第三，整理好评价结论，做好评价工作总结，写出评价报告。他评评价报告一般包括：评价对象和评价项目的基本情况，他评的组织领导及参与人员，评价对象取得的成绩和存在的主要问题，差异性意见的整理和分析，指导意见或建议等部分。

做好他评的关键环节是评价对象的合作。为保证评价对象能够实事求是、全面、准确地提供各种资料和信息，评价者一方面要努力规避不符合评价要求的事情发生，另一方面要做好评价对象的心理体调控工作，防止拒绝心理、畏惧心理、被审心理、迎合心理、敏感心理等心理偏差的产生及其对评判结果的干扰。

（三）评价实施过程的注意事项

无论是自我评价还是确定性评价，作为教育评价的必要环节，在评价的实施阶段都应做好如下工作。

1. 正确运用各种评价方法

在评价过程中，评价者要熟悉各种教育评价方法的特点和使用规程，以科学、公平、公开的态度选择和使用评价方法，以确保评价数据与结果的准确性和可靠性。

2. 做好资料的收集工作

收集信息是整个评价阶段一项具有基础性意义的工作，收集信息的多少和评价质量的高低直接关系到评价结果的科学性以及对评价结果的价值判断。由于教育活动又是一项十分复杂的系统工程，在有限的人力和物力下，要把各方面的信息都收集齐全几乎是不可能的，因此，在尽可能全面收集信息的基础上要重点收集有关评价准则方面的信息。一般而言，教育评价对收集的信息有以下要求。

第一，信息的全面性。收集的信息能全面反映评价准则范围内的情况，不能有任何方面的缺漏。如果条件允许，还可以收集一些反映评价对象优势领域和弱势领域的信息。这样，评价者会对评价对象有更充分、更深入的了解。一方面，这样的信息可以弥补当初确定评价准则时的疏漏；另一方面，可以提高下一阶段“评议评分”的准确性。

第二，信息的有效性。收集的信息能深刻反映评价准则方面的情况。信息的全面性是指收集的信息要全面覆盖评价准则的范围，这是在量的方面的要求；信息的有效性是指收集的信息能深入说明评价准则的情况，这是在质的方面的强调。

第三，信息的真实性。收集的信息应与评价对象的实际状态一致。在实际工作中，评价信息失真的情况经常发生，这或是因为选用的方法不恰当，或是因为测试工具缺乏信度，或是因为评价者疏忽大意，或是因为评价对象有意做假。因此，评价者在收集信息过程中提高收集真实性信息的意识是非常重要的。

3. 充分利用现代化技术手段做好资料的整理和分析工作

对收集到的资料要认真审核，根据评价目的和评价准则，对全部信息逐一审核、鉴别，去粗取精，去伪存真。对于缺乏的信息要想办法及时补充，对于模糊的信息要请评价对象进一步说明。以上信息要在规定时间内汇集归档，列出类别，并建成统一的卡片形式或表格形式进行归类和建档，为得出评价结论做好准备。

三、评价结果的处理

处理评价结果是评价活动的最后阶段，主要有四个任务：第一，综合分析判断评价对象达标的程度；第二，做出综合评价的结论；第三，向有关方面反馈有关信息；第四，总结评价工作。

（一）评价结果的分析判断

评价结果的分析判断是根据预先制定的教育评价指标体系中的指标，对照自评与他评的资料，逐一分析判断达标的程度并给出评分或等级判断。确定评价结果是评价阶段一项关键性的工作，在某种意义上可以说是实施阶段的核心工作。评价者依据评价准则和评价标准对所获得的信息、资料、数据进行分析综合，要将自评结果与他评结果相结合，综合考量，得出各项评价准则初步的评价结论。在得出结论时，主要应根据他评的资料和自评提供的实况去综合分析，自评结果仅作参考。同时，评价者还要对为什么做出这样的结论进行分析和说明，须向评价委员会或其他专题评价小组汇报。除此之外，此环节还要做好评价结果的检查工作，主要检查评价程序的每个步骤是否合规，评价结果是否可靠。

（二）做出综合评价的结论

综合评价的结论是在分析判断的基础上，将分项评定的结果进行合成或汇总，并对整体的评价结果进行数量上的综合评价和文字上的综合描述，写出综合概括的评语和意见。整合评价结果是一项具有全局性意义的工作。评价工作进行到这一阶段，各个专题收集信息资料工作已经结束，根据分工，各个专题评价小组对自己负责的评价准则范围内的内容已进行了初步分析判断，有了初步的认识和评价结论。这时，评价委员会通过充分协商，运用教育理论知识和统计方法，把各种分项评定的结果整合成评价对象的综合评价结论。这期间，评价者要对整合的各类评价结果进行定性、定量分析，形成一致的评价意见。做结论时，注意评价对象内部的差异比较，即校内各项工作之间的比较，发现问题，找出差距，指出其努力的方向，指导其达标的有效方法；还要注意评价对象间的比较，从单项和总体水平上找差异，发扬优点，克服缺点。评价的结论要以事实为依据，具有客观性、权威性和正确导向。

(三)评价结果的信息反馈

为了发挥教育评价的指导作用，评价活动结果的信息要及时反馈给教育管理部门和评价对象等有关方面，指导相关部门或个体分析问题。评价结果的信息反馈主要包括向有关领导部门汇报评价工作的结果，为他们的教育决策提供参考；在一定范围内的同行中公布评价结果和结论，给同行提供借鉴；向评价对象反馈意见，帮助评价对象发现问题、明确原因并找到解决问题的思路。在信息反馈过程中，对结论的解释要慎重，因为任何评价结论都不可能绝对客观和准确。因此，要对评价的结果和信息资料加以具体明确的分析诊断，帮助评价对象总结成功的经验，恰当地指出存在的问题和今后的努力方向。

(四)评价工作的总结

评价工作的总结是在本次评价活动的工作流程结束后进行的，主要对本次评价活动的质量和效果进行总结和评价。评价工作总结做完后，要注意保存本次评价的重要资料。

以上教育评价的实施是一个系统的流程，整个实施进程均以评价目的为出发点和归宿。每一个步骤都会对其他步骤的实施产生影响，前面的环节为后面的环节奠定基础，前面的工作质量影响着后面工作的进程和质量；同时，后面的环节又为前期工作的改进和完善提供反馈信息。

第四节　教育评价的方法

教育评价方法是人们为了认识教育活动的价值，以教育活动的某一要素或者全部活动为对象进行价值判断所采取的活动方式、程序和手段的总称。教育评价的方法是达到评价目的、实现评价目标的手段。教育评价的方法很多，按照不同的分类标准可以分成不同的类型，我们可以从以下四个方面掌握教育评价中常用的评价方法。

一、量化评价

(一)量化评价的含义

所谓量化评价，是一种运用数学、统计学的工具，收集、处理评价对象的资料，通过数量化的分析和计算对评价对象做出价值判断的评价方法。教育中的量化评价方法力图把复杂的现象简化为数量，然后从数量的分析与比较中推断评价对象的成效。科学合理的量化评价方法可以全面、客观、准确地描述评价对象的现象与规律，最大限度地发挥数据资料的效能，进而挖掘隐藏在复杂教育现象后面的带有规律性的东西。

量化评价的主要过程包括提出问题、设定评价、定义变量、抽样、分析、得出结论等。它具有标准化程序，是自上而下、从一般到特殊的过程。它先进行假设，然后使用一定的数学方法对评价对象的特征进行量化，如用数学语言表示对象的状态、关系和过程，在此基础上收集大量的资料进行统计和运算，抽取并推导出对评价有价值、有意义的数据资料，然后将事实与假设加以分析比较，并不断修改和完善假设，最终得出结论。

量化评价方法强调精确度、信度、效度，强调方法是为达到目标而使用的技术。它主要用观察、实验、调查、统计等方法进行评价，对评价的严密性、客观性、价值中立提出了严格的要求，力求得到较为客观的事实。

(二)量化评价的主要方法

1. 量表观察法

观察法是人们为认识事物的本质和规律，通过感觉器官或借助一定的仪器，有目的、有计划地对自然条件下出现的现象进行考察的一种方法。观察者一般在观察之前拟订好详细的观察提纲，制定观察的标准、记录表格和速写符号；在观察过程中随时做好观察记录，及时处理观察的记录材料，将观察到的现象材料数量化、系统化和本质化，以提高观察的信度和效度。

量表观察法的过程：明确观察目的和内容，确定观察对象，制订观察计划，确定观察工具，编制观察量表，实施观察并进行观察记录，整理和分析观察数据，撰写观察报告。

2. 调查法

调查法是指人们在某种方法论的指导下，借助一定的手段和方式，对某种或某几种教育现象和问题进行考察，通过对收集到的各种事实和资料进行分析处理，进而得出某种结论或推论的评价方法。教育调查在数据收集的过程中主要运用的具体方法有座谈法(调查者通过调查会、座谈的形式收集资料)和问卷法(调查者把调查项目编制成问题或表格，分发给有关人员，请其填写答案，然后收回整理、统计和研究)。

教育调查的过程：选择课题，提出假说，确定对象，制定方案，编制工具(包括设计问卷和访谈提纲)，实施调查(包括发放与回收问卷、实际访谈等)，整理分析资料，做出结论或推论。

3. 实验法

实验法是指研究者运用科学实验的原理和具体方法来研究教育现象和问题，并试图揭示教育活动规律或某些教育内容、措施的有效性的一种综合性研究方法。教育评价的实验法着眼于对事物变量因果关系的揭示。教育研究者积极主动操纵自变量，控制无关变量，以观察因变量的变化，从而收集资料。实验法在实施的过程中有一个较长的周期，可以观察到比较完整的教育现象或行为的变化过程。教育实验法基本上有三种，即单组实验法、等组实验法、循环实验法。

实验法的过程：提出理论假说，选择论证课题，控制实验变量，进行实地观察、测量，统计分析，验证结论，形成实验报告。

4. 测量法

测量法是根据某种规则，对所观察的对象的属性予以数值化，以此表明被试通过作业和活动所达到的程度或量的多少的研究方法。测量法是用一套预先经过标准化的问题(量表)来测验某种心理品质的方法。通过测验，可以为进一步的诊断、评价、甄选和有效的实践与指导提供依据。测量在教育中有重要的作用，如选拔学生、对学生编班和分组、诊断学习困难、检查教育或教学目标达成的情况等。在运用测量法时，一般都是采用测量量表或测量工具来进行的，其中包括书面测验、量化考评、标准化测验、能力倾向测验和心理测验等。有效使用测量法应注意以下几个问题。

第一，测量法的使用须谨慎，防止量表的乱编乱用。使用测量法是必要的，但又必须加以适度的控制，必须保证测验编制、实施、解释等各个环节的科学性，避免因误用、滥用而导致的不良后果。

第二，量表的编制要符合测量学的要求。要注重对信度、效度的考察。编制者不仅要对心理与教育的有关问题具有较深的造诣，而且要通晓测验的基本原理与编制技术。

第三，保证测量的严格实施与客观评估。一般应由专业人员进行施测、评分、解释和诊断。

(三)量化评价方法的基本要求

1. 注意评价过程的客观性

在进行量化评价时，评价者必须采取客观的、实事求是的态度，评价过程要符合规范化、标准化的程序要求。评价时需要建立科学的量化标准，对较难量化的行为可预先定性描述，再用模糊数学方法处理。对于无法量化的行为则将使其转化为同质的、包含数量特征的具体指标。

2. 注意评价信息的全面性

教育评价中要保证评价过程收集信息的全面性，周密全面地观察和分析研究对象的各个方面及行为全过程，同时还要注意把数量和质量统一起来分析。

3. 注意评价方法的有效性和可行性

量化评价的有效性在很大程度上取决于量化评价指标体系的有效性，量化评价指标体系的有效性是量化评价开展的基本保障。其次还要考虑数据的易取性和客观性。

量化评价方法的可行性是指进行量化评价时，要将理想状态与实际情况相结合，评价标准应体现评价项目的本质特征，其等级或量标不宜过细，应尽可能使评价方案、指标体系简明、实用、可行。

二、质性评价

(一)质性评价的含义

质性评价又称定性研究，指评价者运用特定方法(观察，记录、实物分析以及与评价对象进行对话、交流等)，收集反映评价对象发展状况的丰富资料，通过分析、归类、提炼等方法对资料进行整理，用文字阐述研究结果并做出评定。质性研究是一种在社会科学及教育学领域常使用的研究方法，通常是相对于量化研究而言的。质性研究在认识上反对科学实证主义的基本观点，反对把复杂的教育现象和课程现象简化为数字，认为这种做法提供的只能是歪曲的教育信息，且有可能丢失重要信息；主张评价应全面反映教育现象和课程现象的真实情况，为改进教育和课程实践提供真实可靠的依据；强调处于不同情形中的不同个体对现象的不同理解，不将研究者从研究中分离出来，在进行资料分析和对结果进行阐释时均会受研究者的影响。质性评价包含两层意思：一是采用质的方法开展评定活动，二是指向学生学习特性的质的评估。质性评价关注的是学生学习的整体情况以及在具体情境中运用知识的能力，评定内容侧重于对知识的深层理解；问题比较开放或为非结构的，甚至难以找到标准答案。质性评价要求学生、教师、家长共同参与评价过程，评价方法是动态的、多元的和情境化的。

质性研究主要有以下三个特征：第一，强调评价的目的在于促进评价对象的整体发展；第二，强调评价方式的情境性，认为评价方式存在着许多可能性，具体的操作方法常常因具体情境不同而不同，难以预设确定不变的具体程序；第三，强调教育教学是需要不断反复的。

(二)质性评价的主要方法

1. 参与性观察

参与性观察是指观察者得到观察对象的认同，深入观察对象中，以其中一员的身份参加活动，在此过程中对观察对象进行观察。在参与式观察法中，根据观察者身份是否公开，可以细分为公开性参与式观察法和隐蔽性参与式观察法。参与性观察得到的观察资料是第一手的，翔实可靠。因此这种方法逐步从社会学、人类学的方法论领域到教育研究和教育评价活动中，尤其在对教育教学活动进行质性评价的过程中被广泛采用。但参与性观察需要的时间较长，且对观察者有很高的要求。

在学校教育活动中，参与性观察法多为自然性观察，不设置特别场面。学生在日常生活和学习中自然进行活动，教师尽可能地按照原有形态进行观察。所以它是了解学生自然状态，对其进行质性评价的有效方法。

2. 深度访谈

深度访谈是专业访谈人员和访谈对象之间进行的、针对某一论题的、一对一的谈话，用以采集访谈对象对某事物的看法或做出某项决定的原因等。深度访谈可以是一种半结构式访谈，即部分访谈问题是事先准备的，并在访谈过程中由访谈人员进行改进完善；也可以是无结构访谈，即不依据事先设计的问卷和固定的程序，而是只有一个访谈的主题或范围，由访谈员与访谈对象围绕这个主题或范围进行比较自由的交谈。不论结构开放程度如何，深度访谈都要求访谈双方平等对话，在信息交流的过程中深入事实内部。

深度访谈中的信息主要有两种：一种是认知性的，另一种是情绪情感性的。认知性信息主要包括事实、行为、观点、意见等，可以被称为内容。情感性信息主要包括心理感受、情绪、情感等，其共同特点是体验。深度访谈的信息传递方式也有两种：言语的和非言语的。

深度访谈工作有以下环节。

第一，访谈前的准备工作。确定访谈对象，并与其协商是否可以在访谈过程中录音或录像；确定访谈内容范围或访谈提纲。

第二，访谈中的提问。访谈问题形式多样，在实际访谈中一般多用开放型、具体型和清晰型的问题，有助于在有限的访谈时间内准确获取信息。

第三，访谈中的倾听。对于访谈者来说，访谈中要调动自己所有的触觉与情感去感受和理解对方，认真倾听，不轻易打断对方的谈话，不催促对方，给予访谈对象思考的时间。

第四，访谈中的回应。访谈者对访谈对象做出回应的方式可以有很多种，一般常用的有认可，重复、重组和总结等。良好的回应方式可以使访谈顺利进行并使访谈内容逐步深入。

第五，访谈记录的整理和评价总结。

3. 档案袋评价法

档案袋评价法也叫成长记录法，是根据教育教学目标，有目的地将学生的相关作品及其他有关证据收集起来，并基于正确的教育理论对其进行分析与解释，以反映学生在达到发展目标过程中付出的努力与取得的进步、存在的优势与不足，引导学生根据成长记录发表意见、自我反思，激励学生取得更高的成就。档案袋评价法可以较全面地反映学生的成长过程，是形成性评价与终结性评价的有机结合。档案袋信息有两个主要来源。一是观察记录，是教师和教研人员在日常教学和生活的场景里对特定的学生所表现的典型行为按照行为发生的顺序如实地记录下来。对于同一对象，在时间上连续收集记录，能使评价对象的具体姿态得以重现，以增加对个体的理解。二是评价对象的作品，即评价对象在学习和活动观察中形成的学习成果的一种表现，可体现评价对象已达到的某种技能和水平。

美国学者格莱德勒(Gredler)以档案袋的不同功能为标准，将其分为：理想型、展示型、文件型、评价型以及课堂型五类。

档案袋评价的基本过程：明确评价目的，确定档案袋类型及评价内容，设定档案内容评价标准，在档案袋上明确学习目标、必要项目和可选项目，采集信息和分析作品，进行评价并给出结论，选择作品入档。

三、学业成就测验

(一)学业成就测验的含义

学业成就测验是旨在检查学生在某种教学方法下的学习成就水平的一种评价方法，反映的是在一定标准或规范化经验的影响下评价对象完成一个阶段的训练任务后的表现，通常用于检查某项学习计划的具体效果的测验形式，是学校教育中较为常见的一种教育评价方法，可用于教育评估及学生的录取和淘汰，如学校的期中考试、期末考试、毕业考试、升学考试等。

(二)学业成就测验的主要方法

1. 标准化测验

标准化测验又称标准化考试，是教育评价的一种基础性方法，指由专家编制的、适用于在一定规模范围内评定个体心理特征或能力水平的测验。标准化的特点强调测验的每一个环节都有一定的质量标准要求，从测验试题的编制、测验的实施到评分、分数的解释都有标准化要求。这样的标准化要求使标准化测验具有有效性、可靠性、高效性、经济性等特点。其结果代表性较强，具有一定的说服力。

标准化测验过程主要分为命题、施测、评分和分数解释四个主要步骤。这四个步骤相对应四个标准化要求，即试题编制标准化，考试实施标准化，阅卷评分标准化，分数转化与解释标准化。为保证标准化测试的有效开展，标准化测验的实施需要注意以下三点。

第一，建立常模。常模是指被试团体的标准化样组在某一测验中的平均成绩。标准化测验的分数通过与常模比较而具有意义，是解释测验分数所必需的资料。

第二，保证所有被试具有相同的测验条件，如测验指导语、测验时间限制、测验情境等要相同，保证测验的公平性和一致性。

第三，具有详细的计分方法，以使任何有资格的评分者的评分误差降到最低限度。

2. 教师自编测验

教师自编测验是由教师根据具体的教学目标、教材内容和测验目的自己编制的测验，通常用于测量学生的学习状况，而不是判断学生与常模相比时所处的水平。教师自编测验的题目一般分为两种类型：客观题和主观题。客观题具有良好的结构，对学生的反应限制较多。学生的回答只有对错之分，因此教师评分也就只可能是得分或失分。这类题目包括选择题、填空题、匹配题和是非题等。主观题要求学生自己组织材料，并采用合适的方式表达陈述。这类题型包括论述题、分析题、作文题等。教师在评分时，对学生的回答需要给出不同的分值，而不仅仅是满分或零分。教师使用哪一种类型的题目是由测验的目的、内容和时间决定的，一般教师更倾向于两种类型一起使用。整体来说，教师自编测验具有如下特点：第一，测验由教师本人或使用者根据不同的目的或时间来编制；第二，对于不同的被试，可以有不同的测题、时间限制和记分手段，比较灵活；第三，测验规模限于校内或班级，测验的适用范围较小；第四，以教师本人的经验来估计测验的可靠性、有效性和实用性。

虽然与标准化测验比较而言，教师自编测验的标准化程度较低，但其测试内容的信度、效度和区分度也有一定要求。为了使自编测验更科学、更有效，在具体编制时要注意测验内容要与教学目标相一致，测试题型分配要合理，对测试结果的解释要具有发展性，不要将其作为总结性论断。

四、表现性评价

(一)表现性评价的含义

表现性评价是在一定真实情境中、在完成某项任务的过程中真实地表现出来的展示学生能力及学习成果的评价方法，是对内在能力或倾向的行为表现进行的评价；在教育活动中，一般指通过客观测验以外的行动、表演、展示、操作、写作等更真实的表现来对学生多方能力进行评价的方法。表现性评价强调内在的能力和倾向要通过外在的行为表现展示出来，通过行为表现可以推论出所习得的能力或倾向及个体的发展水平。

表现性评价的形式包括口头表达、问题讨论、写简单的研究报告、解决实际问题的能力表现等。在表现性评价中，过程与结果一样重要，主要是测量那些不能被客观性测验很好测量的学习结果。在明确评价目标的基础上，依据表现性任务的不同，可以将表现性评价分为限制任务表现性评价和扩展任务表现性评价。

(二)表现性评价的主要方法

1. 限制任务表现性评价法

在限制任务表现性评价法中，表现性任务通常被描述得较为明确，结构性强，对学生的预期表现提出了一些要求。这些要求通常被描述得很具体，可以使学生的表现沿着一定的方向展开。由于结构性强，并只需要特定的完成时间，这样就可以执行更多的任务，使得测查内容的覆盖面更加宽泛。但另一方面，这样的结构使得它在考查学生提出问题、处理信息以及独创性等方面的价值变小。限制性任务一般集中在专门技能上，如朗读一段文章、解释一种观点、设计一个表格等。此类型任务一般专注于对解决问题的某一项能力的评价，对多种技能的综合运用的考察不足。

2. 扩展任务表现性评价法

扩展任务表现性评价法通常要求学生在任务本身所提供的信息的基础上，从多维角度、多种渠道查找信息以完成相应任务。例如，学生可以通过图书馆、网络检索、观察、设计一个调查等方式收集更为丰富的资料，还需要在收集到的信息中鉴别和筛选与任务最为相关的资料，并以适当的形式将任务结果表达出来。例如，设计多主题图表、建构简单的模型等。扩展性任务可使学生较为自由地选择、组织、融合、判断相关信息和观点，可以体现更多的涉及对解决实际问题能力的评价。完成这种任务往往要求学生具备多种技能、独创性、主动精神和合作意识等。

(三)表现性评价的基本要求

第一，评价时需要求学生进行演示、创造、制作、动手操作等实践性活动，评价者根据学生的表现及成果对其进行评价。

第二，设定的任务要能够激发学生高水准的思维能力和解题技能。

第三，学生所表现出的技术与能力要具有迁移到真实情境的价值。

第四，表现性评价要充分考虑学生在评价过程中的整体表现，尤其是创新性、合作意识等非智力因素的价值。

课后思考题

1. 教育评价过程中须遵循哪些原则？选择其一说明其含义及要求。
2. 教育评价方案由几部分构成？说明各部分的作用。
3. 结合实例说明教育评价指标体系的结构及内容。
4. 论述教育评价实施的步骤和基本内容。
5. 比较分析量化评价和质性评价的异同。

第八章　教育评价心理及其调控

学习目的 ▶

1. 掌握教育评价心理的概念，明确教育评价心理的一般影响。

2. 了解评价者在教育评价不同阶段的心理现象，掌握评价者心理调控的方法。

3. 了解评价对象在教育评价不同阶段的心理现象，掌握评价对象心理调控的方法。

第一节　教育评价心理概述

一、教育评价心理的基本概念

教育评价过程是评价者依据某种标准对评价对象的某些情况进行评价的过程，是一个多因素、多变量的复杂系统。在评价过程中，评价者处于主导地位，其所进行的价值判断是建立在个人对客体的感性认识基础之上的。评价者的认知、情感、意志等心理因素在评价过程中起到非常重要的作用，甚至会决定评价结果。评价对象由于受到情绪、态度等心理因素的影响，常常也会在评价过程中出现表现失真的情况，从而导致评价结果不准确。为了提高评价的信度，在教育评价过程中必须要考虑和分析评价者和评价对象的评价心理现象，在评价工作中组织开展与这些心理现象相应的调整和思想教育工作。

评价心理是指评价者和评价对象对评价全过程的实践活动和评价过程中各种关系、交往等现实活动的体验或反应，既包括评价双方反映评价现实的心理现象，又包括评价双方做出反应的行为方式。研究评价心理是为了能够控制评价活动中参评人员的态度、情感和意志等心理因素的影响，调节人的主观心态，从而保证评价尽可能公正、客观。

二、教育评价心理的分类

在评价过程中，评价者与评价对象的心理活动处于动态的变化中，外在表现也多种多样。为了便于研究，我们将评价心理进行分类。根据不同的分类标准，评价心理可以概括为不同的种类。

(一)按照心理现象的不同，评价心理可分为心理过程、心理特征、心理状态

1. 心理过程

心理过程是指在评价过程中即时产生的各种心理活动，是心理现象的动态表现形式，包括人的认知、情感、意志三个方面的心理活动。

认知过程。认知是人们获得、加工和运用知识的过程，是人基本的心理现象，包括感觉、知觉、记忆、思维、想象等。人脑接受外界输入的信息，经过头脑的加工处理，转换成内在的心理活动，进而支配人的行为，这个过程就是信息加工的过程，也就是认知过程。人的认知能力与人的认识过程是密切相关的。认知是人的认识过程的一种产物，有三个基本过程，即问题解决、模式识别、学习。

情感过程。情感是一个人在对客观事物的认识过程中表现出来的态度体验。人在对客观事物认识的基础上会对其附着一定的情绪体验，如满意、愉快、气愤、悲

伤等，这种情感总是和一定的行为表现相联系的。情感过程是人认识客观事物时产生的各种心理体验的过程，是心理过程的一个重要内容，也是人与动物相区别的一个重要标志。根据情感色彩的程度，可将情感过程分为情绪、情感和情操三个层次。

意志过程。意志是指人在自己的活动中设置一定的目标，按计划不断地克服内部和外部困难并力求实现目标的心理过程。它是人的意识能动性的体现，即人不仅能认识客观事物，而且能根据对客观事物及其规律的认识自觉地改造世界。意志受情感的影响，也是认识过程进一步发展的结果，对人们的社会实践具有积极的促进作用。

2. 心理特征

心理特征是人的多种心理特点的一种独特的结合，是个体经常、稳定地表现出来的心理特点。心理特征比较集中地反映了人的心理面貌的独特性、个别性，主要包括能力、气质、性格。教育评价中的心理特征是指评价者或评价对象比较稳定、恒常的心理品质，包括个性的不同气质类型，性格的理智特征、情绪特征、意志特征等。个体在以上方面一般会表现出鲜明的个体差异和个人特征。

3. 心理状态

心理状态是心理活动的基本形式之一，是个体在面临一定情境时表现出的相对稳定的心理活动状态与特征。它既是心理活动的背景，又是心理活动的存在状态，如紧张、轻松、忧伤、喜悦等。教育评价中的心理状态是指评价过程中较长时间的较为复杂的心理现象。它包括情感方面的，如饱满或低沉、热情或冷淡等状态，注意方面的集中或分心等状态，意志方面的信心或沮丧等状态，思维方面的疑难与质疑、定势与灵活等状态。心理状态兼有心理过程和个性心理特征的特点，是两者相联结的中介环节，构成一切心理活动展开的背景。

综上，心理过程是不断变化着的、暂时性的。心理特征是稳固的、持久的。心理状态是介于二者之间的，既有暂时性，又有稳固性，是心理过程与个性心理特征统一的表现。例如，心理过程是在一定的心理状态的背景下进行的，都表现为一定的心理状态。心理状态将个别心理过程进行结合、统一，反映出一个人的个性面貌，成为某种心理特征的表现。

(二)按照评价阶段的不同，评价心理可分为准备过程心理、实施过程心理、评价过程心理和反馈过程心理

在四个阶段中，评价者和评价对象处于不同的角色和地位，双方具有不同的评价心理。

1. 准备过程心理

准备过程心理一方面是指评价者在组织和设计评价工作全过程中的心理现象，包括评价人员选择、评价机构建立、评价标准制定、团队沟通等环节中发生的心理现象，如新奇心理、角色心理、捷径心理、急躁畏难心理等；另一方面指评价对象

准备接受评价和进行自我评价的心理现象，如焦虑、疑惧、应付等。

2. 实施过程心理

实施过程心理是指在教育评价实施过程中的心理现象，包括评价者的首因效应、近因效应、晕轮效应、逆反心理等，也包括评价对象接受评价、配合测评时的心理现象，如对抗、迎合、防卫、怯场等。

3. 评价过程心理

评价过程心理主要指评价者对评价结果进行解释和应用时的心理现象，如亲疏心理、刻板归因、回避等。

4. 反馈过程心理

反馈过程心理主要是指评价对象接到评价结果时的心理现象，如被动、护短、嫉妒、自我辩解等。

(三)按照心理机制不同，评价心理可分为意识倾向性、情意心理、认知倾向、个性心理特征

1. 意识倾向性

意识倾向性指人的意识活动的一种指向性和目的性，表现为评价者不同的兴趣、爱好、动机、理想、需要、价值观等。

2. 情意心理

情意心理是指评价者的情感意志特征和情绪状态。在教育评价过程中，不同的心境、不同的情绪状态、不同的耐力水平都会直接影响评价的信度和效度。

3. 认识倾向

认知是个体认识客观世界的信息加工活动，包括感觉、知觉、记忆、想象、思维等活动。教育评价中的认知倾向是指评价者已有的知识、认识结构、价值观念、知觉模式、思维定势、辩证思维方式等会对评价产生一定的影响。

4. 个性心理特征

个性心理特征是指人的多种心理特点的一种独特的结合，是个体经常、稳定地表现出来的心理特点，比较集中地反映了人的心理面貌的独特性和个别性，表现为一个人固有的思维和行为习惯及其特征，主要包括能力、气质和性格。

三、教育评价心理的一般影响

在教育评价活动中，评价者与评价对象是两个相对的主体。二者的心理活动存在差异，既相互独立，又相互影响、相互作用。评价者在评价活动中处于主动位置，其评价心理占据优势地位，对评价的成败起着决定作用，尤其明显地表现在评价者对评价对象的影响和对评价过程的影响中。

(一)评价者对评价对象的一般心理影响

1. 对评价对象自我认知的影响

自我认知指的是个体对自己的洞察和理解，对自己的行为和心理状态的认知。

自我认知包括自我观察和自我评价：自我观察是指对自己的感知、思维和意向等方面的觉察；自我评价是指对自己的想法、期望、行为及人格特征的判断与评估，是自我调节的重要条件。在教育评价活动中，评价者是评价主体，是评价标准的把握者。评价对象的自我认知受评价者的价值判断影响较大。如果得到好的评价，评价对象就会自我肯定，增强信心；反之则会产生自卑感。

2. 对评价对象情绪的影响

情绪是个体对客观事物的态度体验以及相应的行为反应，是一种内部的主观体验。情绪的产生总会伴随着某种可以观察到的外部表现。一般认为，情绪是以主体的需要和愿望等倾向为中介的一种心理现象。符合主体的需要和愿望，会引起积极的、肯定的情绪；相反就会引起消极的、否定的情绪。情绪还有强、弱两极，有紧张和轻松之分。当评价对象得到评价者的认可和积极鼓励时，一般会出现情绪稳定、放松的倾向；如果评价者态度冷漠，有排斥心理，评价低，就会使评价对象精神紧张，情绪不稳，不安程度加剧。

3. 对评价对象动机的影响

动机是引发人从事某种行为的力量和念头，是直接推动个体进行活动的内部动因或动力。个体的活动不论是简单的还是复杂的，都要受到动机的调节和支配。动机具有激发功能、指向功能、维持和调节功能。在教育评价活动中，评价者的心理状态和评价结果会影响被评价对象的行为动机。例如，在获得好评时，许多评价对象会表现出强烈的行为动机，干劲十足；得到不好的评价时，动机会削弱，意志消沉，效率下降。但这并不绝对，还要看评价对象如何看待评价活动和评价结果，有的人会表现为接收到好的评价便洋洋自得，止步不前；有的人虽然得到不好的评价，但只要给予适当的指导，反而会斗志昂扬、越挫越勇。

4. 对评价对象自我定位的影响

自我定位是一个人在对自己有了明确的认识以后能够确立自己的努力方向和奋斗目标。自我定位的高低与个人的自我期望水平、行为动机水平、面临的任务难度等有关系。在教育评价中，评价对象如果能获得评价者的认可，那么会提高自我期望水平，激发动力，从而明确自己努力的方向，制定更长远的目标；如果得不到好的评价，那么会挫伤斗志，为避免失败而降低原定目标的水平，转向更为容易实现的目标。

(二)评价者心理对评价过程的影响

教育评价是一个系统规划的过程。从制订评价方案、收集信息、开展评价到解释评价结果，每一个环节都离不开评价者的参与。评价者的心理会影响他在以上各个环节的行为表现及结果。

1. 对制订评价方案的影响

对于制订评价方案而言，评价者是积极参与者，也是执行者。在此过程中，评价者需综合考虑多方因素，因此心理容易产生一系列矛盾和冲突，如目标要求与学校实际的矛盾、需要与可能的矛盾、制定者的主观意愿与评价的客观要求的矛盾、定性与定量的矛盾等。在解决这些矛盾的过程中，评价者的情绪状态、意志品质和性格气质都会产生积极或消极的影响。

2. 对收集信息的影响

在收集信息的过程中，评价者对信息类型的偏好、加工处理信息的方式、与评价对象之间的心理认同等都会影响收集的信息的全面性、真实性和有效性，会影响到分析信息的客观性和公平性，进而影响对评价对象的最终判断。

3. 对开展评价的影响

评价过程中存在着更为复杂的矛盾，也会产生复杂多变的心理矛盾与冲突。例如，评价者的心理状态和认知倾向会影响信息材料的取舍与归属，评价者对自身的角色认知和对评价标准的价值认同会影响测定方式和评价的严肃性，评价者的工作态度和意志水平会影响前后测定与评价的一致性等。以上各点均会造成评分高低、评语褒贬、权重分配、成绩效益认定、水平方向侧重上的偏差。

4. 对解释评价结果的影响

评价结果的解释是对评价对象做出的结论进行原因分析，并给出改进建议的活动。较之评价活动的其他环节，评价结果的解释受评价者主观心理影响更大。评价者的心理倾向可使评价结论产生全面或片面、夸张或缩小、文饰或客观、因果倒置、牵强附会等一系列偏差现象，给评价结果的综合分析带来影响。

四、调控评价心理的意义

调控评价心理是指用一定的手段和方法对评价者和评价对象可能出现的心理行为进行调节、控制和利用，使评价工作顺利开展。教育评价中主要是对评价者及评价对象不正确的心态和心理行为进行调节和控制，最大限度地调动评价者的积极性，充分发挥教育评价的功能和作用，确保教育评价结果的有效性。教育评价的根本目的在于促进评价对象的自我完善，提高其素质，提升教育质量。研究教育评价过程中参评人的心理行为并加以调节和控制，有利于激发相关人员参与评价的积极性，对做好评价工作具有重要意义。

(一)调控评价心理可以完善教育评价的准备工作

教育评价是一项复杂的系统工程。准备工作是前期保障，直接影响评价工作的实施和评价功能的发挥。教育评价的准备工作主要是教育评价方案的制订和评价的组织准备。两者都涉及人的参与活动，均受个人心理素质和状态的影响。

1. 评价方案的制订

制订教育评价方案包括评价内容的选择、评价标准的制定、评价方法的选择。在此过程中，评价者作为设计者，其已有的教育体验、认识水平、气质性格、兴趣态度、意志品质、情绪状态、社会价值观等都会对以上工作产生正面或负面的影响。

2. 评价的组织准备

评价的组织准备主要指人员的选择和组织安排。从专业背景角度看，评价人员的知识结构、业务能力是组织准备需要考虑的内容。从心理学的角度分析，评价人员的个性特征、心理状态、意志水平等心理素质及组成的群体心理结构的合理性也是不可忽视的因素。例如，性格急躁的人不能够很好地与人沟通，会影响团队协作；行为拖延的人会影响整体工作进度等。

（二）调控评价心理可以保证教育评价的有效实施

教育评价的实施过程是评价者和评价对象两个群体同时参与的过程，评价者和评价对象的心理对评价的实施过程均会产生明显的影响，因而在实施过程中的心理调控也更为重要。在信息收集与分析的环节，评价者与评价对象的心理现象都能直接影响信息资料收集的真伪、全缺和快慢。例如，评价者对评价对象怀有偏见，就会在信息收集和整理的过程中放大评价对象的缺点而忽视其优点，导致评价结果有失公允；如果评价对象对评价者缺乏信任和好感，也会在评价过程中处处设防，产生对抗情绪，从而导致呈现的状态和信息出现偏差，影响评价实施的进度和效果。

（三）调控评价心理可以全面发挥评价的功能

教育评价具有导向、鉴定、激励、决策、改进等功能，这些功能在教育评价的过程中和结束后都在发挥着作用。现代科学认为人的行为受心理状态驱动。在评价活动中，评价者或评价对象的心理状态会极大地影响这些功能的发挥。我们很难相信一个对评价持有消极态度、认为评价不公平的评价对象在评价之后会尊重评价结论，能够充分调动积极性，主动按照评价结论改进自己的工作。因此，在评价活动中，评价本身必须力求科学合理，同时还要注重心理调控这一环节，端正评价者和评价对象的评价态度，排除心理因素中的不良干扰，正确地对待评价结论，从而实现评价的目的。

综上所述，无论是评价前、评价中还是评价后，评价者与评价对象的心理状态和心理倾向的影响是明显的。所以必须认真研究教育评价全过程的心理活动形式和规律，特别是要研究产生消极影响的心理现象及其形成和发生作用的规律，探讨心理调控的方法和措施，以求克服消极心理的不良影响，确保评价的客观性、准确性和有效性。

第二节　评价者的心理及其调控

教育评价是评价者对评价对象做出价值判断的活动，具有较大的主观性。作为评价主体和客体的所有评价人员的素质、能力和心理状态等是评价系统中最活跃的因素。在评价过程中，评价者和评价对象相互影响、相互作用。评价者作为评价的主体，其心理状况对评价工作的影响颇深。研究和调控评价者的心理状态对保证评价工作的顺利进行具有重要意义。

一、评价者的心理现象

（一）准备过程中的心理现象

1. 角色心理

所谓角色心理，是特定的职业责任、道德规范、行为习惯、职业利益等的反映。教育评价中评价者的角色心理指在评价过程中对自己身份的认识及在认识基础上所具有的行为选择的倾向。

参与准备工作的评价人员来自不同的工作岗位，对评价者角色有不同的认识和理解，表现出不同的角色心理，在准备过程的工作中反映出来。在设计评价方案时，评价者容易从各自的角色心理出发，表现出不同的价值取向。例如，学科专家往往偏重方案的理论依据和科学性，一线教学工作者倾向于方案的可行性。

2. 心理定式

心理定式是指由一定的心理活动所形成的准备状态，进而影响或决定同类后继心理活动趋势的一种心理现象。其心理意义在于由于多重情境反复出现，人们逐渐形成了一系列固有的认知定式，会按照这种固定了的倾向去反映现实。从积极方面看，心理定式反映了心理活动的稳定性和一致性；从消极方面看，它妨碍思维的灵活性。在评价准备工作中，评价者往往按各自的心理定式对评价方案的设计和评价标准的编制提出自己的见解，缺乏对具体情况的实际考察和具体分析，影响评价方案的客观性。

3. 新奇感

新奇感是个体对没见过的事物或没体验过的活动的一种向往和渴求的心理状态，是一种不定向情绪，延续时间短，可以成为个体行为的动力。参加准备工作的教育评价人员中许多从未担任过评价者的角色、没有参与过相关工作，因此会对评价工作以及自己将要担任的角色产生一种新奇感。评价者往往带着好奇心进入评价准备工作，当任务完成时，新奇感转化为愉悦的心情，成为下一步工作的动力；当工作遇到难题无法进展时，新奇感就会快速消失，甚至对工作产生怀疑或动摇心理。

4. 时尚效应

时尚效应是评价者在评价过程中表现出来的对新颖、时尚事物的向往和崇拜的一种心理现象。在追求时尚的过程中，评价者求新求异，服从社会潮流，通过接受多数人所热衷的东西来获得心理满足，往往失去了自己的独立思考。时尚效应如果符合教育方针和教育规律，就能起到积极促进评价的作用；如果与教育规律相违背，就会对教育评价起到消极作用。

5. 期望效应

期望是人们对自己或他人的一种判断，希望自己或他人达到某种目标或满足某种行为预期。由期望而产生的行为结果就是期望效应。在评价准备阶段，评价者对评价的期望主要有三种表现形式：积极期望、消极期望和中性期望。积极期望可以激发评价者开展评价活动的主观能动性，使其对工作充满信心；消极期望会使评价者对评价产生否定认知，使其对评价活动期望值低，工作没有积极性；中性期望是介于积极期望和消极期望之间的心理期望，评价者对评价对象既无过分肯定的期待，也无过分否定的期待，因而在评价工作中多采用不偏不倚的态度，对有些问题态度不明朗，既不赞同也不反对。

心理期望是自然产生的，无绝对好坏之分。但是为了使工作不受其影响，评价者有必要在工作前反省一下自己的心理期望属于哪一类型，从而在工作中注意克服这种心理期望可能产生的不利影响。

（二）实施过程中的心理现象

1. 自尊心理

自尊心理是指在评价活动中，具有力求正确掌握评价标准、正确运用评价方法、正确执行程序，力求取得正确评价结果，以显示自己尊严的心理态势。这是绝大多数评价者的共同心态。

评价者深知自己所承担的评价责任重大。能否高质量地完成评价任务、取得正确的评价结果，不仅关系到能否对评价对象做出正确判断，而且也是自己业务理论素质、工作能力、思想态度的具体展现。因此评价者总是用高标准要求自己，力求达到最高水平。自尊心态在评价活动中一般有如下表现：坚持以评价方案规定的原则为依据来开展评价工作，不以个人的好恶和兴趣对待评价活动和评价对象；收集评价信息，整理、测量评价信息，坚持以事实为依据，对评价对象做结论，不偏听偏信，更不掺杂个人情感；敢于对评价活动中的不正确做法提出批评意见，坚持正确做法。

2. 首因效应

首因效应又称先入为主，是指对事物的第一印象比较鲜明、深刻，持续时间长，经久不忘，不易改变的心理效应。这种第一印象有印刻作用，带有烙印深刻、形象强烈和知觉映像不易改变等特点。不论第一印象是好是坏，都可能由于该效应而成为固定的刻板印象。在教育评价中，首因效应是由表面现象和偶然现象在评价者的头脑中产生的直观表象形成的。其特点主要表现为以下两点。

第一，受表面现象影响。例如，对一所学校的工作开展评价，校园环境、迎接评价人员的仪式等表面现象会在评价者头脑中留下第一印象，这种印象可能会对评价者正确地评价这所学校产生一定的影响。

第二，受偶然现象影响。例如，评价教师课堂教学时，评价者看到个别学生上课注意力不集中，就会倾向于判断该教师教学缺乏吸引力，课堂组织能力差，使这种偶然现象的印象影响了对教师的整体判断。

3. 近因效应

近因效应是指最新出现的刺激物促使印象形成的心理效果。心理学家 A. 卢琴斯(A. Luchins)的实验证明，在有两个或两个以上意义不同的刺激物依次出现的场合，印象形成的决定因素是后来新出现的刺激物。如果首因效应因其他活动的介入而中断，那么后介入的活动信息所引起的新印象比原来的印象更强烈，影响效果更明显。近因效应与首因效应强调影响因素出现的时间点不同，近因效应认为最后的认知对象给人留下的印象往往具有较强烈的影响。在教育评价中，评价对象最后环节的表现往往会影响到其整体评价结果。

4. 晕轮效应

晕轮效应是指在教育评价中，评价者对评价对象的某些特征的突出印象会影响到其对其他特征或整体特征的评价的心理现象。其效应意义主要表现在对评价对象某一方面有非常清晰明显的印象，该印象遮盖了对其他要素的知觉，妨碍了对评价对象的全面了解，从而产生局部印象代替整体判断、以表面知觉代替深入了解和分析的现象。或者对评价对象的整体印象会扩散到对其他要素的知觉，从而赋予评价对象的其他方面以相类似的特征。这种对评价对象的整体印象影响到对该评价对象的具体特征的认识和评价的心理现象，具有遮掩性、表面性和弥散性。例如，了解到一位评价对象是特级教师，就会认为他各方面都很优秀，从而忽略一些缺点，导致评价结果出现偏差。

5. 参照效应

参照效应是指对某些评价对象的印象影响着对另一些评价对象的印象和评价的心理现象。其效应意义是在某个较高形象的参照下，会使其他评价对象黯然失色；在某个较低形象的参照下，会反衬其他评价对象熠熠生辉，即评价对象之间的比较会影响到评价的结果。例如，当评价者接触一系列水平一般的对象后，出现一个水平较高的评价对象，由于前面的衬托，后者获得的评价结果会高于其实际水平。

6. 理想效应

理想效应也称“求全效应”，指因评价前对评价对象有完美的先期印象而使实际评价发生偏低的心理现象。其效应意义表现为评价者在评价前存在一个理想化的评价对象，在对评价对象进行实际判断时，自觉或不自觉地提高了期待要求和求全心理，以此衡量实际便很容易产生不满意的体验，给评价对象以偏低的评价结果。理想效应下评价者掌握的评价标准不是客观标准，而是以头脑中的理想模式为标准的，由过高的期望导致过分失望，结果把好的评成较好，较好评成一般，合格评成不合格。

7. 系列位置效应

系列位置效应指在教育评价中，评价对象进入评价者知觉领域的先后顺序影响整体印象和评价的一种心理现象。其效应意义是指最先和最后进入评价者知觉领域的评价对象的“印象”对于总体印象的形成有较大的决定作用。系列位置效应主要有两种形式：一种是先严心理，表现为评价者在开始评价时掌握标准较严格，致使评价结果偏低；另一种是先宽心理，表现为评价者在开始评价时掌握标准较宽松，致使评价结果偏高。以上两种情况的主要原因是评价者对评价标准不熟，同时对其他评价对象的水平不了解，缺乏整体把控。在把握评价标准时有的认为应该“宁严勿宽”，需严格遵守评价标准；有的认为可以先放宽标准再逐步调整。不同的评价心理会导致不同的评价结果。

8. 趋中心理

趋中心理是指评价者既不愿给优秀者太高的评价，也不愿给低劣者太低的评价，尽量缩小差距，向中间状态集中的一种心理现象。此种心理现象产生的原因较多，可能是评价者对评价标准没有准确把握，不能对评价对象进行准确判断，所以对所有人进行趋中的模糊处理；可能是平均主义思想，不承认差别，对优者严、对劣者宽，填平补齐；可能是圆滑世故，怕得罪人，给大家均等的评价；可能是嫉妒心理，对优秀者进行压制……这种心理会使评价对象的优劣程度难以被区别出来。

9. 成见效应

成见效应是指评价者对评价对象的既有看法和态度影响对评价对象判断的一种心理现象，在教育评价中主要表现在两个方面。一是原有的认知会牵制评价者的注意和认知，使其总是围绕着已有的看法去收集信息、整理资料。凡是符合自己固有看法的就认定为真的；不符合自己固有看法的，则抱有怀疑甚至是排斥反对的态度。二是在对材料进行分析时，从成见出发，进行因果分析和价值判断，对与自己成见相悖的因果关系或价值认定加以排斥，最后以自己的固有看法做出评价结论。成见效应在教育评价中主观主义明显，严重影响评价的客观性，需要评价者在评价工作中克服。

10. 宽大效应

在评价活动中，评价者对评价对象往往是积极的肯定估计高于消极的否定估计，这种心理倾向叫宽大效应。当评价结果高于评价对象的实际情况时为宽大效应，低于实际情况时为负宽大效应。宽大效应使得人们在教育评价中有过分宽宏大量的倾向，使过多的评价对象得到相当高的评定，从而缩小了评价对象之间的差异。

教育评价中宽大效应的存在有着极大的危害性，会降低考核结果的信度和效度，混淆评价差异，削弱评价的价值和功能。

11. 附和权威心理

在评价过程中，有的评价者在对评价对象做评价时，往往先征求权威人士的意见，并以此为价值判断的标准对评价对象开展评价活动。这是一种顺应型心理现象，一方面源于评价者缺乏对评价标准的把握和独立判断的能力，另一方面源于评价者对权威盲目崇拜和附和。不管如何，这种心理都会影响到教育评价的公平性和客观性。

(三)结果处理过程中的心理现象

1. 类群效应

类群效应指评价者与评价对象的类群关系影响评价客观性的一种现象。“物以类聚，人以群分”，人们通常喜欢那些在各方面与自己相似的人。评价者与评价对象之间总是存在着一种同行、同类、同专业、同地区等群属关系，这些关系会使评价者之间产生远近亲疏的区别。这些亲密程度不同的复杂关系使评价者在结果处理过程中一定程度地影响评价的客观性。

2. 从众心理

从众心理指个人受到外界人群行为的影响，在自己的知觉、判断、认识上表现出符合公众舆论或多数人的行为方式。心理实验表明，在外界群体的影响下，只有小部分人能够保持独立性，不被从众。当一个成员的意见和行为与群体不一致时，他就会感到紧张，促使他趋向一致。因此从众心理是较为普遍的心理现象。造成从众心理的原因有两个。一是规范压力的作用，社会或团体舆论一般以大多数人的意见为规范。个人如果不愿被排斥在群体之外，就必须与群体意见保持一致。二是信息压力的作用，个人行动时除依赖个人的知识储备外，还需要借助外界信息，因而往往相信信息的来源。特别是在模棱两可的情况下，个人缺乏做出决定所依据的参考构架，更是如此。

教育评价中评价主体往往是一个组织或群体，评价者出于尊重同行或屈从压力的角度都会表现为从众行为。这样的行为的积极作用在于可以形成相对一致的评价意见，减少无谓争端，提高工作效率；消极作用在于不利于形成民主气氛以充分发表各种不同意见，从而可能使其他心理和原因引起的偏见、成见或失误难以得到纠正，少数人的意见不易得到尊重和肯定。

3. 逆反心理

逆反心理是人们由于受某种原因的影响而产生对某事物持对立、抵触、反对态度的心理状态。逆反心理的产生一般与人们的好奇心和自尊心有较大关系，在日常生活中是常见的。教育评价中的逆反心理主要指评价者不愿意被动地遵从他人或群体的意见，希望在评价中发表个人观点，甚至追求与他人不同或相悖的意见。逆反心理在评价工作中有积极的一面和消极的一面：积极的一面表现在有利于形成民主气氛，集思广益，减少评价失误；消极的一面表现为无原则的批评和反对对评价工作造成了困难。

4. 本位心理

本位心理指评价者在评价中坚持反映自我价值观的一种心理现象。其效应意义表现为在评价中坚持自我观点，追求自身利益和价值的实现，有意忽略他人意见或放弃他人利益。在评价过程中，评价者要注意克服本位心理，学会倾听和接受他人意见，认识到同行和评价对象的价值，否则会影响评价集体内部的人际合作关系，以致影响评价工作的顺利开展。

5. 模式效应

模式效应是指评价者以有限经验和固定模式去解释评价结果的一种心理现象。评价者因生活和学习的经验形成了对事物认识和分析的习惯性思维取向，并以固有模式储存在头脑中。这些固有思维模式的存在会使评价者在对评价对象做出判断时脱离评价标准，直接将评价对象纳入主观固有的某种类型或模式之中，不对评价对象的实际情况进行细致分析，而依据经验主观地把某种特征归属于评价对象。例如，将学校升学率高归因于片面追求升学率，将一些重点学校办学水平高归因于基础条件好，而不做细致的调查分析。

二、评价者的心理调控

评价者健康的心态和良好的心理素质是有效评价的基本保障，对评价者进行积极的心理调控是评价工作必不可少的一环。教育评价所面临的最大难题在于如何使评价者主观的反映尽可能接近客观的现实，了解和认识评价者的心理状况并对其加以积极的调控是提高评价质量的重要保证。评价过程中评价者的心理现象并不是由孤立的心理过程、心理状态、心理特征等心理因素所致的，而是与评价者的思想觉悟、道德水平、世界观、方法论、能力素质、知识经验等有密切联系。因此，心理调控不仅要有心理学的技术性措施，而且要进行思想教育、纪律教育和技术培训。

（一）严格遴选制度，加强对评价者的培训

教育评价是一项专业性工作，对评价主体要求比较高。评价者不仅要具备基础的教育评价理论知识，还要具备一定的教育测量与评价技术。科学的遴选制度可以选拔出具有评价工作所要求的工作素质的人员；培训可以提高评价者对评价方案指标体系的把握程度，提高评价者自身的水平和素质，也可控制和克服不健康心理给评价工作带来的困难。

1. 做好人员选拔工作

评价人员选拔是评价工作的第一关，是通过对评价者基本素质的考核来保证评价效果的达成及评价功能的实现。选拔评价者时，要注意考核他们的思想品德、工作能力、知识结构和实践经验以及人格特征等。

2. 加强评价技能培训

评价工作专业性较强，即使同为一个领域的专家和工作者，也需要根据不同的评价任务接受有针对性的培训。培训主要包括评价内容和评价技术的培训，从人员能力的角度对评价效果给予保证。

3. 开展思想品德教育

评价者对评价工作本身所具有的意义、自身工作职责、工作纪律的认识会影响

其在评价工作中的态度及表现。组织评价人员学习有关工作文件，进行思想觉悟、政策水平、道德品质和纪律法制教育，可以从多方面保证评价的准确性。

(二)进行管理上的调控

教育评价工作离不开组织管理部门的统筹协调。管理部门可以通过专门的组织管理人员对评价工作进行安排，从管理的角度开展评价工作的分工，协调人际关系，监督各环节工作，并根据经验采取有针对性的措施，预防某些不良心理现象的发生或控制某些心理效应的影响。

(三)协调评价者与评价对象的关系

评价者与评价对象在教育评价过程中处于“对立”的位置，评价者作为价值判断的主体，具有天然的优势地位，但也容易被评价对象误解和排斥。因此，在评价活动中，评价者应进行积极的心理换位，与评价对象的心理交流处于良好状态，以消除两者因角色不同带来的心理隔阂，避免出现情感对立的状态。

(四)建立健全规章制度

工作章程是教育评价工作的制度和组织保证。建立和健全评价工作的规章制度，严格执行规范化的评价流程，加强评价过程管理，一切按制度办事，做到“有章可依，有章必依”，严肃处理违反评价纪律的人员，这是防止不良心理现象干扰评价活动正常进行的有效措施之一。可以通过有针对性的措施预防、监督、检查某些心理现象的发生，如建立督察制度，由督察人员按照评价工作章程检查评价工作的进展状况，防止评价的随意性。

第三节　评价对象的心理及其调控

在教育测评中，评价对象的心理状态是不容忽视的重要方面，他们的心理活动和表现直接影响评价的可靠性和有效性。深入研究评价对象的心理状态与活动规律，对干扰测评活动的心理现象进行有效的调控，可以减少其产生的消极影响。

一、评价对象的心理现象

(一)自我评价心理现象

自我评价是评价过程的必要环节，对评价结果有着较大的影响。自我评价心理现象是评价对象在预评期和准备接受评价时发生的心理现象，包括自我评价时的心理状态和准备接受评价时的心理状态。了解评价对象自我评价的心理机制可以帮助评价对象科学、客观地进行自我检查、自我分析，进而实现自我评价。

1. 自我认可疑惧心理

自我认可疑惧心理指教育评价中评价对象在自我评价时怀疑自己的评价与将来

他人的评价是否相符而产生的一种心理状态。自我评价的现实意义有两点：一是帮助评价对象自我认识，二是为确定性评价奠定基础。自我评价的这种特征使得自评者必然产生一种疑惧心理，怀疑自己的评价是否准确，担心自己的评价与将来的外部评价不相符。自我认可疑惧心理是这一阶段多数自评者会发生的心理现象，该种心理状态在很多情况下会对自我评价产生消极影响。第一种情况，担心自我评价的结果过低，会影响下一步确定性评价对自己的判断，所以会有意抬高自我评价，希望通过这种方式提高确定性评价的起点；第二种情况，担心自评结果过高，会让评价者觉得自我评价工作不踏实，盲目自信，从而影响最终的评价结果，因此在自评时有意降低评价结果；第三种情况，为避免自我评价与外部评价产生矛盾冲突，采用概括化的定性描述，运用含糊的词语表述自评结果，进行模糊处理。以上三种情况对教育评价来说都具有消极的影响，需要克服。

2. 被审心理

被审心理是指评价对象在接受外部评价之前，往往产生被动接受审查评价的心理，对评价活动缺乏主动参与的热情。这种心理在那些资历较浅、经验不足的评价对象身上表现得尤为突出。被审心理是一种被动心理，对评价一般会产生三方面消极影响：一是草率应对，认为自己是被审查、被考核的角色，没有话语权，所以不认真领会评价精神，不研读评价要求，为完成评价任务简单准备材料，草率进行自我评价，消极等待外部评价一锤定音；二是流于表面，认为作为被审查者，给评价者留下良好印象就可以获得较高评价，因此工作重点放在做表面工作，搞形式主义；三是小心谨慎，畏首畏尾，自评阶段不能很好地把握他评的标准和要求，因此行事小心翼翼，唯恐与整体评价不相符合导致不好的评价结果。

(二)受评过程中的心理现象

1. 应付心理

应付心理指评价对象不愿意接受评价而表现出随意应对的消极心理现象。主导思想是认为评价是多余之事，浪费人力物力，徒劳无益。应付心理表现在受评过程的方方面面，如工作组织不健全，人员涣散，评价资料不全，组织混乱，工作敷衍了事，拖沓塞责，对教育评价工作产生不利影响。

2. 迎合心理

迎合心理指评价对象在不正确的思想的支配下，为了获得所期望的评价结果而表现出来的对评价工作“积极”配合的心理状态。他们把评价活动视为沽名钓誉的有利时机，对评价者投其所好，造成一种“热烈气氛”，使评价者受到感染，影响评价结果。这是一种表面看与应付心理相反的“积极”心理状态，但同样会对评价产生消极影响。表现为评价对象处处营造积极气氛和外部环境，试图让评价者受到情绪感染，发生移情，做出有利的评价结论；或者通过对评价者阿谀奉承、无原则满足等使评价者产生心理和情感的倾斜，从而获得良好评价结果。

3. 自卫心理

自卫心理是个体在精神受到干扰时保持心理平衡的一种自我保护方式。在教育评价中是评价对象在被他人评价的过程中产生的一种为保卫自己免遭外界干扰，力图维持原有平衡状态的心理倾向。自卫心理是个体在生活中处理自己与现实关系时常见的心理现象，既有积极意义，也有消极影响。在教育评价中，评价对象的自卫心理往往会产生消极作用，给评价造成障碍。初期表现是疑虑，怀疑评价标准的科学性、评价过程的公平性、评价者的素质与能力等。在怀疑和焦虑情绪的推动下，评价对象在受评过程中会表现为紧张、怯场，这些会影响评价对象正常水平的发挥；有的评价对象会因焦虑而产生厌烦心理，不信任评价活动，不愿意参加甚至抵制评价，导致评价工作不能正常开展；有的评价对象在疑虑的影响下采取消极回避的行为，不参与评价，不接受评价意见等；还有的评价对象以攻为守，在评价过程中积极宣扬和夸大自己的优点，以此影响他人的判断，从而让别人的判断更少影响自己。

(三)结果反馈中的心理现象

任何形式的教育评价都需要将结果反馈给评价对象，并希望通过评价建议帮助评价对象更深入客观地进行自我评价、自我改进和自我提高。在此阶段，评价对象的心理状态会影响其对评价结果的接受和认可程度，影响评价效果的实现。

1. 敏感心理

(1)分数敏感

评价结果反馈时，评价对象会对评价结果最终的累计总分较为敏感，对与此相应的评价结果曲线图、侧面图、比例分、位置名次排列等较为敏感。

(2)利害因素敏感

评价结果反馈时，评价对象总是更为关注与自身有利害关系的那些指标和要素。例如，在教学评价中，评价对象更为关注与工作绩效或评优晋级相关项目的评价结果；在学校考核评价中评价对象会特别关注那些对办学水平和发展潜力的评价。

(3)公正敏感

当反馈的评价结果不为评价对象所满意时，如外部评价与自我评价不相一致、评价分数与预期有差距、评价排名落后等，都会促使评价对象关注评价的公平公正问题，并从各个方面对评价进行质疑，如评价指标的合理性、评价标准的科学性、评价程序的规范性、评价人员的公平性……企图否定评价结果，维护自己的利益。

2. 护短心理

护短心理又称文饰心理，是个体无法达到目标时产生的一种防御心理，通常是用似是而非的理由证明行为的正确性，从而掩盖其错误或失败，以保持内心的平衡。教育评价中表现为评价对象在得知评价结果后不虚心接受、进行反思，反而为掩饰自己的缺点和短处，寻找各种理由来为自己辩护，力图掩饰自己不符合评价目标的行为表现。具体表现为怨天尤人，推卸责任；自我解嘲，贬低目标价值；自欺欺人，文过饰非，美化自己的不足。这些行为不仅影响教育评价结果解释的合理性，而且不能使评价对象通过评价活动正确认识自己，不利于评价功能的充分发挥。

3. 忌妒心理

忌妒心理是由于嫉贤妒能，对别人强于自己而产生的一种不悦、愤怒等负面的情绪体验，是一种狭隘心理。在教育评价中，评价对象得知自己的评价结果后希望人人都得到类似评价，对评价好的对象心怀不满，故意贬低他人成绩、夸大他人缺点，甚至当面非难、责备他人。

4. 对评价进行评价的心理

评价对象在了解评价结果时，也会产生对评价品头论足的心理。如果这种评价是积极、客观的，那么可将其作为一种正常的反馈加以接受，予以鼓励和重视；如果是借此方式发泄怨愤、否定评价，则需纠正。一般否定方式有以下几点：以与自我评价或自我感觉否定外部评价；挑剔评价过程的细节，寻找缺点、问题、失误以否定评价结果；以非正式的评价否定正式的评价；以局部评价否定全面、系统、综合评价；以自身纵向比较和与他人横向比较的评价否定客观评价；以历史的评价否定现实的评价等。

二、评价对象心理的调控

评价对象在测评活动中的心理问题主要由评价对象对测评的认识和态度引起。因此，为了克服消极心理的影响，除了保证教育评价本身的公正性、客观性和结果使用的合理性之外，还应该从调控评价对象心理方面考虑，妥善解决思想认识问题。

(一)提高评价对象对评价的认识水平

第一，搞好评价动员。在评价工作开展前，要认真做好宣传和沟通工作，使每个评价对象明确评价的目的、意义和作用，认识到评价是一种有利于个人发展和工作提升的有效手段，消除思想顾虑，从而积极参与评价活动。

第二，评价方案制订时，征求群众对评价方案的意见，采纳合理的建议，增强评价对象的主人翁意识；组织指导自我评价，推行评价结果与本人“见面”，使评价对象对评价指标和标准有所把握。

第三，明确评价的日程安排和工作程序，提高评价工作的透明度，使评价对象心中有数，消除不必要的猜忌和恐惧，以便更好地配合工作、减少障碍。

(二)规范评价工作程序，提高评价人员的素质

第一，建立和健全评价制度，公布评价纪律。评价过程中注重组织协调工作，及时发现问题，及时疏导，避免问题累积；注重对评价工作的监督，保证评价工作科学、有序地开展。

第二，营造良好的工作氛围，保持评价者和评价对象良好的心理交往状态。评价者和评价对象在评价活动中的心理状态可以分为好和不好两种，形成矩阵，如图

8-1所示。第一象限评价者和评价对象心理状态俱佳，为最佳心理交往状态，评价容易获得成功；第二象限评价者心理状态好，评价对象心理状态不好，评价也可以开展，但容易导致评价对象对评价结果不认可，对评价有成见；第三象限评价者和评价对象心理状态都不好，评价容易失败；第四象限评价者心理状态不好，评价对象心理状态好，受评价者的情绪影响，评价结果很难保证客观公正，评价有可能失败。

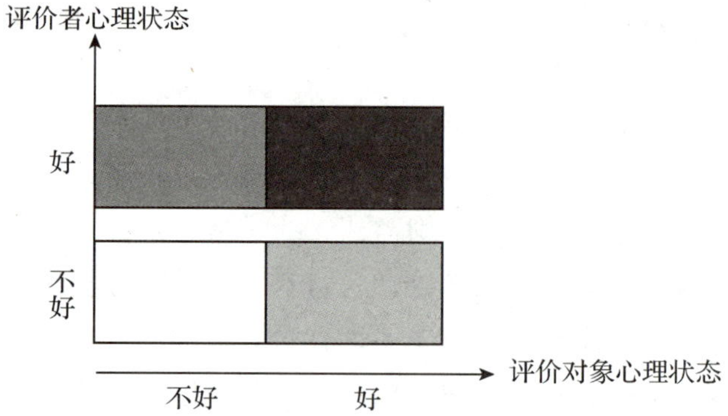

图 8-1　评价者和评价对象的心理状态

从以上四种状态不难看出，在教育评价中，评价者的情绪和态度至关重要。因此评价者应该始终保持良好的情绪，使双方心理交流处于良好状态，这样才能主动地对评价对象的心理实施调控，使评价工作得以顺利进行。

第三，培养评价者职业道德评价，在评价工作中能够把握工作方向，明确角色价值，尊重评价对象，平等对待评价对象，克服不良心理状态的影响，保证评价的公平公正；同时能够随时听取评价对象的意见，对于合理意见要及时采纳，不断改进完善，与评价对象及时沟通，更好地发挥教育评价的改进功能。

(三)加强评价技术研究，优化评价流程

第一，简化评价方案，使之简单易行、便于操作，减少不必要的工作量；讲求评价实效，避免形式主义，减小评价双方的工作压力和心理负担，使评价工作落到实处。

第二，丰富评价形态，调节评价效应。评价形态是评价态度和评价方式的动态组合，按照不同的分类视角，可以分出不同的评价形态。例如，按评价强化方向的不同，可以分为正评价和负评价；按评价态度的不同，可分为期望型评价、激励型评价、公正型评价、偏见型评价、偏激型评价等；按评价方式的不同，可分为横向评价、纵向评价；按评价主体的不同，可分为自评和他评。评价效应是通过评价者的目的、动机、需要、价值观等构成的评价心理机制及倾向性与不同的评价方式结合作用于评价对象，从而引起的评价对象的自我意识、情绪状态、意志动机、需要和成就目标、与评价者人际关系等的变化。在评价活动中，为了达到不同的评价效应，可以根据实际情况选择多种评价形态。每种评价类型都各具特色，一般会采取

积极鼓励型的评价方式来调整评价效应。

(四)结果反馈方式要灵活多样

调控评价对象的心理要注意反馈结果的方式方法，尽量减少评价对象在收到评价信息时产生的挫败感和焦虑情绪，避免引起心理冲突。在反馈过程中可采取一定的策略，如缩小反馈范围，可采用一对一反馈，回避不相关人员，以防扩散否定性的评价结果；采用定性的反馈结果，不强调排名和分数，一分为二地阐述评价中发现的优点和不足，不横向比较，只分析问题；采用讨论式的反馈形式，以平等的态度、旁观的角度与评价对象共同分析讨论评价结果，理智地看待评价结论。

总之，在评价工作中，我们不能忽视评价对象心理对评价的影响，也不能用简单的方法来处理评价对象的心理问题，必须要通过认真的分析研究，采取有针对性的措施对其加以调控，以避免和消除由此带来的不良影响，提高教育评价的效益。

课后思考题

1. 什么是评价心理？简述教育评价心理的分类。
2. 举例说明在评价的不同阶段，评价者会产生的典型心理现象。
3. 如何进行有效的评价者心理调控？
4. 举例说明在评价的不同阶段，评价对象会产生的典型心理现象。
5. 如何进行有效的评价对象心理调控？

第四编

教育测量与评价实例操作

第九章 学科教学的测量与评价实例操作

学习目的 ▶

1. 学会编制命题双向细目表。
2. 能够编制高质量的学科测验。
3. 掌握用 SPSS 软件统计分析测验结果。
4. 学会撰写测验质量分析报告。

第一节 试题类型和题目选择实例

学科测验是由具体的题目构成的，因此要编制出能够有效测量学生掌握学科知识的程度、有效鉴别学生学科能力差异的试卷，最重要的就是编制好测验中的每一道题目。

题目的内容范围要符合课程标准的设置，根据教学的重点和难点来确定，这是专业教师比较容易做到的。有研究发现，选用不同的题型测量同一内容，所得的测验分数不同。同时，测验的题型选择不仅会影响学生测验前的准备和平时的学习方式，还会影响教师的教学以及教师给学生布置的练习和作业的形式。所以，能否编制合适的题目，非常重要的一个环节就是选定内容之后确定题型。题型的选择是由测验的目的、内容、规模及各种题型的特点决定的。下面，我们分学段、分学科来举例说明。

一、二年级语文试卷编制举例

我们来看二年级语文课程标准。

二年级语文课程标准

(一)汉语拼音

1. 巩固汉语拼音，能利用汉语拼音帮助识字、阅读、学习普通话。

2. 继续学读轻声，认识大写字母，能背诵《汉语拼音字母表》。

(二)识字、写字

1. 学会常用汉字 750 个左右。读准字音，认清字形，能初步结合词语理解字义。学习辨析学过的同音字、形近字。

2. 学习用音序法和部首法查字典，学习独立识字。

3. 学过的词语能正确读、写，大部分能运用。能初步辨析近义词和反义词。

4. 继续练习用铅笔写字，写得正确、端正、整洁。继续培养良好的写字习惯。

5. 学会使用和保管写字用具。

(三)听话、说话

1. 能听懂别人说的一段话和一件简单的事，能转述基本内容。

2. 能认真听别人讲话，认真思考。

3. 继续学习说普通话。看图或观察事物以后，能说一段意思完整、连贯的话，能就所听所读的内容，用完整的语句回答问题。

4. 当众说话，做到语句完整，有礼貌。

（四）阅读

1. 继续学习正确、流利、有感情地朗读课文，注意长句中和段落间的停顿，能背诵指定的课文。

2. 学习默读课文。要求不出声，不指读，一边读一边想。

3. 学习结合上下文和生活实际理解词句。

4. 能初步理解每个自然段的内容，初步理解课文的内容。

5. 能阅读注音的儿童读物，初步了解内容。

（五）作文

1. 能用学过的部分词语写通顺的句子，能理顺次序错乱的句子。

2. 学习按一定顺序观察图画和简单事物，写几句意思连贯的话。

3. 能写留言条。

4. 学习使用逗号、感叹号。

课程标准是确定学科测验目的、内容和目标层次的重要依据和来源。根据课程标准和教材，可以编制出命题双向细目表。下面是据此课程标准编制的二年级语文测验的命题双向细目表。双向细目表中清晰地列出了测验范围、测验内容、题目顺序、考查的目标层次、题目形式、题目取材来源、对应分值和预设难度。

表 9-1 小学二年级语文测验双向细目表

范围	序号	内容	目标层次					题型	取材	分值	预设难度
			知识	理解	应用	分析	综合				
基础71分	1	看拼音写词语	√					客观	课本	10	较易
	2	多音字		√	√			客观	生活	6	较易
	3	照样子写词语		√	√			客观	课本	12	较易
	4	在括号里填合适的字词	√	√	√			客观	课本	8	中等
	5	比一比再组词	√	√	√			客观	生活	8	较易
	6	照样子写句子		√	√	√		客观	课本	9	中等
	7	按课文内容填空	√	√	√			客观	课标附录	18	中等

续表

范围	序号	内容	目标层次					题型	取材	分值	预设难度
			知识	理解	应用	分析	综合				
阅读19分	1	查字典		√	√			客观	课外阅读	2	较易
	2	课外选择		√				客观		4	较难
	3	按短文内容理解		√	√	√		客观		7	中等
	4	积累词语		√				客观		4	中等
	5	课外连线		√				客观		2	较难
作文10分	1	看图写话			√	√	√	主观	课外	10	较难

从表 9-1 中可以看到，二年级语文测验涉及布鲁姆认知领域六类教育目标中的五类，没有涉及评价。基础和阅读部分包括知识、理解、应用和分析这四类教育目标，都采用客观题型。作文部分考查应用、分析和综合这三类目标，采用主观题型。

按照命题双向细目表的计划和要求，即可编制出具体的试题。具体题型举例如下。

1. 我会看拼音写词语。

zhǎn xiàn　　shì shuí　　zǐ xì　　shén qì huó xiàn

2. 我会在正确的读音上打“√”。

喜鹊喊着劳动的口号(háo　hào)，可是寒号鸟却在洞里哀号(háo　hào)。

3. 我会比较，并组词。

烧(　　)　　绕(　　)

4. 按照课文内容填空。

《古诗二首》中，我们认识了写下“　　高　　，恐　　天上人”　的伟大诗人李白；我们还去了大草原，看到天空广阔、草丛茂盛、牛羊成群，这真是“天　　，　　，风　　牛羊”。

5. 我会查字典。

要查的字	部首	除去部首还有几画	读音	组词
绦				

6. 连一连。

春节　　　　去祭扫

端午节　　　看花灯

清明节　　　赛龙舟

元宵节　　　放鞭炮

7. 选择一项填在括号里。

在高原地区，最容易见到(　　)。

A 椰树　　B 胡杨　　C 雪莲

8. 按短文内容理解。

夏夜，静悄悄的。花儿睡了，小草睡了，树木睡了。

水池里，睡莲花闭(bì)上了美丽的眼睛。绿绿的叶子上，停着一只蜻(qīng)蜓(tíng)，像一架小飞机停在机场上。

池边的草地上，青蛙呱呱地唱歌，蟋(xī)蟀(shuài)在弹琴。

天上，月亮婆婆笑弯了眉，星星眨着调皮的眼睛。风儿轻轻地吹着。萤火虫提着小灯笼，在空中飞呀，飞呀，一闪一闪……

夏天的夜晚多美呀！

这篇短文共有(　　)个自然段。

文中出现的动物有(　　)(　　)(　　)(　　)。

"小飞机"指(　　)，"机场"指(　　)。

9. 我会看图写话。

请仔细看图，小猴和小猪分别是怎么上课的？发挥你的想象，用几句话把图的意思写清楚，写完整。

从以上的题目示例中可以看到，为了突出语文学科对文字的要求，试卷中很多题目采用了填空的形式，而且在重点字词方面还采用了田字格填空的形式。为了增加试卷的趣味性，避免小学生答卷时产生疲劳，试卷还采用了单项选择和连线两种题型。整套试卷考查了丰富的内容和目标层次，这得益于命题教师的精心设计。虽然题目类型大同小异，但整套试卷运用了多样化的指导语，并且保证每道题目的指导语清晰简练，明确指出题目作答的要求；一些题目的指导语还应用了第一人称，激发了学生的作答动机。

以上的这个例子是针对低年级学生的，试卷题型的选择既考虑了学科的性质和要求，又考虑了低年龄学生的心理特点。低年龄学生注意稳定性差，易疲劳、分心。试卷题目形式的丰富性和趣味性可以减少他们作答时的疲劳，提高他们的注意稳定性。

二、八年级数学试卷编制举例

表 9-2 是依照八年级数学课程标准和课程内容编制的一份八年级数学试卷的命题双向细目表。试卷总分 100 分，考试时间 90 分钟。双向细目表中列出了考试内容、对应的目标层次、题目类型、分值分配以及预测难度。从中可以看到，此份试卷考查的目标层次包括知识、理解、应用和分析综合，采用的题型包括选择、填空、计算、作图和证明。选择题主要用于考查知识和理解层次。应用层次的考查主要选择了填空题、计算题和作图题，占全试卷 50%以上的比重。分析综合层次的考查运用了证明题和计算题。在各种题型所占的分值中，计算题占比 40%。

表 9-2　八年级数学测验双向细目表

题号	考试内容	目标层次与分值				题型与分值					预测难度
		知识	理解	应用	分析综合	选择	填空	计算	作图	证明	
1	轴对称	2		10		4			8		0.7
2	整式的乘法			20		2	2	16			0.8
3	三角形三边关系		2			2					0.5
4	分式的性质、化简		2	6		2		6			0.8
5	三角形全等		6		15	4	2			15	0.9
6	垂直平分线的性质、尺规作图			9		2	2		5		0.8
7	角平分线的性质		2				2				0.7
8	等腰三角形			2			2				0.7
9	因式分解			2			2				0.7
10	多边形内角和	2					2				0.6
11	分式方程及其应用			8	12		2	18			0.9
分数合计（总分 100 分）		4	12	57	27	16	16	40	13	15	

下面是考试内容、题目形式与目标层次结合的具体例子。

1. 知识层次的选择题

下列图形是轴对称图形的有（　　）。

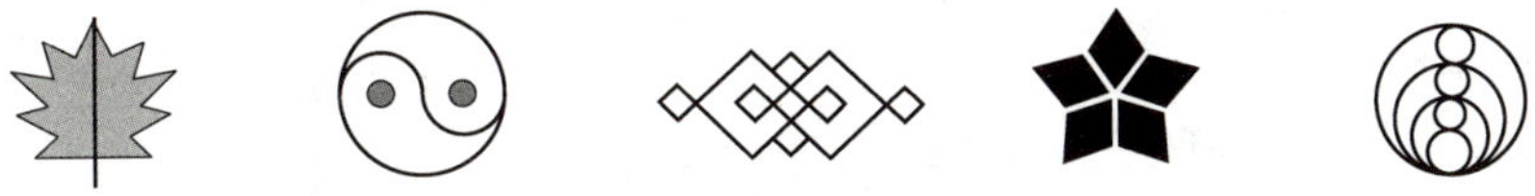

A. 2 个　　B. 3 个　　C. 4 个　　D. 5 个

2. 理解层次的选择题

下列各组数不可能是一个三角形的边长的是（　　）。

A. 7，8，9　　B. 6，6，8　　C. 4，4，4　　D. 1，2，3

3. 应用层次的填空题

一个等边三角形的边长为 2，则这个等边三角形的面积为__________。

4. 应用层次的计算题

已知 y 是关于 x 的一次函数，且当 $x=1$ 时，$y=-4$；当 $x=2$ 时，$y=-6$。

(1)求 y 关于 x 的函数表达式；

(2)若 $-2<x<4$，求 y 的取值范围；

(3)试判断点 $P(a,\ -2a+3)$ 是否在函数的图像上，并说明理由。

5. 应用层次的作图题

已知，$\triangle ABC$ 的三个顶点 A，B，C 的坐标分别为点 $A(4, 0)$，点 $B(0, -3)$，点$C(2, -4)$。

(1)在平面直角坐标系中画出$\triangle ABC$，并分别写出点 A，B，C 关于 x 轴的对称点 A'，B'，C'的坐标；

(2)将$\triangle ABC$ 向左平移 5 个单位，请画出平移后的$\triangle A''B''C''$，并写出$\triangle A''B''C''$各个顶点的坐标；

(3)求出(2)中的$\triangle ABC$ 在平移过程中所扫过的面积。

6. 分析综合层次的计算题

某商店销售 A 型和 B 型两种型号的电脑，销售一台 A 型电脑可获利 120 元，销售一台 B 型电脑可获利 140 元。该商店计划一次购进两种型号的电脑共 100 台，其中 B 型电脑的进货量不超过 A 型电脑的 3 倍。设购进 A 型电脑 x 台，这 100 台电脑的销售总利润为 y 元。

(1)求 y 与 x 的关系式；

(2)该商店购进 A 型、B 型电脑各多少台，才能使销售利润最大？

(3)若限定商店最多购进 A 型电脑 60 台，则这 100 台电脑的销售总利润能否为 13600 元？若能，请求出此时该商店购进 A 型电脑的台数；若不能，请求出这 100 台电脑销售总利润的范围。

7. 分析综合层次的证明题

如图，点 B，D，C，F 在一条直线上，且 $BC=FD$，$AB=EF$。

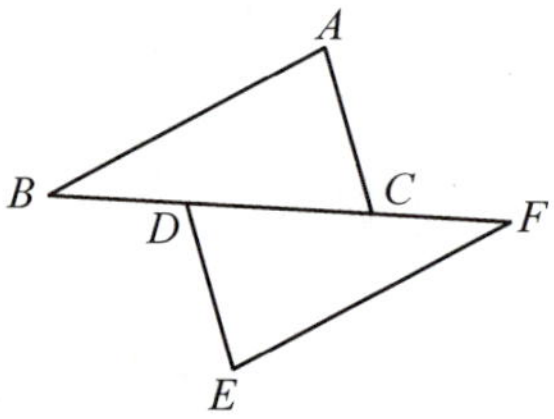

(1)请你只添加一个条件(不再加辅助线)，使$\triangle ABC \cong \triangle EFD$，你添加的条是____________________；

(2)添加条件后，证明$\triangle ABC \cong \triangle EFD$。

通过具体题型的举例，首先，简单的应用目标的数学题目可以以选择和填空的形式呈现，这样节约了试卷的篇幅，可以考查更多的内容。解答时需要较多步骤的题目要以计算等形式呈现，这样可以细致区分出学生应用水平的差异，帮助教师和学生辨认出学生在思维的哪个阶段出现了问题。其次，要依据数学学科考试内容的性质，选择题型，如作图题和证明题就是数学试卷中经常选用的题型，因为这样的题型非常适合考查学生的分析能力和综合能力。

三、八年级历史期中考试题编制举例

接下来，我们再来看一个八年级历史期中考试题的编制例子。首先，这份试题的内容范围是依据课程标准和八年级新人教版下册历史教材内容选定的。考试的目标是阶段性地检测学生的学习情况，考试时间 60 分钟，满分 100 分。制定的命题双向细目表如表 9-3 所示。

命题双向细目表列出了范围、考试内容、题型、目标层次、预测难度和分值。整份试卷的题型分为选择题和非选择题两大类。内容对应的目标层次由历史的学科特点、教学任务以及学生的思维发展水平决定，包括知识、理解和分析。题目的预设难度由目标层次决定，知识层次对应容易，理解层次对应中等难度，分析层次对应困难。在这份试卷中，客观题型只采用了单项选择题的形式，并且对应了三个目标层次。非选择题采用了材料分析题和探究题的形式，都属于主观题，对应要考查的所有目标层次。客观题和主观题在本次考试中的分值比例为 6∶4。

表 9-3　八年级历史期中考试双向细目表

范围	考试内容	题型		目标层次			预设难度			分值
		选择	非选择	知识	理解	分析	易	中	难	
第 1 课	第一届中国人民政治协商会议内容	1		√			√			2
第 1 课	新中国国歌	2			√			√		2
第 2 课	抗美援朝	3		√			√			2
第 2 课	抗美援朝	4				√			√	2
第 1 课	西藏和平解放	5				√		√		2
第 4 课	“一五”计划成就	6			√			√		2
第 5 课	三大改造完成的意义	7		√			√			2
第 5 课	三大改造的成就	8				√			√	2
第 4 课	我国第一部宪法	9		√			√			2
第 1、2、6、7 课	新中国成立后各个历史阶段	10				√			√	2
第 6 课	党的“八大”的内容	11		√			√			2
第 6 课	“大跃进”和“人民公社化”运动	12				√			√	2
第 9 课	对内改革	13		√			√			2
第 6 课	党的“八大”的意义	14			√			√		2
第 6 课	社会主义建设在探索中前进	15		√			√			2
第 8 课	党的十一届三中全会历史意义	16				√			√	2
第 9 课	对外开放	17			√			√		2
第 9 课	改革开放的总设计师——邓小平	18、19、20			√			√		6
第 4 课	“一五”计划成就	21、22			√			√		4
第 9 课	对内改革	24、25、29			√			√		6

续表

范围	考试内容	题型		目标层次			预设难度			分值
		选择	非选择	知识	理解	分析	易	中	难	
第 12 课	香港和澳门回归	26、27			√	√			√	4
第 10 课	改革开放的总设计师——邓小平、对外开放、邓小平的功绩	23、28、30			√	√			√	6
第 4 课	工业化的起步、社会主义道路的探索		31、32		√	√			√	27
第 8 课	党的十一届三中全会的内容、意义		33	√	√	√		√		13

下面是各个目标层次对应的题目题型举例。

1. 知识层次的选择题

(1)学校每周都有一次升国旗仪式，每当中华人民共和国国歌奏响、五星红旗冉冉升起时，我们都会感到无比骄傲和自豪。历史上确定五星红旗为国旗、《义勇军进行曲》为代国歌的会议是(　　)。

A. 党的七届二中全会　　B. 中央人民政府第一次全体会议

C. 党的十一届三中全会　　D. 第一届中国人民政治协商会议

(2)中国改变工业落后的面貌，开始向社会主义工业化迈进的标志性事件是(　　)。

A. 1952 年土地改革的完成　　B. 1953—1957 年“一五”计划的完成

C. 中华人民共和国的成立　　D. 1958 年“大跃进”运动的开展

(3)武汉长江大桥顺利建成通车，实现了“一桥飞架南北，天堑变通途”的美好愿望。请问该桥建于(　　)。

A. 土地改革时期　　B. 三大改造时期

C. “一五”计划时期　　D. “二五”计划时期

2. 理解层次的选择题

(1)中华人民共和国的成立开辟了中国历史的新纪元。这个“新纪元”是(　　)。

①国家独立自主　②人民当家做主　③现代化强国　④社会主义国家

A. ①②　　B. ②③　　C. ①④　　D. ③④

(2)1952 年新中国土地改革基本完成，下列选项中正确表述了土地改革意义的是(　　)。

A. 使农民走上了合作化、集体化道路

B. 彻底废除了中国 2000 多年的封建土地制度

C. 标志着我国开始进入社会主义初级阶段

D. 落实了家庭联产承包责任制

(3)标志着社会主义制度初步建立的事件是(　　)。

A. 新中国成立　　B. “三大改造”完成

C. 土地改革完成　　D. “一五”计划完成

3. 分析层次的选择题

(1)唇亡齿寒，中国人民深谙此中的道理，为此中国人民志愿军进行了一场波澜壮阔的战争。它是(　　)。

A. 北伐战争　　B. 抗日战争　　C. 解放战争　　D. 抗美援朝

(2)现在汽车已进入我们寻常百姓家。新中国汽车工业的发展起步于(　　)。

A. 国民经济恢复时期　　B. “一五”计划期间

C. 改革开放前夕　　D. 党的十一届三中全会后

(3)中华人民共和国成立以来，我国农业生产关系的变革或调整经历的几个步骤，按先后顺序是(　　)。

① 土地改革　② 农业合作化　③ 家庭联产承包责任制　④ 人民公社化

A. ①②③④　　B. ①②④③　　C. ②①③④　　D. ②①④③

4. 理解和分析层次的材料分析题

阅读下列材料

材料一：为了有计划地进行社会主义建设，我国政府编制了发展国民经济的第一个五年计划。它的基本任务是集中主要力量发展重工业，建立国家工业化和国防现代化的初步基础；相应地发展交通运输业、轻工业、农业和商业；相应地培养建设人才。

材料二：2006 年 3 月 14 日，十届全国人大四次会议闭幕。会议审议通过了《国民经济和社会发展第十一个五年规划纲要》，确定了中国未来五年的经济社会发展目标。第十一个五年规划以与时俱进的科学发展观贯穿始终，即依托先进的科技寻求高质量高效益的发展，追求“理性的繁荣”“全面协调可持续的发展”，也就是以建设和谐社会为目标的发展。

请回答：

(1)请写出“一五”计划的起止时间。(2 分)

(2)列举“一五”计划期间取得的重大建设成就。(至少三项)(6 分)

(3)比较材料一与材料二，指出《国民经济和社会发展第十一个五年规划纲要》的制定有何新的特点。(2 分)

5. 理解和分析层次的探究题

20 世纪 50～70 年代，我国通过“一化三改”创造性地完成了由新民主主义向社会主义的历史转变。但探索社会主义建设的前进道路上，不仅出现过急躁冒进的错误，还出现了全局性的、长时间的社会动乱。20 多年的艰辛探索，为确立建设有中国特色社会主义道路积累了正反两方面的丰富经验。

结合所学知识，回答下列问题：

(1)“一化三改”中三大改造的完成有什么历史意义？(3分)

(2)20世纪50年代，我国曾出现过哪两次急躁冒进的严重错误？20世纪60～70年代“全局性的、长时间的社会动乱”是指哪一事件？这些错误是在哪次会议上开始得到全面纠正的？(6分)

(3)在纠正上述错误的过程中，中国共产党在指导思想上逐渐树立起一面新旗帜，这面旗帜是什么？在这一旗帜指导下，祖国统一大业有何突破性进展？(4分)

(4)你认为20多年的艰辛探索为确立建设中国特色社会主义道路积累了哪些正反两方面的丰富经验？(写出两条即可)(4分)

6. 知识、理解和分析层次的探究题

中华人民共和国成立以来，党的历史上的伟大历史转折是指什么？这次会议做出了什么重大决策？这次会议有什么历史意义？(13分)

从上面的历史试卷题目的编制中，我们看到编制者充分结合了历史学科的教学特点和考核目标。虽然并没有采用多样化的题目形式，但通过题干的设计，巧妙地把各种目标层次融于我们最常选用的单项选择题之中，并且基本上按照难易程度排序。这样做节省了试卷篇幅，在有限的时间内考查了大量的历史事实以及对历史事实的理解能力和分析能力。材料分析题非常适用于检测学生对历史事件的理解能力和分析能力，常见于文科类和社会科学类科目的考核。探究题因为可以采用多个小问题递进结合的形式，所以可以用于多种目标形式的检测。

四、高考理科综合——物理部分题型举例

这部分以高考理科综合试卷中物理部分选用的题型为读者提供编题组卷的思路。首先，让我们对理科综合考试有一个整体认识。理科综合试卷满分300分，其中物理110分，化学100分，生物90分。各学科试题只涉及本学科内容，不跨学科综合。考试时间为150分钟。全试卷题型包括选择题、填空题、实验题、作图题、计算题和简答题。试卷分为两部分。第一部分为生物、化学、物理三个科目的必考题，题型为选择题，共21题，每题6分，共计126分：其中生物6道题(单项选择题)，化学7道题(单项选择题)，物理8道题(包括单项选择题和多项选择题)。第二部分由生物、化学、物理三科的必考题和选考题构成，必考题共11题，计129分；选考题6选3，计45分，各科选考内容的分值控制在15分左右。试卷按题型、内容和难度进行排列，选择题在前，非选择题在后，同一题型中同一学科的试题由易到难集中排列。

接下来，我们具体来看高考物理这部分题型的设置是如何将考试内容和要考查的能力结合在一起的。高考物理考试内容是依据教育部颁布的《普通高中课程方案(实验)》《普通高中物理课程标准(实验)》和《普通高等学校招生全国统一考试大纲(理科)》确定的。高考物理通过考查知识来鉴别考生能力的高低。高考物理要考查的能

力以及采用的题型举例如下(以下举例并非高考原题)。

1. 理解能力

《普通高等学校招生全国统一考试大纲(物理)》中的“理解能力”：理解物理概念、物理规律的确切含义，理解物理规律的适用条件以及它们在简单情况下的应用；能够清楚认识概念和规律的表达形式(包括文字表述和数学表述)；能够鉴别关于概念和规律的似是而非的说法；理解相关知识的区别和联系。

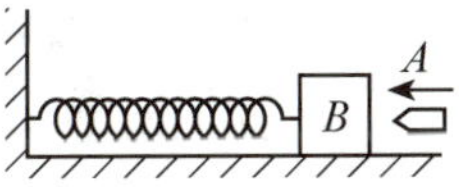

单项选择题：如图所示的装置中，木块B与水平桌面间的接触是光滑的，子弹A沿水平方向射入木块后留在木块内，将弹簧压缩到最短。现将子弹、木块和弹簧合在一起做的研究对象，则此系统在从子弹开始射入木块到弹簧压缩到最短的过程中(　　)。

A. 动量守恒，机械能守恒　　B. 动量不守恒，机械能不守恒

C. 动量守恒，机械能不守恒　　D. 动量不守恒，机械能守恒

多项选择题：指南针是我国古代四大发明之一。关于指南针，下列说法正确的是(　　)。

A. 指南针可以仅具有一个磁极

B. 指南针能够指向南北，说明地球具有磁场

C. 指南针的指向会受到附近铁块的干扰

D. 在指南针正上方附近沿指针方向放置一根导线，导线通电时指南针不偏转

计算题：已知地球半径 $R=6.4\times10^6$ m，试估算地球大气层空气的总重量。最后结果取一位有效数字。

2. 推理能力

《普通高等学校招生全国统一考试大纲(物理)》中的“推理能力”：能够根据已知的知识和物理事实、条件，对物理问题进行逻辑推理和论证，得出正确的结论或做出正确的判断，并能把推理过程正确地表达出来。

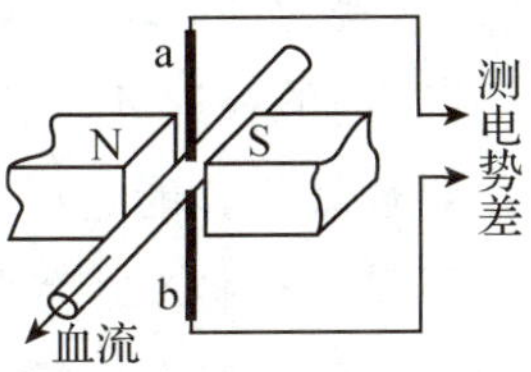

单项选择题：医生做某些特殊手术时，利用电磁血流计来监测通过动脉的血流速度。电磁血流计由一对电极a和b以及磁极N和S构成，磁极间的磁场是均匀的。使用时，两电极a、b均与血管壁接触，两触点的连线、磁场方向和血流速度方向两两垂直，如图所示。由于血液中的正负离子随血流一起在磁场中运动，电极a、b之间会有微小电势差，因此，在达到平衡时，血管内部的电场可被看作匀强电场，血液中的离子所受的电场力和磁场力的合力为零。在某次监测中，两触点的距离为3.0 mm，血管壁的厚度可忽略，两触点间的电势差为160μV，磁感应强度的大小为0.040 T，血流速度的近似值和电极a、b的正负为(　　)。

A. 1.3m/s，a正、b负　　B. 2.7m/s，a正、b负

C. 1.3m/s，a负、b正　　D. 2.7m/s，a负、b正

多项选择题：目前，地球周围有许多人造地球卫星绕着它转，其中一些卫星的轨道可近似为圆，且轨道半径逐渐变小。若卫星在轨道半径逐渐变小的过程中，只受到地球引力和薄气体阻力的作用，则下列判断正确的是(　　)。

A. 卫星的动能逐渐减小

B. 由于地球引力做正功，引力势能一定减小

C. 由于气体阻力做负功，地球引力做正功，机械能保持不变

D. 卫星克服气体阻力做的功小于引力势能的减小

3. 分析综合能力

《普通高等学校招生全国统一考试大纲(物理)》中的“分析综合能力”：能够独立地对所遇到的问题进行具体分析、研究，弄清其中的物理状态、物理过程和物理情境，找出其中起重要作用的因素及有关条件；能够把一个复杂问题分解为若干较简单的问题，找出它们之间的联系；能够提出解决问题的方法，运用物理知识综合解决所遇到的问题。

计算题：下暴雨时，有时会发生山体滑坡或泥石流等地质灾害。某地有一倾角$\theta=37°(\sin 37°=3/5)$的山坡 C，上面有一质量为 m 的石板 B，其上下表面与斜坡平行。B 上有一碎石堆 A(含有大量泥土)，A 和 B 均处于静止状态。假设某次暴雨中，A 浸透雨水后总质量也为 m(可视为质量不变的滑块)。在极短时间内，A、B 间的动摩擦因数 μ_1 减小为 0.375，B、C 间的动摩擦因数 μ_2 减小为 0.5。A、B 开始运动，此时刻为计时起点。在第 2 s 末，B 的上表面突然变为光滑，μ_2 保持不变。已知 A 开始运动时，A 离 B 下边缘的距离为 27 m。C 足够长，设最大静摩擦力等于滑动摩擦力，取重力加速度大小 $g=10\ \mathrm{m/s^2}$。求：

(1)在 0～2 s A 和 B 加速度的大小。

(2)A 在 B 上总的运动时间。

4. 应用数学处理物理问题的能力

《普通高等学校招生全国统一考试大纲(物理)》中的“应用数学处理物理问题的能力”：能够根据具体问题列出物理量之间的关系式，进行推导和求解，并根据结果得出物理结论；能运用几何图形、函数图像进行表达、分析。

单项选择题：假设地球是一个半径为 R、质量分布均匀的球体。一个矿井深度为 d。已知质量分布均匀的球壳对壳内物体的引力为零。矿井底部和地面处的重力加速度大小之比为(　　)。

A. $1-\dfrac{d}{R}$　　B. $1+\dfrac{d}{R}$　　C. $\left(\dfrac{R-d}{R}\right)^2$　　D. $\left(\dfrac{R}{R-d}\right)^2$

计算题：短跑名将博尔特在北京奥运会上创造了 100 m 和 200 m 短跑项目的新世界纪录，他的成绩分别是 9.69 s 和 19.30 s. 假定他在 100 m 比赛时从发令到起跑的反应时间是 0.15 s，起跑后做匀加速运动，达到最大速率后做匀速运动。200 m 比赛时，反应时间及起跑后加速阶段的加速度和加速时间与 100 m 比赛时相同，但由于弯道和

体力等因素的影响，以后的平均速率只有跑 100 m 时最大速率的 96%。求：

(1)加速所用时间和达到的最大速率。

(2)起跑后做匀加速运动的加速度(结果保留两位小数)。

5. 实验能力

《普通高等学校招生全国统一考试大纲(物理)》中的“实验能力”：能独立完成“考试内容与要求”中所列的实验，明确实验目的，理解实验原理和方法，控制实验条件，会使用仪器，会观察、分析实验现象，会记录、处理实验数据，并得出结论，对结论进行分析和评价；能发现问题、提出问题，并制订解决方案；能运用已学过的物理理论、实验方法和实验仪器去处理问题，包括简单的设计性实验。

实验题：现要组装一个由热敏电阻控制的报警系统，当要求热敏电阻的温度达到或超过 60℃时，系统报警。提供的器材有：热敏电阻，报警器(内阻很小，流过的电流超过 I_c 时就会报警)，电阻箱(最大阻值为 999.9Ω)，直流电源(输出电压为 U，内阻不计)，滑动变阻器 R_1(最大阻值为 1000Ω)，滑动变阻器 R_2(最大阻值为 2000Ω)，单刀双掷开关一个，导线若干。

在室温下对系统进行调节，已知 U 约为 18V，I_c 约为 10mA。流过报警器的电流超过 20mA 时，报警器可能损坏。该热敏电阻的阻值随温度的升高而减小，在 60℃时阻值为 650.0Ω。

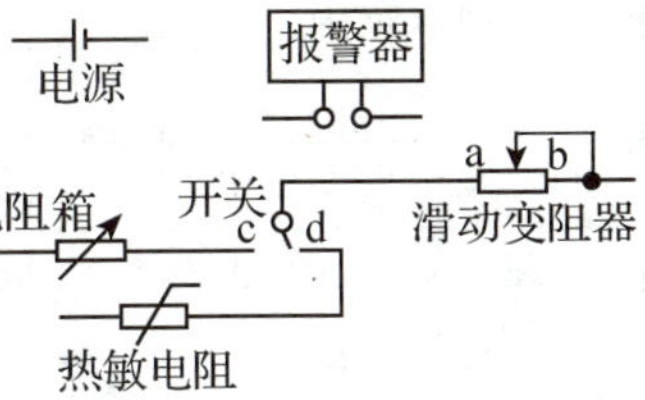

(1)在答题卡上完成待调节的报警系统原理电路图的连线。

(2)在电路中应选用滑动变阻器________(填“R_1”或“R_2”)。

(3)按照下列步骤调节此报警系统：

①电路接通前，需将电阻箱调到一定的阻值，根据实验要求，这一阻值为________Ω；滑动变阻器的滑片应置于________(填“a”或“b”)端附近，不能置于另一端的原因是________。

②将开关向________(填“c”或“d”)端闭合，缓慢移动滑动变阻器的滑片，直至________。

(4)保持滑动变阻器滑片的位置不变，将开关向另一端闭合，报警系统即可正常使用。

从以上的题型举例我们可以看出，单项选择题和多项选择题主要可以用来测量学生的理解能力和推理能力；分析综合能力和应用数学处理物理问题的能力主要靠计算题来测量；实验能力主要采用填空题来测量，当然也会出现作图题，用于测量学生的实验能力和应用数学处理物理问题的能力，这里不再列举。题目类型的恰当选择可以实现以知识为载体的对学生能力的测量。试题编制者要深刻了解各种题型的优势和劣势，针对测量目标、测验用途、测验内容、考试对象、考试时间精心设置题型和题目数量。

五、本科生《心理测量与评价》期末考试试题的命制

下面以本科生课程《心理测量与评价》的期末考试试卷的编制为例，为试卷出题工作提供借鉴。

《心理测量与评价》是心理学专业本科生的专业必修课。课程的教学目标是让学生系统掌握心理测量学的知识体系及基本的概念、理论，了解常用的心理测量的类别和代表性测验，学会编制心理测验、鉴别测验质量，掌握心理测验的选择、施测及测验报告的撰写技能。主要内容包括心理测量的基础、经典测量理论、测量的信度与效度、心理测验的项目分析、心理测验的编制、心理测验的施测、测验常模、常模参照测验、标准参照测验、测验分数的解释、常用心理测验及应用、项目反应理论、概化理论等。课程的核心内容是测量的信度与效度、测验的编制、测验常模、测验分数的解释以及常用的心理测验的应用。

首先，按照课程标准，确定考试的内容范围和对应的目标层次；其次，根据目标层次选择设计题型；最后，综合各部分的重要性程度，确定各题型的分布比重。编制的命题双向细目表如表 9-4 所示。

表 9-4　《心理测量与评价》期末考试命题双向细目表

内容范围	目标层次						题型与数目					分值
	知识	理解	应用	分析	综合	评价	选择	名词解释	简答	论述	应用	
心理测量发展简史	√						2					2
心理测量基本知识	√	√	√				2		1			7
心理测量误差	√	√		√			1	1				4
经典测量理论模型		√					1					1
测量的信度	√	√		√	√	√	1	1	1		1	23
测量的效度	√	√		√	√	√	1	1				
项目分析	√	√				√	2		1			7
心理测验编制技术		√	√	√						1		10
测验标准化	√	√					2					2
测验等值技术	√	√	√				2	1				5
测验常模、常模参照测验	√	√		√		√	2	1	1			10
测验分数解释			√		√						1	10
标准参照测验	√	√					1					1
常用心理测验及应用	√	√	√	√	√		3		1	1		18
合计							20	15	25	20	20	100

在题型的设计上，选择题、名词解释和简答题这三类题型主要用于测量认知目标层次中的知识、理解、应用和分析，论述和应用这两类题型主要用于测量认知目标层次中的综合和评价。应用题又分为两类：一类是计算型应用题，考查信度或效度的评估方法；另一类是测验实践类应用，考查常见心理测验的分数解释。当然，这里也采用了选择题测量认知目标的评价层次。通过对考试之后的成绩进行分析发现，这样的选择题难度较高。

下面附以具体的题目实例。

1. 知识层次的选择题

第一次将比率智商运用于智力测验的是(　　)。

A. 卡特尔　　B. 比内　　C. 推孟　　D. 斯腾

2. 理解层次的选择题

在经典测量的真分数模型下，公式 $S_X^2=S_I^2+S_V^2+S_E^2$ 中的 S_I^2 是(　　)。

A. 测量误差的变异数　　B. 观察分数的变异数

C. 与测量目的有关的变异数　　D. 稳定的但出自无关来源的变异数

3. 应用层次的选择题

下面是某选拔测验中四道选择题的项目分析数据，根据项目筛选的一般要求，最佳项目是(　　)。

A. $P=0.21$，$D=0.45$　　B. $P=0.88$，$D=-0.30$

C. $P=0.47$，$D=0.43$　　D. $P=0.62$，$D=0.15$

4. 评价层次的选择题

由于幼儿的智力发展迅速，收集幼儿智力测验信度资料的最佳方法是(　　)。

A. 再测法　　B. 复本法　　C. 分半法　　D. 方差分析法

5. 理解层次的名词解释

测验等值

6. 理解层次的简答题

合成分数的方法主要有哪些？

7. 应用层次的简答题

简要回答常模编制的一般步骤。

8. 分析层析的简答题

简评投射测验的优缺点。

9. 分析综合层次的论述题

比较目标参照测验与常模参照测验的不同。

10. 分析、综合、评价层次的应用题

例 1. 研究者编制了一个学术能力倾向测验，向 20 名被试施测，并且以是否考上大学为效标，结果如下表所示(0 表示未考上，1 表示考上)。试估计该测验的效度。

被试测验和考大学情况

被试号	1	2	3	4	5	6	7	8	9	10
测验分数	20	11	19	17	16	12	10	22	18	15
是否考上	1	0	0	1	0	0	0	1	1	0
被试号	11	12	13	14	15	16	17	18	19	20
测验分数	13	14	14	16	15	13	21	16	18	11
是否考上	0	0	1	1	0	0	1	1	0	0

例 2. 某被试心理测验的结果如下：

总分 211　总均分 2.34　阳性项目数 60　阳性项目均分 3.02

编号	因子名称	因子得分	分数等级
1	躯体化	1.42	0
2	强迫性	2.60	0
3	人际关系敏感	3.33	1
4	抑郁	2.77	1
5	焦虑	2.30	0
6	敌对	3.33	1
7	恐怖	1.86	0
8	偏执	1.83	0
9	精神病性	2.20	0
10	其他	1.86	

请问：(1)这是什么测验？主要用于测量什么？(2 分)(2)向你的被试解释测验结果(8 分)。

小结：从上面不同学段不同科目题型选择的例子中，我们可以看到设计测验蓝图——编制试卷命题双向细目表是试卷具体题目命制工作的重要开端。命题双向细目表的基本构成要素包括考试内容、各内容要求的目标层次、权重和分值，是测验目的、测量目标、测验内容取样的具体化。没有具体化的准备工作和详细的命题计划，试卷会成为测验题目的简单堆砌，失去应有的价值和灵魂。

在有了详细的测验蓝图的基础上，就可以按照考查的目标层次设计试卷题目的类型。目前应用于学科测验的题型是非常丰富的，在多种多样的题型中选择最能体现测验目标层次的题型才是最重要的工作。比如，最常用的选择题，从上面各科试卷的编制例子中可以看出，通过命题者的设计，选择题可以考查不同的目标层次。选择题可以在有限的时间内考查大量的知识内容，并且在评分工作中的客观性和便捷性也是其他类型的题目无法比拟的。所以目前我国的大型考试，如中考和高考，就大量使用了选择题，通过精心设计题干和备选项，使选择题不再拘泥于知识和理解层次的考查目标，还涉及认知领域中应用和分析层次的考查目标，同时达到了对具体学科能力素养的测量。所以，题型的功能和作用应该是各学科领域的教师以自己的丰富学科教学经验不断摸索和挖掘出来的。其他题目形式，如辨析题、论述题、应用题、综合题等，对于实现较高层次的测量目标也是非常好的，读者可以针对自己的具体学科领域选择使用。

编题组卷工作在于积累，可以按照命题双向细目表的考试内容和目标层次多积累题目，组建题库，在每次考试之后通过分析、修改、删除不合格的题目，及时补充更新题目，这样在必要时可以从题库中抽取题目组成平行测验，提高测验的效能和公平性。同时，模仿国家大型标准化学科测验的编题方式，如中考、高考的题型设计选择题目类型，也是十分可取的方法，不但可以促进教师提高命题技术，而且能够使学生熟悉这些大型的标准化考试，在平时采取相适应的学习方式。

除此之外，试题类型的选择还要充分考虑学生的思维发展水平和心理成熟特点。对于低年级的学生来说，试题形式要多样化，要采用简单易懂的题目指导语激发学生的作答动机；对于高年级的学生来说，题型是否多样化主要取决于学科要求。除此之外，小学阶段的教育测验时间一般控制在45分钟之内，中学阶段的教育测验时间一般为60～90分钟，大学阶段的教育测验一般为90～120分钟。在具体命制试卷题目时，还要根据考试时间的限制来把握题目的数量和各种题型的比例。

第二节　测验质量分析报告的撰写

测验质量分析报告是在获得学生考试成绩结果后，根据学生的考试成绩情况，以书面的形式来分析学生的学情、评价命题质量、诊断教师教学情况的分析报告。收集、整理与分析学生的考试成绩，了解学生的学习情况，可以促进教师进行教学反思，改进教学策略，有针对性地提高教学能力，为下一阶段的教学工作做好准备。因此撰写测验质量分析报告是教师和其他教育工作者必备的一项重要技能。

一、测验质量分析报告的内容

测验质量分析报告一般包括试卷分析、学情分析、教学效果分析和改进措施与展望四个部分。

(一)试卷分析

试卷分析包括试卷编制的指导思想、测验目的、测量目标、考试方式、考试内容的代表性与典型性、试卷题型与分数分配、考试时间与试卷长度的适配性、试题的难度和区分度指标、测验结果的信度和效度分析。

(二)学情分析

学情分析主要涉及考题与学生实际学习情况的匹配性，对学生的考前预测和考试结果间的相关性程度，预先考虑的问题与实际情况的符合度以及哪些情况是考试后才发现的等。在分析之前要做好下列数据收集统计工作：第一，班级学生整体的学科成绩情况，包括个人分数、年级均分、班级均分、最高分、最低分、各层次考生的得分分布图；第二，对学生失分情况的分析，包括失分的题目、失分的题型、失分率的情况统计、失分原因分析等。

(三)教学效果分析

教学效果分析主要是以教师的角度，依据学科教学性质，从提高学生学习能力、促进学生全面发展的目的展开分析的；主要涉及教师的教法与学生的学法两个层面。教师的教法方面主要考虑学生的考试情况与教师教学的相关性问题。例如，学生的考试结果是由教师教学的原因引起的还是其他因素导致的，对于具体的考试问题教师采取了哪些有益措施，哪些是教师未曾考虑到的。学生的学法方面需要考虑学生的考情是否与教师的学法指导有关，关联性如何；教师的教学中是否针对具体的内容对学生进行了有效的学法指导；在学法指导方面学生的现状如何，哪些是有待改进的地方，教师在这方面还有哪些需要改进的等。

(四)改进措施与展望

这部分主要就本阶段的教学不足体现在哪里、需要改进的地方做概括介绍，并总结教学成功的经验，明确下个阶段的教学目标、改进措施等。

二、考试结果的量化分析

测验质量分析报告的撰写离不开对学生考试结果的量化分析。目前，这种量化分析的工作在一部分中学主要是靠学校或市教育主管部门承包给公司来做的。这里以某校八年级物理第一学期全区统一期末考试全年级学生的考试结果为例，借助SPSS(Statistical Product and Service Solutions)软件统计分析数据。希望通过本案例的操作示范，帮助读者掌握运用SPSS软件分析考试结果的具体方法，实现独立完成量化分析考试结果的目标。

(一)在SPSS中录入学生信息和考试结果

SPSS是世界上最早的统计分析软件，现已被广泛地应用于自然科学、技术科学、社会科学的各个领域。2009年更名为IBM SPSS Statistics，最新版本为IBM SPSS statistics 26。

在安装好IBM SPSS Statistics 26的电脑上，单击“开始”→“IBM SPSS Statistics 26”命令，打开数据编辑器窗口。数据编辑器窗口包括标题栏、菜单栏、常用工具栏、数据和单元格显示栏、数据编辑显示区、视图转换栏和系统状态栏。在菜单栏里，针对测验质量分析的数据统计和分析主要用到“编辑”“数据”“转换”和“分析”这四个菜单。数据编辑窗口左下角的视图转换栏有“变量视图”和“数据视图”两个选项。“变量视图”用于创建和修改变量，“数据视图”用于编辑数据和查看数据。在视图转换栏处点击“变量视图”，呈现变量工作窗口，变量信息包括“名称”“类型”“宽度”“小数位数”“标签”“值”“缺失”“列”“对齐”“测量”和“角色”。

在输入学生成绩之前，需要在变量工作窗口中定义学生信息变量和试卷信息变量。首先，是参加考试的学生信息，包括班级和姓名。在第一行的“名称”处输入“班级”，“类型”选择“数字”，“小数位数”选择“0”，“测量”选择“名义”。这里共 6 个班级。点击“值”，打开“值标签”对话框，在“值标签”中定义用数字代表各个班级，如图 9-1 所示。

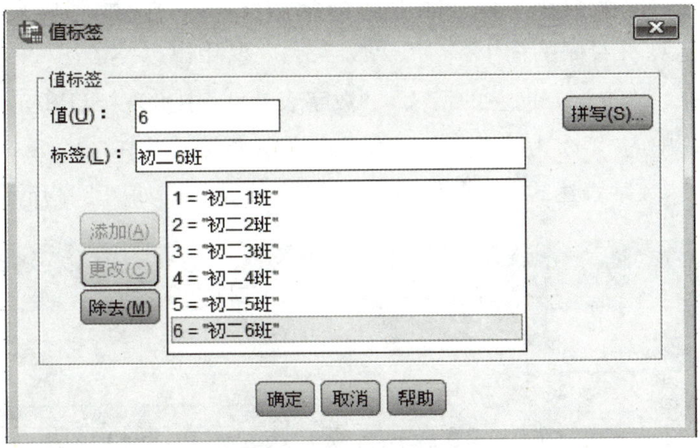

图 9-1　定义值标签

在第二行的“名称”处输入“姓名”，“类型”选择“字符串”，“宽度”设为“16”，“测量”选择“名义”，其他为默认。接下来是试卷信息，全试卷共 27 道小题，包含单项选择题、多项选择题、实验解答题、科普阅读题、计算题五类题型，其中有的题目包含多个问题。如果一个题目中包含的多个问题考查的知识点和能力目标不同，则要针对同一题目下的多个问题一一定义变量。这里试卷信息按题型题号用“字母＋数字”的形式定义。“a”代表单项选择题，“b”代表多项选择题，“c”代表实验解答题，“d”代表科普阅读题，“e”代表计算题。在第三行“名称”处输入“a1”，“类型”选择“数字”，“小数位数”选择“0”，“测量”选择“标度”。以同样的方法定义其他 26 题。当题目中包含多个考查不同知识点和目标层次的问题时，如第 17 题，题目类型为实验解答题，定义“名称”为“c17.1”，“17.1”代表第 17 题的第 1 问。其他题目依次类推。所有变量定义完毕后，点击“数值视图”，按照定义的变量输入学生的信息和在各个题目上的得分即可。单击“文件”→“另存为”，将数据文件命名，保存在指定的位置中。

如果不习惯用 SPSS 录入数据，可以先用 Excel 录入考生信息和考试结果，保存后关闭。之后打开 IBM SPSS Statistics 26，单击“文件”菜单，选择“打开”→“数据”，出现“打开数据”对话框。在“查找范围”中找到 Excel 文件保存的位置，在“文件类型”中选择“所有文件”，“查找范围”下的视窗中即出现该位置下的全部文件。选择要打开的 Excel 文件，文件名出现在“文件名”栏中，单击“文件名”栏后的“打开”按钮，出现“打开 Excel 数据源”对话框，单击“确定”按钮，数据即导入 IBM SPSS Statistics 26 中。单击“变量视图”，适当修改变量信息，保存数据，即可应用 SPSS 进行统计分析。

(二)计算试卷总分，描述学生的考试成绩

学生试卷总分既可以输入，也可以在 SPSS 中计算，与试卷总分进行核对。单击菜单栏的“转换”按钮，选择“计算变量”，弹出“计算变量”对话框，在“目标变量”中输入“总分”，在“函数组”备选框中选择“统计”，在“函数和特殊变量”中选择“Sum”，单击运算符右侧的向上箭头，“数字表达式”中出现“SUM(，)”。将左边变量栏中的“a1”选中，单击上方向左的箭头，“数字表达式”中呈现“SUM(a1，)”。空一格，将“数字表达式”中的“，”改为“to”。空一格，再将左边变量栏中的“e27.4”选中，单击上方向左的箭头，“数字表达式”中呈现“SUM(a1 to e27.4)，如图 9-2 所示。

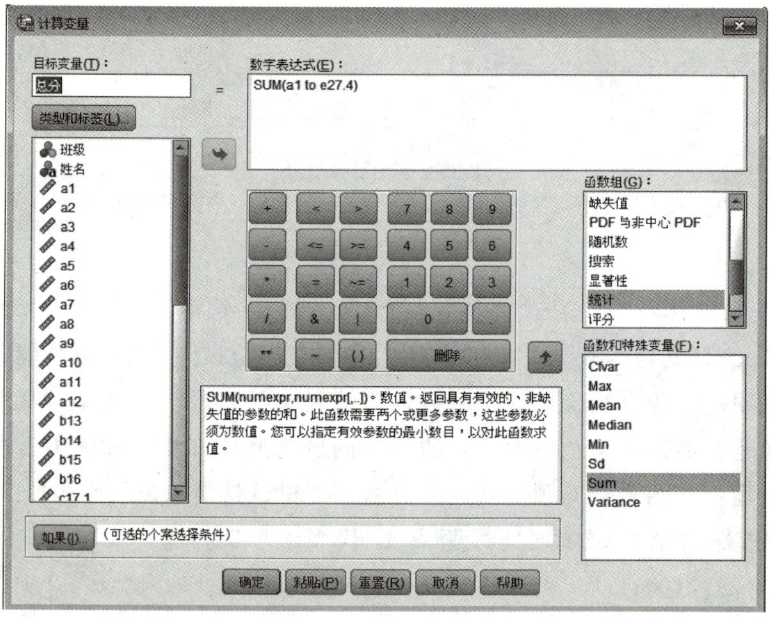

图 9-2　算试卷总分

单击“确定”按钮，查看器窗口跳至前端。查看器窗口也包括标题栏、菜单栏和常用工具栏。菜单栏和常用工具栏的功能与数据编辑器一致，主体部分由左右两部分构成，左边是树状目录结构，右边是树状目录结构的内容。内容窗口呈现出上述操作内容，返回数据编辑器窗口，会发现出现一列新变量“总分”。以同样的方法可以计算五种类型题的总分，分别以题型名称命名。将试卷总分与各题型总分的“小数位数”改为“0”，“测量”选为“标度”。

接下来，描述学生的考试成绩，计算试卷总分与各题型总分的平均分、标准差、最高分、最低分、得分分布的峰度和偏度。单击菜单栏的“分析”，选择“描述统计”→“描述”，弹出“描述性”对话框。按住“Shift”键，将左边的“总分”“单项选择题”“多项选择题”“实验解答题”“科普阅读题”“计算题”选入右边的“变量”栏，单击右侧“选项”按钮，弹出“描述：选项”对话框，勾选“均值”“标准差”“最小值”“最大值”“峰度”“偏度”，单击“继续”，返回单击“确定”按钮，如图 9-3 所示。查看器窗口中出现描述统计的结果，如表 9-5 所示。

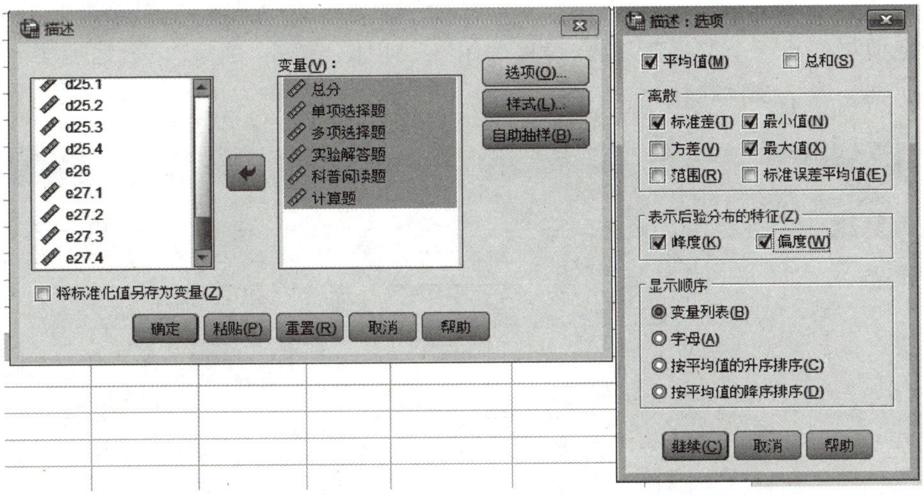

图 9-3　描述学生的成绩

表 9-5　描述统计的结果

	N	最小值	最大值	均值	标准偏差	偏度		峰度	
	统计	统计	统计	统计	统计	统计	标准错误	统计	标准错误
总分	130	32	69	57.35	7.729	−1.186	0.212	1.561	0.422
单项选择题	130	12	24	21.69	2.664	−1.512	0.212	2.293	0.422
多项选择题	130	0	8	5.72	2.171	−0.749	0.212	−0.267	0.422
实验解答题	130	11	27	21.57	3.204	−0.775	0.212	0.548	0.422
科普阅读题	130	0	4	3.08	0.705	−0.930	0.212	2.599	0.422
计算题	130	0	7	5.28	1.300	−1.239	0.212	2.848	0.422
有效个案数	130								

偏度统计值大于 0，数据为正偏分布，即大部分学生得了低分；小于 0，数据为负偏分布，即大部分学生得了高分。峰度统计值大于 0，数据陡峭程度比正态分布大，即学生的得分比较集中；小于 0，数据陡峭程度比正态分布小，即学生的得分比较分散。由表 9-5 所示，全年级参加考试的人数共有 130 人，全卷满分 70 分，年级最高分 69 分，年级最低分 32 分，年级平均分 57.35，标准差 7.729 分。大部分学生得分较高，分数分布比较集中。

（三）各层次学生的成绩分布

本例考试满分为 70 分，及格分数线为 42，中等分数线为 49，良好分数线为 56，优秀分数线为 63。统计各等级学生的人数分布，点击菜单栏的“转换”，选择“可视分箱”，弹出“可视分箱”对话框。将左边“变量”栏的“总分”选入右边“要分箱的变量”栏，点击“继续”按钮，进入“可视分箱”对话框的第二个界面。在“分箱化变量”中输入“得分等级”，下方的“最小”和“最大”报告的是总分的最低分和最高分。在“网格”表中各行“值”处依次输入“42”“49”“56”“63”，在对应的“标签”处依次输入“不及格”“及格”“中等”“良好”“优秀”，“上端点”选“排除”，单击“确定”，弹出提示框“分箱指定项将创建一个变量”，操作过程如图 9-4 所示。单击“确定”，数据编辑器窗口生成一列新变量“得分等级”。

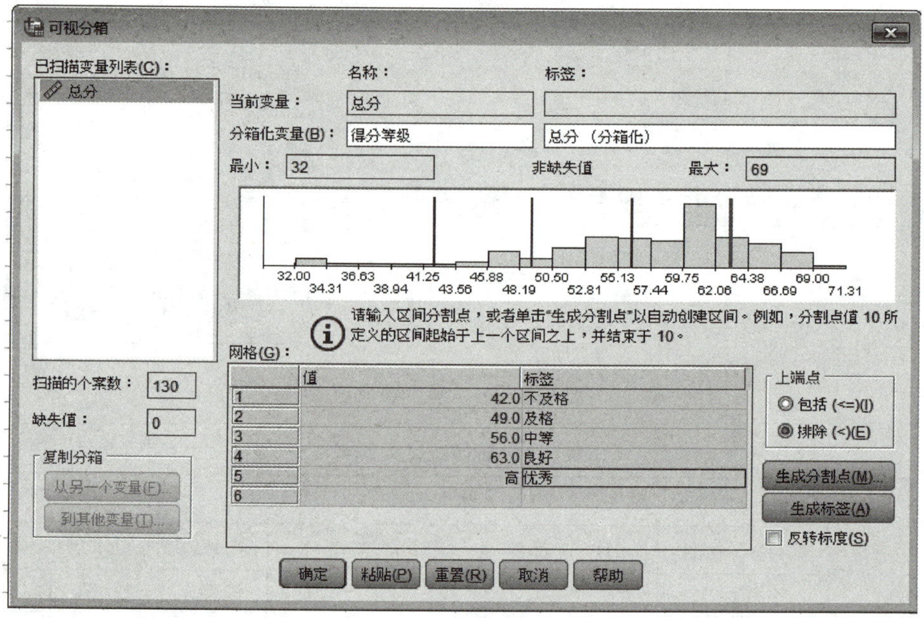

图 9-4　可视分箱操作

单击菜单栏的“分析”，选择“描述统计”→“频率”，弹出“频率”对话框。将左边的“总分(分箱化)得分等级”选入右边的“变量”栏。单击“图表”按钮，弹出“频率：图表”对话框，在“图表类型”中勾选“条形图”，单击“继续”按钮返回，点击“确定”按钮。查看器窗口出现总分(分箱化)表和总分(分箱化)图，表 9-6 列出了各分数等级学生的人数、百分比以及累积百分比。图 9-5 直观展示出各等级学生的分布对比情况。

如表 9-6 和图 9-5 所示，在良好分数段(56～63 分)的学生占比最多(占 41.5%)，其次是优秀分数段(63 分以上)的学生占比(25.4%)和中等分数段(49～56 分)的学生占比(20.8%)。全年级考试分数等级呈负偏态分布，得高分的学生较多。

表 9-6　总分（分箱化）

		频率	百分比(%)	有效百分比(%)	累积百分比(%)
有效	不及格	6	4.6	4.6	4.6
	及格	10	7.7	7.7	12.3
	中等	27	20.8	20.8	33.1
	良好	54	41.5	41.5	74.6
	优秀	33	25.4	25.4	100.0
	总计	130	100.0	100.0	

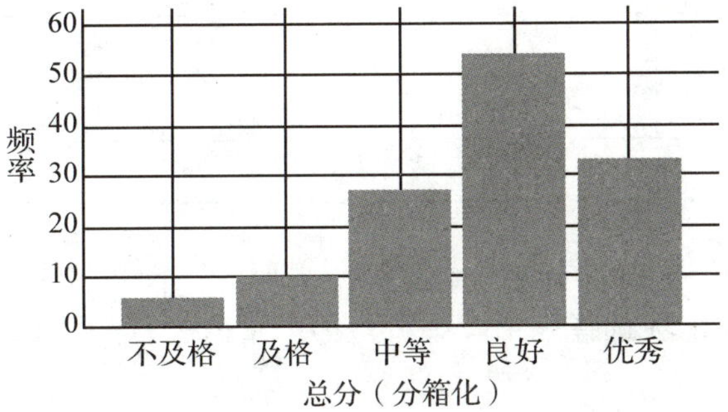

图 9-5　总分(分箱化)

(四)学生失分情况统计

本例参加考试的学生人数是 130 人。试卷有 27 道题目，每道题目都有明确的评分标准，所以失分情况的统计可以用描述每道题目各种得分的频率实现。单击菜单栏的“分析”，选择“描述统计”→“频率”，弹出“频率”对话框。按住“Shift”键，将左边的“a1”至“e27.4”选入右边的“变量”栏，单击“确定”按钮。查看器窗口出现每道题目的各种得分的频率表格，如多项选择题“b16”的得分情况如表 9-7 所示。

表 9-7　b16 得分频率

		频率	百分比(%)	有效百分比(%)	累积百分比(%)
有效	0	54	41.5	41.5	41.5
	1	22	16.9	16.9	58.5
	2	54	41.5	41.5	100.0
	总计	130	100.0	100.0	

把每道题目(或题目包含的每个问题)的失分情况按题型整理，如表 9-8 至表 9-12所示。

表 9-8　单项选择题失分情况

序号	a1	a2	a3	a4	a5	a6	a7	a8	a9	a10	a11	a12
失分人数	2	2	9	8	3	0	1	6	34	19	16	50
百分比(%)	1.5	1.5	6.9	6.2	2.3	0	0.8	4.6	26.2	14.6	12.3	38.5

单项选择题每题 2 分。由表 9-8 可以看出，在单项选择题中，失分最严重的题目是“a12”和“a9”，其次失分较多的题目是“a10”和“a11”。

表 9-9　多项选择题失分情况

序号	b13	b14	b15	b16
失 2 分人数	26	37	9	54
百分比(%)	20	28.5	6.9	41.5
失 1 分人数	7	5	10	22
百分比(%)	5.4	3.8	7.7	16.9

多项选择题满分 2 分，全选对得 2 分，选对但不全得 1 分，有错选不得分。由表 9-9 可以看出，在多项选择题中，失分最为严重的题目是“b16”，其次失分较多的题目是“b14”和“b13”。

表 9-10　实验解答题失分情况

序号	c17.1	c17.2	c18	c19	c22.2	c23.2	c23.3	c24.1
满分	2	2	2	2	2	1	1	1
失 1 分人数						13	60	70
百分比(%)						10	46.2	53.8
失 2 分人数	1	4	5	47	51			
百分比(%)	0.8	3.1	3.8	36.2	39.2			
序号	c20	c21	c22.1	c23.1	c24.2			
满分	4	3	2	2	3			
失 1 分人数	14	4	53	86	47			
百分比(%)	10.8	3.1	40.8	66.2	36.2			
失 2 分人数	6	7	13	2				
百分比(%)	4.6	5.4	10	1.5				
失 3 分人数	2	1			26			
百分比(%)	1.5	0.8			20			

实验解答题的评分情况比较复杂，除“c18”和“c19”外，其他题目均包含多个问题。“c20”和“c21”虽然包含多个问题，但各个问题是递进的层次，所以放在一起计

分。从表 9-10 可以看出，失分最为严重的题目是“c23.1”“c24.2”“c24.1”和“c22.1”，其次失分较多的题目是“c23.3”“c22.2”和“c19”。

表 9-11 科普阅读题失分情况

序号	d25.1	d25.2	d25.3	d25.4
失分人数	4	12	11	92
百分比%	3.1	9.2	8.5	70.8

科普阅读题 1 道，包含四个问题，每个问题 1 分。从表 9 11 可以看出，题目“d25.4”失分非常严重。

表 9-12 计算题失分情况

序号	e26	e27.1	e27.2	e27.3	e27.4
满分	3	1	1	1	1
失 1 分人数	10	11	46	40	111
百分比%	7.7	8.5	35.4	30.8	85.4
失 2 分人数					
百分比%					
失 3 分人数	2				
百分比%	1.5				

计算题共 2 道题。由表 9-12 可以看出，题目“e27.4”失分非常严重。

(五)计算各种类型题目的难度和区分度

各类题目的难度就是用已求得的全体学生各类题目的平均分除以每类题目的满分。难度值越大，题目越容易；难度值越小，题目越困难。表 9-5 列出了五种题目的平均分。五种题目的满分分别为：单项选择题 24 分，多项选择题 8 分，实验解答题 27 分，科普阅读题 4 分，计算题 7 分。各种题目的难度如表 9-13 所示。

表 9-13 各种类型题目的难度

类型	单项选择题	多项选择题	实验解答题	科普阅读题	计算题
难度	0.904	0.715	0.799	0.770	0.754

由表 9-13 可以看出各种类型题目对于此校全年级学生来说都比较简单，尤其是单项选择题。一般来说，作为要区分学生个体差异的学科期末考试，题目的难度为 0.3～0.7。因为是区级统考，考试对象是面向全区八年级学生，所以此校八年级学生针对此次考试考查的物理内容的学习效果非常好。

题目的区分度是指题目是否能有效鉴别学生的能力水平，计算题目区分度的方法有相关法、CR 值决断法和鉴别指数法三种。

第一种，相关法，计算各类大题与试卷总分的相关，相关系数经检验显著性水平 $P<0.05$，即说明该类型题目对学生的学习情况做了有效区分。单击菜单栏的“分析”按钮，选择“相关”→“双变量”，弹出“双变量相关”对话框。按住“Shift”键，将左边的“单项选择题”“多项选择题”“实验简答题”“科普阅读题”“计算题”“总分”选入右边“变量”栏，“相关系数”勾选“皮尔逊”，“显著性检验”点选“双尾”，勾选“标记显著性相关”，单击“确定”按钮，如图 9-6 所示。

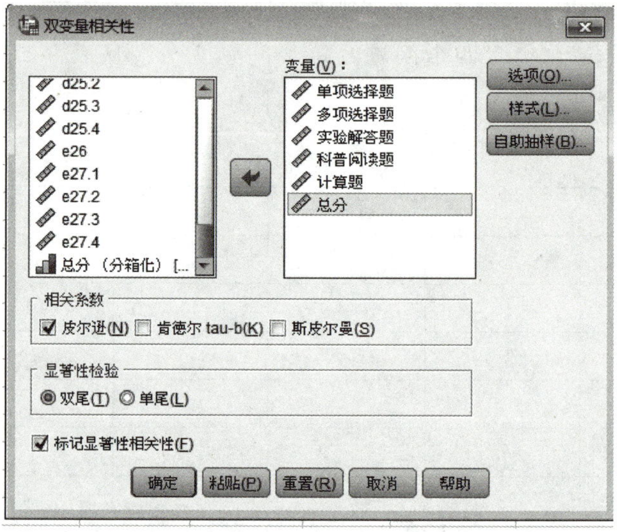

图 9-6　相关法求区分度

查看器窗口出现各种类型的题目与总分之间两两相关的结果，如表 9-14 所示。

表 9-14　各类型题目与部分的相关性

		单项选择题	多项选择题	实验解答题	科普阅读题	计算题	总分
单项选择题	皮尔逊相关性	1	0.411**	0.553**	0.295**	0.571**	0.812**
	Sig.（双尾）		0.000	0.000	0.001	0.000	0.000
	个案数	130	130	130	130	130	130
多项选择题	皮尔逊相关性	0.411**	1	0.443**	0.183*	0.511**	0.709**
	Sig.（双尾）	0.000		0.000	0.038	0.000	0.000
	个案数	130	130	130	130	130	130
实验解答题	皮尔逊相关性	0.553**	0.443**	1	0.377**	0.509**	0.850**
	Sig.（双尾）	0.000	0.000		0.000	0.000	0.000
	个案数	130	130	130	130	130	130

续表

		单项选择题	多项选择题	实验解答题	科普阅读题	计算题	总分
科普阅读题	皮尔逊相关性	0.295**	0.183*	0.377**	1	0.363**	0.461**
	Sig.（双尾）	0.001	0.038	0.000		0.000	0.000
	个案数	130	130	130	130	130	130
计算题	皮尔逊相关性	0.571**	0.511**	0.509**	0.363**	1	0.753**
	Sig.（双尾）	0.000	0.000	0.000	0.000		0.000
	个案数	130	130	130	130	130	130
总分	皮尔逊相关性	0.812**	0.709**	0.850**	0.461**	0.753**	1
	Sig.（双尾）	0.000	0.000	0.000	0.000	0.000	
	个案数	130	130	130	130	130	130

**，在 0.01 级别（双尾），相关性显著

*，在 0.05 级别（双尾），相关性显著

单项选择题、多项选择题、实验解答题、科普阅读题、计算题与总分的皮尔逊相关系数分别为 $r_a=0.812(P<0.05)$，$r_b=0.709(P<0.05)$，$r_c=0.850(P<0.05)$，$r_d=0.461(P<0.05)$，$r_e=0.753(P<0.05)$。即各类题目的得分与总分显著相关，五种类型的题目均符合区分度要求，对学生的知识和能力做了积极的区分。

第二种，CR 值决断法。将全体学生依总分高低排序，两端取总人数的 27%（可取 25%～33%）高低分组，检验高分组和低分组学生各类题目的得分是否具有显著差异。如果差异显著，则说明题目对学生的学习水平做了有效区分。

单击菜单栏的“数据”按钮，选择“个案排序”，弹出“个案排序”对话框，将左边“总分”选入“排序依据”，“排列顺序”点选“升序”，单击“确定”按钮。在数据编辑器窗口按照学生“总分”从低到高排序。这里，学生人数 130 人，取 27%分界，为 35.1 人，记下排在第 35 位附近分数不重复的学生（第 37 位）的总分 54。同样操作，将“总分”降序排序，记下排在第 35 位附近分数不重复的学生（第 33 位）的总分 63。单击菜单栏的“转换”按钮，选择“重新编码为不同变量”，弹出“重新编码为不同变量”对话框。将左边的“总分”选入“数字变量→输出变量”栏中，在“输出变量”的“名称”下输入“高低分组”，单击“变化量”按钮。单击“旧值和新值”按钮，弹出“重新编码为不同变量：旧值和新值”对话框，在“旧值”区域点选“范围，从最低到值”，下方空白处输入“54，“新值”处点选“值”，空白处输入“2”，单击“添加”按钮，点选“范围，从值到最高”，下方空白处输入“63”，“新值”处点选“值”，空白处输入“1”，单击“添加”按钮，如图 9-7 所示。单击“继续”按钮返回，单击“确定”按钮。

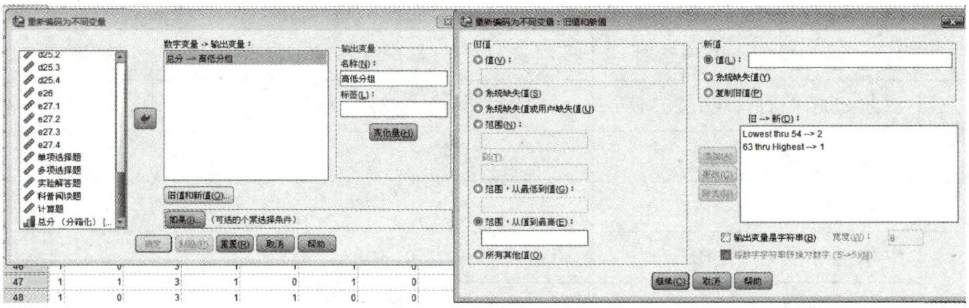

图 9-7　重新编码为不同变量

数据编辑器窗口出现一列新变量“高低分组”，在“变量视图”中对“值”处的“值标签”定义：“1”为“高分组”，“2”为“低分组”。把“小数位数”改为“0”。单击菜单栏的“分析”按钮，选择“比较平均值”→“独立样本 t 检验”，弹出“独立样本 t 检验”对话框。将左边的“单项选择题”“多项选择题”“实验解答题”“科普阅读题”和“计算题”选入“检验变量”的空白处，将左边的“高低分组”选入“分组变量”。单击“定义组”按钮，弹出“定义组”对话框，选“使用指定的值”，在“组 1”处输入“1”，在“组 2”处输入“2”，如图 9-8 所示。单击“继续”按钮返回，单击“确定”按钮。在查看器窗口出现独立样本 t 检验结果，如表 9-15 和表 9-16 所示。

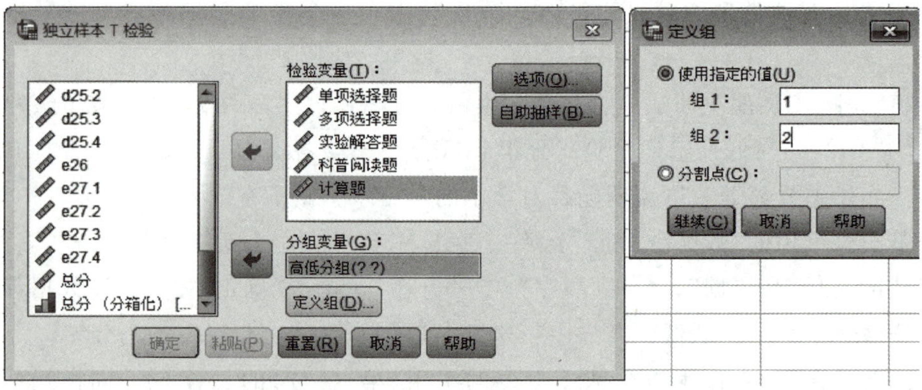

图 9-8　独立样本 t 检验

表 9-15　高低分组统计

	高低分组	个案数	平均值	标准偏差	标准误差平均值
单项选择题	高分组	33	23.52	0.870	0.152
	低分组	37	18.81	3.072	0.505
多项选择题	高分组	33	7.61	0.788	0.137
	低分组	37	3.68	2.109	0.347
实验解答题	高分组	33	24.45	1.460	0.254
	低分组	37	18.30	2.999	0.493

续表

	高低分组	个案数	平均值	标准偏差	标准误差平均值
科普阅读题	高分组	33	3.36	0.489	0.085
	低分组	37	2.78	0.917	0.151
计算题	高分组	33	6.27	0.674	0.117
	低分组	37	4.03	1.364	0.224

表 9-15 列出了高分组和低分组学生在五种类型题目上的平均分。

表 9-16 独立样本 t 检验

		莱文方差等同性检验		平均值等同性 t 检验						
		F	显著性	t	自由度	*Sig.*（双尾）	平均值差值	标准误差差值	差值 95% 置信区间	
									下限	上限
单项选择题	假定等方差	28.467	0.000	8.493	68	0.000	4.704	0.554	3.599	5.810
	不假定等方差			8.923	42.387	0.000	4.704	0.527	3.641	5.768
多项选择题	假定等方差	28.748	0.000	10.090	68	0.000	3.930	0.390	3.153	4.708
	不假定等方差			10.541	46.866	0.000	3.930	0.373	3.180	4.681
实验解答题	假定等方差	13.199	0.001	10.712	68	0.000	6.157	0.575	5.010	7.304
	不假定等方差			11.102	53.426	0.000	6.157	0.555	5.045	7.269
科普阅读题	假定等方差	4.195	0.044	3.244	68	0.002	0.580	0.179	0.223	0.937
	不假定等方差			3.350	56.159	0.001	0.580	0.173	0.233	0.927
计算题	假定等方差	4.555	0.036	8.566	68	0.000	2.246	0.262	1.723	2.769
	不假定等方差			8.873	53.877	0.000	2.246	0.253	1.738	2.753

表 9-16 列出了高分组和低分组在五类题目上得分差异的 t 检验结果，t 值即 CR 决断值。查看检验结果时，先要查看方差齐性检验的结果，看 F 值的显著性。如果显著性小于 0.05，则方差不齐性，要看相应的方差不齐性那一行(第 2 行)的 t 值和显著性，即 *Sig.*(双尾)；如果显著性大于 0.05，则方差齐性，要看相应的方差齐性那一行(第 1 行)的 t 值和显著性，即 *Sig.*(双尾)。由表 9-16 可知，五类题目的 t 值显著性均小于 0.05，说明高分组和低分组学生在五类题目上的得分均有显著差异，即五种类型的题目对学生的知识水平均做了有效区分。

第三种，鉴别指数法。鉴别指数 D 等于高分组的平均分减去低分组的平均分再除以该题目的满分。根据表 9-15 中高分组和低分组学生在五种类型题目上的平均分，计算出各类题目的鉴别指数 D，如表 9-17 所示。

表 9-17　各类题目的鉴别指数

类型	单项选择题	多项选择题	实验解答题	科普阅读题	计算题
D	0.196	0.491	0.228	0.145	0.32

一般情况下，鉴别指数小于 0.2，鉴别力差；鉴别指数在 0.2～0.30，鉴别力尚可；鉴别指数在 0.30～0.40，鉴别力良好；鉴别指数在 0.4 以上的，鉴别力非常好。由表 9-17 可知，科普阅读题和单项选择题的鉴别力差，实验解答题的鉴别力尚可，计算题的鉴别力良好，多项选择题的鉴别力非常好。本例学校八年级学生的物理成绩较好，可以参考相关法和 CR 值决断法对题目区分度的鉴别结果。

(六)求考试结果的信度

信度指的是测量结果的一致性、稳定性和可靠性程度。常用的信度评估指标有重测信度、复本信度和内部一致性信度。一般来说，学科期末考试会统一使用一套试卷，并且不进行重测，所以一般采用内部一致性信度评估考试结果的可靠性程度。单击菜单栏的“分析”，选择“刻度”→“可靠性分析”，弹出“可靠性分析”对话框，按住“Shift”键，将左边的“a1”至“e27.4”选入右边的“项”栏中，在“模型”选择“Alpha”，如图 9-9 所示。

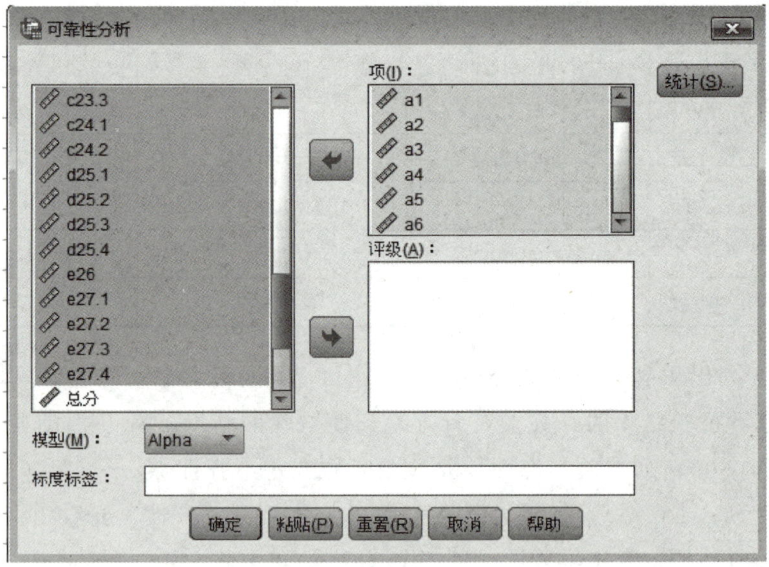

图 9-9　可靠性分析操作

单击“确定”按钮，查看器窗口显示可靠性统计结果，如表 9-18 所示。Alpha 值为 0.806。一般来说，标准化学业成就测验的信度应该达到 0.9 以上，教师自编学科测验的信度要求在达 0.6 以上。此例是某区统考，信度介于两者之间，可以保证测量结果的可靠性。

表 9-18 可靠性统计

克隆巴赫 Alpha	项数
0.806	38

(七)求考试结果的效度

效度指测量结果的有效性。学科测验的效度估计可以采用专家评定法评估内容效度，也可以用其他与此相关的学绩资料作为效标检验效标关联效度。

采用专家评定法可以将本次期末考试命题双向细目表和期末试卷交给学科专家，请专家对题目与命题双向细目表的符合程度做出判断。

采用效标关联效度既可以用其他学绩资料(如阶段测验、教师评价、课堂表现、作业成绩)与考试结果做相关，也可以用将学生总分分为高分组和低分组，考查他们在其他学绩资料中的表现是否有显著差异，即用独立样本 t 检验的方法。相关法和独立样本 t 检验的方法在前面内容中已经介绍，这里不再赘述。

(八)考试结果的比较

一般中学阶段需要对不同班级、不同学校、不同地区的学生的考试成绩进行比较，以便更好地掌握本班、本校、本地区学生的学习情况，及时找到教学中的优势和不足，改善教学方法，提高教学质量。如果是比较两类学生的考试成绩，如两个班级、两个学校、两个地区，那么要选用独立样本 t 检验；如果是比较三个或三个以上班级、学校、地区的学生的考试成绩，那么要利用单因素方差分析。

这里，比较六个班级学生的考试结果，要选择单因素方差分析的方法。单击菜单栏的“分析”，选择“比较平均值”→“单因素 ANOVA 检验”，弹出“单因素 ANOVA 检验”对话框，将左边的“总分”选入右边“因变量列表”的空白处(可以将每道小题选入，中学阶段的教学选入每道小题更有意义)，将“班级”选入右边的“因子”中，如图 9-10 所示。

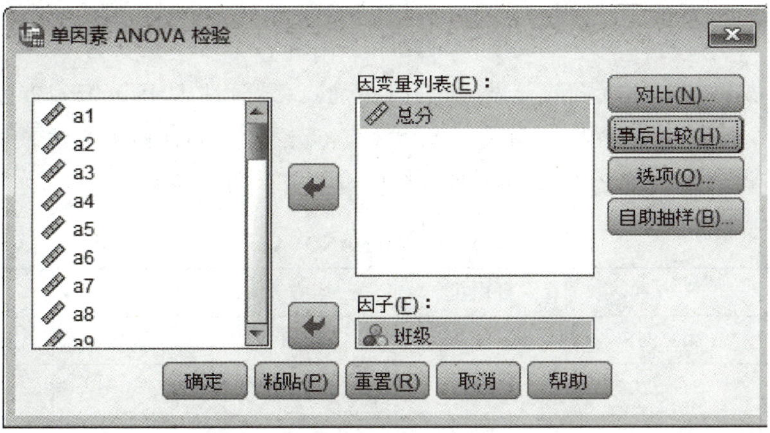

图 9-10 单因素 ANOVA 检验对话框

单击“事后比较”按钮，进入“单因素 ANOVA 检验：事后多重比较”对话框。在“假定方差相等”中勾选“LSD”，在“不假定方差相等”中勾选“塔姆黑尼 T2”，单击

“继续”返回。单击“选项”按钮，进入“单因素 ANOVA 检验：选项”对话框，在“统计”中勾选“描述”“方差齐性检验”，勾选“平均值图”，单击“继续”按钮返回，单击“确定”按钮。查看器窗口出现六个班级学生总分的描述表、方差齐性检验表、单因素方差分析表、多重比较表和平均值图，如表 9-19、表 9-20、表 9-21、表 9-22 和图 9-11 所示。

表 9-19 各班级总分描述

	个案数	平均值	标准偏差	标准错误	平均值 95%置信区间		最小值	最大值
					下限	上限		
八年级 1 班	23	60.00	6.310	1.316	57.27	62.73	37	68
八年级 2 班	25	59.92	5.196	1.039	57.78	62.06	44	68
八年级 3 班	25	57.20	9.743	1.949	53.18	61.22	32	69
八年级 4 班	8	51.00	6.969	2.464	45.17	56.83	40	59
八年级 5 班	25	56.88	9.239	1.848	53.07	60.69	34	68
八年级 6 班	24	54.88	5.566	1.136	52.52	57.23	46	65
总计	130	57.35	7.729	0.678	56.01	58.69	32	69

表 9-19 列出了各班级参加考试的人数、平均分、标准差，各班级平均分 95%的置信区间，各班级的最低分和最高分。

表 9-20 方差齐性检验

		莱文统计	自由度 1	自由度 2	显著性
总分	基于平均值	2.007	5	124	0.082
	基于中位数	1.839	5	124	0.110
	基于中位数并具有调整后自由度	1.839	5	102.300	0.112
	基于剪除后平均值	1.951	5	124	0.091

单因素方差分析的一个重要条件就是因子内部各个水平的方差要相等，即方差齐性。所以做单方差分析之前要做方差齐性检验：显著性大于 0.05，方差齐性；显著性小于 0.05，方差不齐性。由表 9-20 可知，无论采用哪种检测方法，显著性均大于 0.05，所以因子内部各个水平，即六个班级总分的方差齐性。

表 9-21 总分 ANOVA

	平方和	自由度	均方	F	显著性
组间	802.318	5	160.464	2.882	0.017
组内	6903.105	124	55.670		
总计	7705.423	129			

表 9-21 是总分的方差分析表，$F=2.882$，显著性小于 0.05，说明六个班级参加考试的学生所代表的班级总体中至少有两个班级总体的考试总分有显著差异。

表 9-22　总分多重比较

	(I)班级	(J)班级	平均值差值（I-J）	标准错误	显著性	95%置信区间	
						下限	上限
LSD	八年级 1 班	八年级 2 班	0.080	2.156	0.970	−4.19	4.35
		八年级 3 班	2.800	2.156	0.196	−1.47	7.07
		八年级 4 班	9.000*	3.063	0.004	2.94	15.06
		八年级 5 班	3.120	2.156	0.150	−1.15	7.39
		八年级 6 班	5.125*	2.177	0.020	0.82	9.43
	八年级 2 班	八年级 1 班	−0.080	2.156	0.970	−4.35	4.19
		八年级 3 班	2.720	2.110	0.200	−1.46	6.90
		八年级 4 班	8.920*	3.031	0.004	2.92	14.92
		八年级 5 班	3.040	2.110	0.152	−1.14	7.22
		八年级 6 班	5.045*	2.132	0.020	0.82	9.27
	八年级 3 班	八年级 1 班	−2.800	2.156	0.196	−7.07	1.47
		八年级 2 班	−2.720	2.110	0.200	−6.90	1.46
		八年级 4 班	6.200*	3.031	0.043	0.20	12.20
		八年级 5 班	0.320	2.110	0.880	−3.86	4.50
		八年级 6 班	2.325	2.132	0.278	−1.90	6.55
	八年级 4 班	八年级 1 班	−9.000*	3.063	0.004	−15.06	−2.94
		八年级 2 班	−8.920*	3.031	0.004	−14.92	−2.92
		八年级 3 班	−6.200*	3.031	0.043	−12.20	−0.20
		八年级 5 班	−5.880	3.031	0.055	−11.88	0.12
		八年级 6 班	−3.875	3.046	0.206	−9.90	2.15
	八年级 5 班	八年级 1 班	−3.120	2.156	0.150	−7.39	1.15
		八年级 2 班	−3.040	2.110	0.152	−7.22	1.14
		八年级 3 班	−0.320	2.110	0.880	−4.50	3.86
		八年级 4 班	5.880	3.031	0.055	−0.12	11.88
		八年级 6 班	2.005	2.132	0.349	−2.22	6.23
	八年级 6 班	八年级 1 班	−5.125*	2.177	0.020	−9.43	−0.82
		八年级 2 班	−5.045*	2.132	0.020	−9.27	−0.82
		八年级 3 班	−2.325	2.132	0.278	−6.55	1.90
		八年级 4 班	3.875	3.046	0.206	−2.15	9.90
		八年级 5 班	−2.005	2.132	0.349	−6.23	2.22

*，平均值差值的显著性水平为 0.05

查看器窗口中的多重比较表格列出了LSD和塔姆黑尼两种比较方法，因为六个班级总分的方差齐性，故表9-22只截取了LSD的比较方法。由表9-22可以看出，八年级1班的总分显著高于八年级4班和八年级6班，八年级2班的总分显著高于八年级4班和八年级6班，八年级3班的总分显著高于八年级4班。

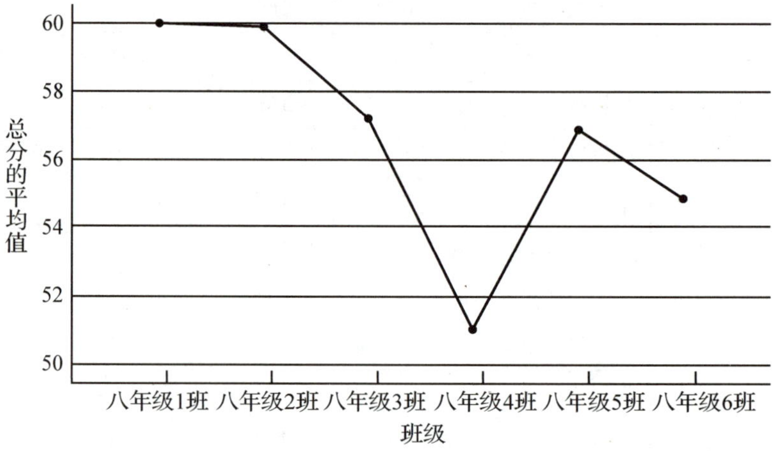

图 9-11　六个班级平均值图

从图9-11可以直观地看出六个班级总分的平均值分布情况，八年级4班此次考试的成绩最差。

三、撰写测验质量分析报告的一般结构

目前，测验质量分析报告并没有固定的统一格式，可以根据不同考试的具体情况采用不同的书写风格。下面根据以上SPSS量化分析得到的数据，为读者提供撰写测验质量分析报告的一般结构。横线处读者可根据考试的实际情况填写。

（一）测验的基本信息部分

____________学期____________考试质量分析报告

考试科目：八年级物理；考试班级：____________；考试形式：闭卷；

考试日期：________；考试时间：60分钟；试卷满分：70分。

（二）试卷分析部分

1. 指导思想和测验目的

指导思想：____________。

测验目的：____________。

2. 测量目标、考试内容、题型与分数分配

题目类型：全试卷共27道小题，包含单项选择题、多项选择题、实验解答题、科普阅读题、计算题五类题型。单项选择题12道，每题2分，共24分。多项选择题4道，每题满分2分，共8分。实验解答题8道，包含多个问题，共27分。科普阅读题1道，4问，共4分。计算题2道，共7分。

各题目主要考查内容：＿＿＿＿＿＿＿＿。

各题目主要考查目标：＿＿＿＿＿＿＿＿。

3. 试题的难度和区分度指标

各类题目的难度和区分度：如表 9-23 所示。

表 9-23　各类题目的难度和区分度

类型	单项选择题	多项选择题	实验解答题	科普阅读题	计算题
难度 *P*	0.904	0.715	0.799	0.770	0.754
与总分相关系数	0.812***	0.709***	0.850***	0.461***	0.753***
CR 决断值	8.923***	10.541***	11.102***	3.350***	8.873***
鉴别指数 *D*	0.196	0.491	0.228	0.145	0.32

注：*** $P<0.001$

难度和区分度指标的评价：（见上文，这里不再赘述）。

4. 测验结果的信度和效度分析

考试结果的信度：内部一致性信度 Alpha 值为 0.806 。

信度指标的评价：（见上文，这里不再赘述）。

考试结果的效度：＿＿＿＿＿＿＿＿。

效度指标的评价：＿＿＿＿＿＿＿＿。

（三）学情分析部分

1. 学生的整体考试情况分析

参加考试的学生整体的成绩描述：八年级六个班级共 130 人参加考试，整体成绩情况如表 9-24 所示。各分数段学生的得分分布情况如表 9-25 和图 9-12 所示。

表 9-24　学生整体成绩情况

	N	最小值	最大值	均值	标准差	偏度	峰度
总分	130	32	69	57.35	7.729	−1.186	1.561

表 9-25　总分（分箱化）

		频率	百分比	有效百分比	累积百分比
有效	不及格	6	4.6	4.6	4.6
	及格	10	7.7	7.7	12.3
	中等	27	20.8	20.8	33.1
	良好	54	41.5	41.5	74.6
	优秀	33	25.4	25.4	100.0
	总计	130	100.0	100.0	

成绩情况分析：（见上文，这里不再赘述）。

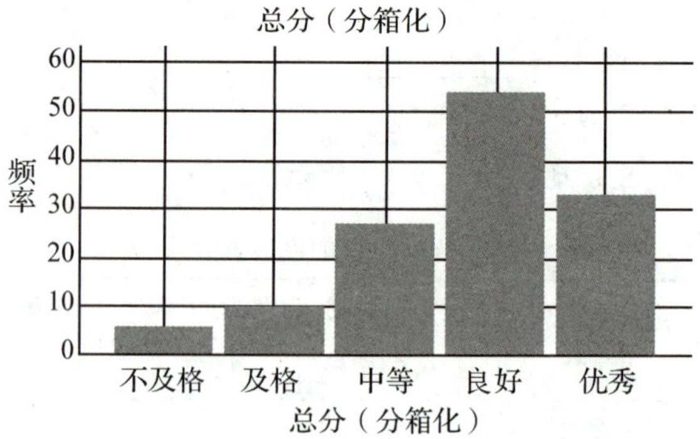

图 9-12　总分(分箱化)

2. 学生的失分情况分析

学生失分题目统计：失分题型、失分率的情况统计如表 9-26 至表 9-30 所示。单项选择题每题 2 分。由表 9-26 可以看出，在单项选择题中，失分最为严重的题目是"a12"和"a9"，其次失分较多的题目是"a10"和"a11"。多项选择题每题 2 分，全选对得 2 分，选对但不全得 1 分，有错选不得分。由表 9-27 可以看出，在多项选择题中，失分最为严重的题目是"b16"，其次失分较多的题目是"b14"和"b13"。实验解答题的评分情况比较复杂，除"c18"和"c19"外，其他题目均包含多个问题，"c20"和"c21"虽然包含多个问题，但各个问题是递进的层次，所以放在一起计分。从表 9-28 可以看出，失分最为严重的题目是"c23.1""c24.2""c24.1"和"c22.1"，其次失分较多的题目是"c23.3""c22.2"和"c19"。科普阅读题 1 道，包含四个问题，每个问题 1 分，从表 9-29 可以看出，题目"d25.4"失分非常严重。计算题共 2 道题，由表 9-30 可以看出，题目"e27.4"失分非常严重。

表 9-26　单项选择题失分情况

序号	a1	a2	a3	a4	a5	a6	a7	a8	a9	a10	a11	a12
失分人数	2	2	9	8	3	0	1	6	34	19	16	50
百分比(%)	1.5	1.5	6.9	6.2	2.3	0	0.8	4.6	26.2	14.6	12.3	38.5

表 9-27　多项选择题失分情况

序号	b13	b14	b15	b16
失 2 分人数	26	37	9	54
百分比(%)	20	28.5	6.9	41.5
失 1 分人数	7	5	10	22
百分比(%)	5.4	3.8	7.7	16.9

表 9-28　实验解答题失分情况

序号	c17.1	c17.2	c18	c19	c22.2	c23.2	c23.3	c24.1
满分	2	2	2	2	2	1	1	1
失 1 分人数						13	60	70
百分比(%)						10	46.2	53.8
失 2 分人数	1	4	5	47	51			
百分比(%)	0.8	3.1	3.8	36.2	39.2			
序号	c20	c21	c22.1	c23.1	c24.2			
满分	4	3	2	2	3			
失 1 分人数	14	4	53	86	47			
百分比(%)	10.8	3.1	40.8	66.2	36.2			
失 2 分人数	6	7	13	2				
百分比(%)	4.6	5.4	10	1.5				
失 3 分人数	2	1			26			
百分比(%)	1.5	0.8			20			

表 9-29　科普阅读题失分情况

序号	d25.1	d25.2	d25.3	d25.4
失分人数	4	12	11	92
百分比(%)	3.1	9.2	8.5	70.8

表 9-30　计算题失分情况

序号	e26	e27.1	e27.2	e27.3	e27.4
满分	3	1	1	1	1
失 1 分人数	10	11	46	40	111
百分比(%)	7.7	8.5	35.4	30.8	85.4
失 2 分人数					
百分比(%)					
失 3 分人数	2				
百分比(%)	1.5				

失分的主要内容：________________________。

失分原因分析：________________________。

3. 学生成绩的比较

全年级各班级考试分数的比较：八年级1班的总分显著高于八年级4班和八年级6班，八年级2班的总分显著高于八年级4班和八年级6班，八年级3班的总分显著高于八年级4班。

原因分析：______________。

（四）教学效果分析部分

1. 教师教法方面

教师的教学方法：______________。

在学生考试结果中的体现：______________。

2. 学生学法方面

学生的学习方法：______________。

教师对学习方法的指导：______________。

在学生考试结果中的体现：______________。

（五）改进措施与展望部分

1. 教学不足

________________________________。

2. 成功经验

________________________________。

3. 改进措施

________________________________。

课后思考题

1. 学科测验的常用题型有哪些？针对某一学科，列举这些题型考查的不同认知目标层次。

2. 请就某一学科的课程标准，编制一份学科测验并施测。

3. 根据学科测验的考试结果，运用 SPSS 进行量化分析，撰写测验质量分析报告。

第十章　教育研究问题的测量与评价实例操作

学习目的 ▶

1. 学会设计自编调查问卷。
2. 学会试测、校验问卷，编写出合格可信的正式问卷。
3. 学会利用 SPSS 软件处理问卷数据。
4. 学会将数据写入论文。

问卷调查法是教育测量与评价中经常用到的一种研究方法，主要是通过发放问卷和收集数据进行分析得到科学结论，从而找到所要研究的教育现象中隐藏的规律。通过问卷调查获得的数据相对来说比较多，一般都采用统计软件进行分析处理。目前对问卷调查的数据进行统计分析的软件较多。本章选择 SPSS 和 AMOS 作为数据分析工具，从如何自编科学问卷、如何进行问卷质量分析、如何进行数据分析出发，为学习者提供简单易操作的方法。

第一节　调查问卷试编

SPSS 软件是世界三大统计软件之一，已经成为全世界通用的大数据处理工具。在调查问卷的数据处理上，SPSS 超越了传统的 Excel 的描述型百分比数据，从统计学意义上确定了数据概率的发生率，是差异性检验软件。其中回归(预测性分析)、因子分析(问卷效度)、相关(问卷信度)等是具有统计学意义的分析手段。

问卷一般分为开放性问卷和封闭性问卷。开放性问卷由自由作答的问题组成，所有问题由调查者自由陈述，不适合做 SPSS 数据分析；封闭性问卷由调查者事先设计好分级可能的选项，适合量化统计。这里着重讲封闭性问卷的设计与统计。

一、问卷设计维度的确定

(一)确定变量

开展实证性研究的第一步就是确定论文选题。在论文选题确定后，要根据选题中的变量进行问卷维度的设计。变量常分为自变量和因变量。通俗地说，自变量一般是影响结果的因素，因变量是被影响的结果。例如，学习环境、学习方法或人际关系对学生成绩的影响中，学习环境、学习方法或人际关系是自变量，学习成绩是因变量。影响学习成绩的因素有很多，我们不能一一去分析所有的变量起到的作用，但我们可以去测量其中的一小部分，如常见论文题目，可以拆分成 3～4 个自变量，编写这几个变量的调查问卷，通过收集足够的样本，利用 SPSS 软件进行分析，解析所研究的这几个变量与学习成绩的关系，这是具有统计学意义的。

案例链接

常见教育问题选题举例。

1. 中学生手机使用对学习成绩的影响研究。
2. 大学生人际关系对就业心理的影响研究——有调节的中介模型。
3. 小学高年级课外辅导与学习成绩关系研究。
4. 英语课堂小组合作对英语成绩的影响研究。
5. 网络文学对中学生语文兴趣影响研究。

其中，前者是自变量，后者为因变量。无论是自变量还是因变量，都可以进行拆分。

（二）提取变量

本章以“大学生手机使用对人际关系影响研究”为例。自变量是手机的使用。有许多人发现大学生对手机有依赖，可能影响人际关系。

拆分自变量“手机使用”为使用时间、手机用途、手机依赖、手机消费。

因变量为人际关系（可采用郑日昌编制的人际关系综合诊断量表——28 题）

中介变量，引用自我控制问卷，构想在手机使用和人际关系间起中介作用。

调节变量，引用意志控制问卷，检验在手机使用和人际关系间是否起调节作用。

二、问卷编制的过程与要求

通过对选题中的变量的确定与提取，明确自变量、因变量、中介变量、条件变量。依据研究需要，将每种变量作为一个维度进行自编问卷的设计与编制，具体过程与要求见表 10-1。

表 10-1　自编问卷类论文基本写作过程与要求

1. 查资料、请教专家确定问卷构成维度	例：地域歧视问卷（偏见、共情、态度和言行）
2. 编制问卷	要求：每维度 5 题起，计分趋势一致
3. 试测初始问卷	要求：将初始问卷寻找初试试测 100 份以上
4. 初始问卷项目分析	t 检验、可靠性、题总相关、共同性与因素负荷
5. 正式问卷之探索性分析	试测合格问卷，正式测验后样本随机一半
6. 正式问卷之验证性分析	正式测验后样本随机一半（信度、效度 AMOS）
7. 写论文摘要	目的、方法、结果与结论
8. 文献综述	问卷所涉及的各概念的解析与引证
9. 对象与方法	问卷的编制与检验结果的撰写
10. 讨论与未来研究方向	问卷的应用与不足等

三、问卷编制的实例

以“地域歧视心理量表”为例，自编问卷：围绕偏见、共情、态度和言行四个方面，每个因素编写 5 道题以上。编制的问卷题目一定不要离开自己选定的因素范围，可以换种说法以验证被试是否认真回答了问题。建议问卷采取 5 级或 7 级计分制，一般选项为非常同意、比较同意、一般、比较不同意、非常不同意。所有题目计分规则应该一致，避免统计错误。负向计分题尤其要注意。对于多选题，可以计算比例分布，可以做交叉分析。但一般不能进行差异检验和相关预测。具体操作步骤如下。

第一，明确目的。更好地了解地域歧视问题，编制地域歧视问卷。

第二，选取代表性因子。经多方查找社会心理学资料，与多位心理学专家探讨，最终形成四个因子：对地域歧视的认识，对歧视者的态度，对被歧视地区的态度，对地域歧视危害的态度。

第三，经反复推敲，形成24项初始问卷(见表10-2，此问卷未经验证，不建议使用)。

表 10-2　地域歧视态度初始问卷

题项	非常不同意	比较不同意	不确定	比较同意	非常同意
一、对地域歧视的认知(偏见与倾向)					
1. 穷山恶水出刁民	1	2	3	4	5
2. 物以类聚，人以群分	1	2	3	4	5
3. 苍蝇不叮无缝的蛋	1	2	3	4	5
4. 出身决定性格，性格决定命运	1	2	3	4	5
5. 嫁人不嫁凤凰男	1	2	3	4	5
6. 十里不同风，百里不同俗(负向)	1	2	3	4	5
二、对歧视者的态度					
7. 一竿子打死一船人	1	2	3	4	5
8. 地域歧视是一般暴力行为	1	2	3	4	5
9. 根本不了解别的地方的真实情况	1	2	3	4	5
10. 歧视者认为自己高人一等	1	2	3	4	5
11. 有的人对外地的歧视是人云亦云	1	2	3	4	5
12. 歧视别人的人，也会被别人歧视	1	2	3	4	5
三、对被歧视地区的态度	1	2	3	4	5
13. 贫穷落后地区注定过不上好日子	1	2	3	4	5
14. 少数人的行为代表不了整个地区	1	2	3	4	5
15. 地区差异是很难被改变的	1	2	3	4	5
16. 不能一人犯错，地域连坐	1	2	3	4	5
17. 你更愿意和什么人交朋友	1 志同道合	2 共同兴趣	3 都行	4 外地人	5 本地人
18. 富在深山有远亲	1	2	3	4	5
四、对地域歧视危害的态度	1	2	3	4	5
19. 不控制地域歧视会转变成地域冲撞	1	2	3	4	5
20. 不加验证的地域攻击会带来伤害	1	2	3	4	5
21. 地域黑是同一国度之间互相伤害	1	2	3	4	5
22. 地域歧视隔阂造成地区对立分离	1	2	3	4	5
23. 地域歧视会造成社会冲突更剧烈	1	2	3	4	5
24. 地域歧视可能会带来分裂	1	2	3	4	5

四、问卷编制注意事项

问卷编制看似简单，但如果不遵循其中的要求与原则，编制的问卷质量难以保证，后期的数据处理也困难重重。为保证教育问题的研究结果客观真实、易于处理，问卷编制要注意以下几点。

第一，最好采用李克特5点、7点计分制，便于在SPSS软件里统计。

第二，计分要统一。例如，生命价值观问卷分越高，表明初中生生命价值观越正确；得分越低，表明越不正确。一般选项为非常不同意、比较不同意、一般、比较同意、非常同意。

第三，问卷不能直接大量调查，要先经过试测、检验，各项指标合格后才能正式调查。

第四，问卷题目数量要有度。太多，被试不愿意认真回答；太少，会有遗漏的指标。一般设置4个维度，最合适的是20道题，即每个因子5～7题。一般每维度不能少于3道。

第五，问卷要有测谎题。例如，在第1题调查你做事很认真，间隔几道题要变换形式再问一次。如果回答为不认真，则证明其没有认真回答，问卷无效。

第二节　调查问卷的校验

问卷编制完成后，并不能被直接当作有效的测量工具，还要经过多次的试测与校验。试测分为项目分析（t检验、题总相关、可靠性分析、共同性和因素负荷）和探索性分析（EFA）。

一、项目分析

（一）t检验

t检验的目的在于检验自编问卷每道题区分度的大小。过程是取数据前后27%的被试，将其分成高分组和低分组，将自编问卷题目以2个组为区别变量检验区分度，正常的调查高分组和低分组应该有实质性差异。如果有题目经t检验，$p>0.05$，则表明该试题区分度不高，高分组和低分组没有实质性差异，不适合测量，要删掉或修改。

将编好的问卷，选取适量（100人以内即可）被试进行试测，回收问卷，录入SPSS软件进行项目分析的t检验，具体步骤如下。

第一步，筛选无效问卷。

将回收的数据进行筛选，这是保证问卷可信的前提条件。

第一，有发放网络问卷的，将答题时间过少的删掉。这很有可能是敷衍回答。

第二，所有选项均选择同一答案的删掉。

第三，以自相矛盾的答案做参考，将回答前后不一的数据删掉。

第四，如果纸质问卷漏答太多，也要删掉。

筛选无效问卷会使问卷数据更接近真实，有助于增强论文的说服力。

第二步，计算问卷总分。

图 10-1　计算问卷总分

打开 SPSS 软件，选择“转换”，点击“计算变量”，在目标变量中输入“总分”，在数字表达式框中输入“SUM”，在函数组中选择“统计量”，之后在函数和特殊变量中选择“SUM”(计算总分)，会显示“SUM(?,?)”。从序号下面的题目中选择，第一个问号改为要计算题中的第一题，第二个问号改为要计算题中的最后一题，中间用 to 连接。或将问卷的问题(不包括人口学变量)放入数字表达式中，并且每个题之间用“+”连接。点击“确定”，总分计算显示在数据视图中，如图 10-1 所示。

第三步，将数据分成高分组和低分组。

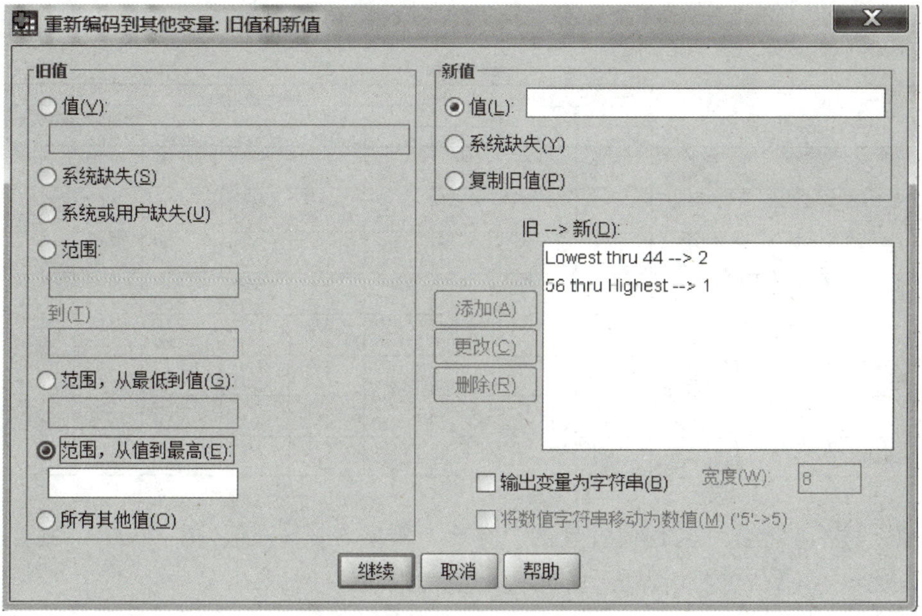

图 10-2 计算问卷总分高低分组

将计算得到的总分降序排列，前后计算问卷总份数的 27%，得出高低分组结果。例如，问卷 300 份，计算前后 27%，得出结果为 81。从上向下找到第 81 份问卷，所得分数为 x；从下向上找到第 81 份问卷，所得分数为 y。在 SPSS 软件中选择“转换—重新编码为不同变量”，将总分填入“数字变量→输出变量”中，名称填写“高分组”，单击“旧值和新值”，在旧值下的“值 ”中输入“高分组”，在“范围，从值到最高”中输入 x，在新值下的“值”中输入“1”，单击“添加”按钮。在旧值下的“值 ”中输入“低分组”，在“范围，从值到最高”中输入 y，在新值下的“值”中输入“2”，单击“添加”按钮后单击“继续”按钮，如图 10-2 所示。单击“确定”按钮，高低分组显示在数据视图中。回到 SPSS 软件变量视图界面，点中“值”，弹出值标签，在值框里输入“1”，标签输入“高分组”，确定完成。重复此步骤，输入“2”，标签定义为低分组。

第四步，独立样本 t 检验。

SPSS 软件中，选择“分析－比较均值”→“独立样本 t 检验”，将所有自编问卷题填入“检验变量”中，将高低分组填入“分组变量”，点击“定义组”，在“组 1”后填写“1”，在“组 2”后填写“2”，点击“继续”。单击“确认”按钮，独立样本 t 检验显示在输出文档中。

第五步，筛选试题。

表 10-3　问卷题目有效性 *t* 检验

独立样本检验

		方差方程的 Levene 检验		均值方程的 t 检验						
									差分的 95% 置信区间	
		F	Sig.	t	df	Sig.(双侧)	均值差值	标准误差值	下限	上限
8.你认为人生最需要的是	假设方差相等	0.339	0.561	-1.098	329	0.273	-0.912	0.831	-2.546	0.722
	假设方差不相等			-1.229	4.156	0.284	-0.912	0.742	-2.941	1.118
9.假如你在人生的道路上遇到重大挫折，你认为最主要的原因是	假设方差相等	0.067	0.796	-3.249	329	0.001	-1.393	0.429	-2.236	-0.549
	假设方差不相等			-2.531	4.074	0.063	-1.393	0.550	-2.909	0.124
10.你对待挫折的态度是	假设方差相等	11.263	0.001	-2.305	329	0.022	-1.591	0.691	-2.950	-0.233
	假设方差不相等			-7.318	5.587	0.000	-1.591	0.217	-2.133	-1.050
11.你愿意选择哪种生活方式	假设方差相等	7.064	0.008	-1.196	329	0.233	-0.435	0.364	-1.151	0.281
	假设方差不相等			-2.122	4.413	0.095	-0.435	0.205	-0.984	0.114
12.你最喜欢的奋斗方式是	假设方差相等	17.871	0.000	-4.354	329	0.000	-1.472	0.338	-2.138	-0.807
	假设方差不相等			-35.212	325.000	0.000	-1.472	0.042	-1.555	-1.390
13.下列观点中你最同意的是	假设方差相等	7.562	0.006	-5.109	329	0.000	-1.647	0.322	-2.282	-1.013
	假设方差不相等			-41.314	325.000	0.000	-1.647	0.040	-1.726	-1.569
14.你认为实现人生价值主要依靠	假设方差相等	18.705	0.000	-1.737	329	0.083	-0.656	0.378	-1.400	0.087
	假设方差不相等			-14.043	325.000	0.000	-0.656	0.047	-0.748	-0.564
15.评价一个人的人生价值观最主要是	假设方差相等	11.453	0.001	-2.188	329	0.029	-1.046	0.478	-1.987	-0.106
	假设方差不相等			-17.693	325.000	0.000	-1.046	0.059	-1.162	-0.930

独立样本 *t* 检验中，均值方程的 *t* 检验，如果 *Sig.*（双侧）值＜0.05，则保留原试题；如果 *Sig.*（双侧）值＞0.05，则修改或删除原试题。

表 10-3 中第 8 题 *Sig.*（*p*）值为 0.273，没有区分出高分组和低分组的实质性差别，判定为不合格。第 9 题 *Sig.*（*p*）值为 0.001，能有效区分出高分组和低分组的实质性差别，合格。将不合格问题删除或修改后，再度进行试测，收回后再进行筛选。所有试题 *Sig.* 值都＜0.05，表明此问卷全部试题都合格，可以进行正式编制发放。

（二）题总相关

某一题与总分相关越高，表示该题与总问卷同质性越高。以相关系数 0.4 为界，小于 0.4 的题目应该被删除。打开 SPSS 软件，单击“分析”→“相关”→“双变量”，弹出“双变量”相关对话框。将所有问卷题目项和总分挪入右侧变量框内，单击“确定”按钮。在 SPSS 查看器里有相关性表格选取“总分”一行相关系数，查看有没有小于 0.4 的题项。如果有，要删除或修改。

（三）可靠性分析

可靠性分析是自编问卷的可信度，能够检验问卷的同质性。可靠性分析中如果删除某道题目能提高整体信度，则要删除该题目。SPSS 中，选择“分析”→“度量”→“可靠性分析”，打开“可靠性分析”对话框，将问卷题目挪入“项目”框内，单击“统计量”，打开“可靠性分析：统计量”对话框，点选“如果项已删除则进行度量”，“项之间”点选“相关性”，单击“继续”→“确定”，完成运算。在项总计统计量表格里查看项已删除的 Cronbach’s Alpha 值，如果某题值大于上面可靠性统计量的问卷总信度值，则表明该题删除后会提高问卷总信度，要予以删除。

（四）共同性和因素负荷

共同性是题目能解释共同特质的变异量，值越高表明能测量到的因子的程度越高，共同性越大，变量能被因子说明的程度越高，即因子可解释该变量的方差越多。

共同性的意义在于说明如果用共同因子替代原始变量后，原始变量的信息被保留的程度。如果某题共同性少于 0.2，则要删除。因素负荷量表示题目与因子关系的紧密程度，值越大，越能反映因子，一般要求大于 0.45。单击“分析”→“降维”→“因子分析”，抽取中选择“因子的固定数量”，输入“1”，单击“继续”按钮。单击“旋转”按钮，选择最大方差法进行因子分析。SPSS 17.0 里，公因子方差，即问卷的共同性要求题项的共同性大于 0.2。成分矩阵表格里就是每题的因素负荷量，要求大于 0.45。

二、探索性因素分析

探索性因素分析与前面共同性和因素负荷量共同采用 SPSS“分析”→“降维”→“因子分析”，不同的地方在于收集的指标不同。探索性因素分析主要指标如下。

第一，KMO 与 Bartlett 的球形度检验，KMO 值得在 0～1，越接近 1 越适合做因子分析。KMO 值＜0.6 时，已经不适合做因子分析了。球形度的检验显著性要小于 0.05。

第二，特征值＞1。

第三，陡坡图保留＞1 的因子。

第四，所提取的因子共同解释率＞50%。

第五，每个因子题目要大于 3 道。

第六，某题在 2 个以上因子因素负荷率为 0.4 以上，则不符合要求。

第七，第一个因子贡献率不能超过 40%(超过了证明有共同方法偏差)。

具体操作：单击“分析”→“降维”→“因子分析”，出现“因子分析”对话框，将单张问卷全部题目挪入“变量”框中，描述里选择 KMO 和 Bartlett 的球形度检验，这是检验是适合做因子分析的指标。单击“选项”按钮，取消小系数，绝对值输入“0.45”(有的要求 0.3 即可)，单击“继续”按钮。探索性分析的结果查看，KMO 和 Bartlett 的检验，要求 KMP 值＞0.6，*Sig.*＜0.05，使检验有意义；特征值＞1 的因子累计贡献率要大于 50%；不能有同一题项在 2 个以上成分里都在 0.4 以上；每个题项在旋转成分矩阵里提取的值要大于 0.45。

三、计算试测问卷的信度和效度

试测问卷所有题目合格后，要计算出试测问卷的总体信度和效度。

(一)信度

全问卷信度：在 SPSS 软件中，打开“分析”→“度量”→“可靠性分析”，将所有试测问卷题目放入选择框中，右边功能选择“相关性”，计算得到的可靠性统计量即为问卷整体信度，如图 10-3 所示。计算各指标分信度，重复此步操作，只是放入左边框中的题目换成分因子所属题目。

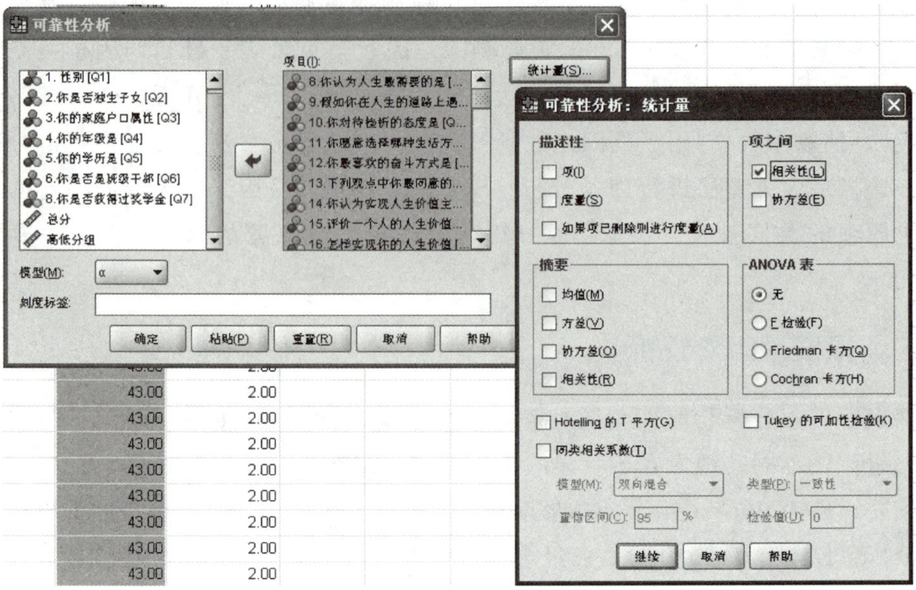

图 10-3　问卷总体信度检验

分因子信度：经 SPSS 探索性因素分析后，每个因子内的题目计算得来的信度。

重测信度：仅有一次调查，属于横断数据，会有误差影响调查结果，所以有的地方会要求有再测数据。可以选取总被试的一部分，间隔一周到一个月均可以。第二次进行同一问卷测试，两次回答分别按因子加总分做双变量相关，求得的相关系数即为再测信度。

(二)效度

自编问卷的效度不采取引用问卷的效标效度，一般采用 SPSS 软件中的因子分析。在 SPSS 软件中，打开“分析”→“降唯”→“因子分析”，将所有题目放入操作框中，右边选择“最大方差法”，计算得来的即为问卷因子构成，如表 10-4 所示。

表 10-4　旋转成分矩阵

	成分		
	1	2	3
大学英语			0.830
高等数学	0.906		
大学语文			0.827
计算机基础	0.886		
机械制图	0.914		
邓小平理论		0.905	
马克思主义哲学		0.877	

1. 结构效度

结构效度考查的是问卷调查数据与问卷结构的拟合程度，需要用到 AMOS 软件进行验证。

表 10-5 生命价值观问卷验证性因素分析拟合指数

χ^2	df	χ^2/df	GFI	AGFI	IFI	TLI	SRMR	RMSEA
281.332	128	2.198	0.937	0.916	0.947	0.936	0.005	0.034
越小越好		<3	>0.9	>0.9	>0.9	>0.9	<0.08	<0.05

问卷所有拟合指数都在合理范围内，因此生命价值观问卷对数据的拟合较好。由表 10-5 可知，χ^2/df 的值为 2.198，小于 3，适配良好；RMSEA 为 0.034，小于 0.05，适配良好；GFI 为 0.937，大于 0.9，结果适配较好；IFI 为 0.947，大于 0.9，结果适配良好；AGFI 为 0.916，大于 0.9，结果适配较好；TLI 为 0.936，大于 0.9，结果适配良好。综合表 10-5 来看，生命价值观问卷的模型与数据适配良好。

操作：在 AMOS 中画好问卷的测量模型图，椭圆为潜变量，长方形为问卷中的题目，小圆为误差变量，如图 10-4 所示。

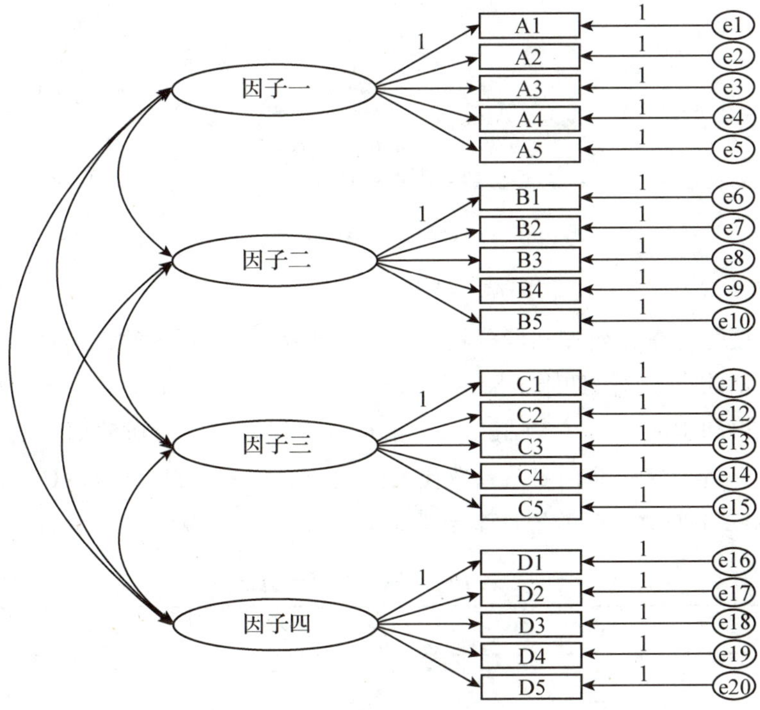

图 10-4 拟合度指数 AMOS 操作示范 1

单击“数据”，出现“date-file”对话框，单击“file-name”，将个人调查数据导入。单击“变量匹配”，将个人问卷因子 1 包含的题目逐一用鼠标左键按住拖曳到右侧潜变量题目框内。重复此操作，将右侧潜变量题目框内拖曳到相对应的问卷题目。数据导入后，将 AMOS 文件保存。

保存完毕后，单击“运算参数设置”，将弹出来的对话框中“output”栏里的勾全选上，再单击“计算模型”，点查看简单运算结果，图形上出现是非标准化运算结果。若要看标准化结果，需点击图形功能区＋号和－号右下侧的“Standardized estimates”。单击“查看具体运算结果”，选择“Model Fit”（模型适配），右侧就是模型拟合度指数，摘抄即可，如图 10-5 所示。

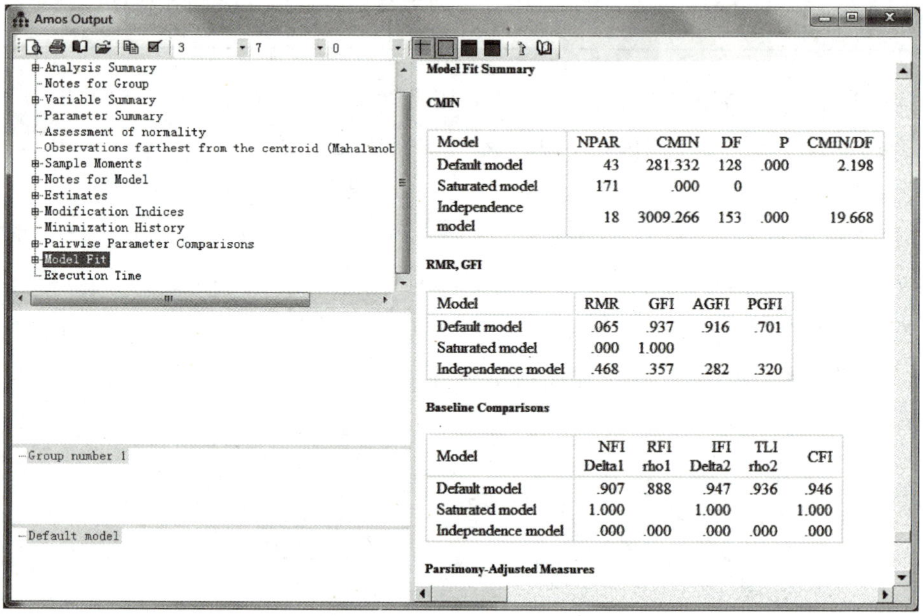

图 10-5 拟合度指数 AMOS 操作示范 2

2. 建构效度

建构效度分为聚敛效度和区分效度，都需要用到 AMOS 软件运算。

打开 AMOS，查看“具体结果运算结果”，点击“Estimates”，右侧标准化回归系数（Standardized Regression Weights）会出现自编问卷每题对所属因子的贡献量，即因素负荷量。将这些标准化回归系数代入公式，即可算出组合信度（CR）和平均变异抽取量（AVE）。聚敛效度的统计学要求是 CR>0.50，AVE>0.5 以上。

表 10-6 聚敛效度示范

			标准化因子量	AVE	CR
Q8	<---	教师形象	0.721	0.54	0.854
Q7	<---	教师形象	0.728		
Q6	<---	教师形象	0.710		
Q5	<---	教师形象	0.706		
Q4	<---	教师形象	0.806		

续表

			标准化因子量	AVE	CR
Q13	<---	教师胜任力	0.788	0.542	0.854
Q12	<---	教师胜任力	0.779		
Q11	<---	教师胜任力	0.750		
Q10	<---	教师胜任力	0.771		
Q9	<---	教师胜任力	0.873		
Q18	<---	教师影响力	0.736	0.524	0.846
Q17	<---	教师影响力	0.753		
Q16	<---	教师影响力	0.700		
Q15	<---	教师影响力	0.720		
Q14	<---	教师影响力	0.710		

由表 10-6 可知，教师形象、教师胜任力、教师影响力各个潜变量对应各个题目的因子荷载均大于 0.7，说明其各个潜变量对应所属题目具有很高的代表性。另外各个潜变量的平均方差变异 AVE 均大于 0.5，且组合信度 CR 均大于 0.8，说明聚敛效度理想。

聚敛效度的公式为：各个标准系数之和的平方÷(各个标准系数之和的平方＋各个标准系数标准误之和的平方)。

表 10-7 某某问卷区分效度

	教师影响力	教师胜任力	教师形象	教师品德
教师影响力	0.724			
教师胜任力	0.491***	0.845		
教师形象	0.486***	0.660***	0.742	
教师品德	−0.027**	−0.045*	−0.123*	0.698

*** p 值小于 0.001；对角线为 AVE 平均方差变异抽取量

由表 10-7 可知，教师形象、教师胜任力、教师影响力之间均具有显著的相关性($p<0.001$)，另外相关性系数绝对值均小于所对应的 AVE 的平方根，即说明各个潜变量之间具有一定的相关性；且彼此之间又具有一定的区分度，即说明量表数据的区分效度理想。

操作：打开 AMOS，点击“具体结果运算结果”，点击“Estimates-Matrices-Implied(for all wariables)”，对角线取值见图 10-6。

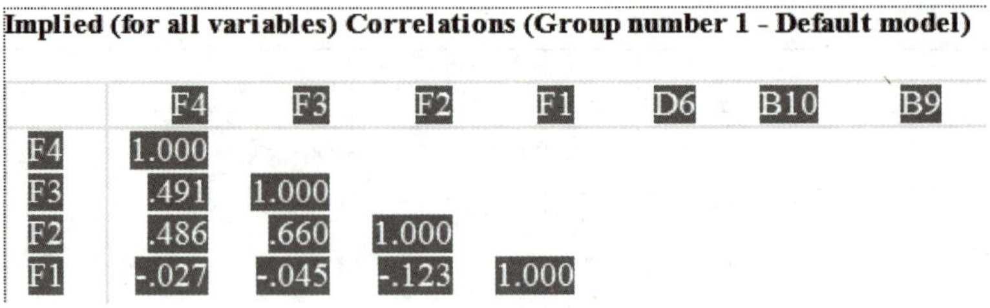

Implied (for all variables) Correlations (Group number 1 - Default model)

	F4	F3	F2	F1	D6	B10	B9
F4	1.000						
F3	.491	1.000					
F2	.486	.660	1.000				
F1	-.027	-.045	-.123	1.000			

图 10-6　区分效度指标选取示意图

第三节　正式问卷数据的处理

一、正式问卷数据的修正

问卷经过试测处理后，形成正式问卷，在被试群体中按照要求选取被试进行作答。正式问卷回收后，数据要随机分成 3 份。样本一用于探索性分析，样本二用于验证性分析，样本三用于重测信度检验。

二、问卷数据的描述

在统计工作中，平均数(M)和标准差(SD)是描述数据资料集中趋势和离散程度的两个最重要的测度值。其他常用到的描述值是频率(N)、最小值(Min)、最大值(Max)。

(一)平均数

平均数又称均值，属于统计学术语，是表示一组数据集中趋势的量数，指在一组数据中所有数据之和再除以这组数据的个数。

(二)标准差

标准差(Standard Deviation)在概率统计中最常被用作统计分布程度(Statistical Dispersion)上的测量。标准差是总体各单位标准值与其平均数离差平方的算术平均数的平方根。它反映了组内个体间的离散程度。标准差就是样本平均数方差的开平方。标准差通常是相对于样本数据的平均值而定的，通常用 $M \pm SD$ 来表示，表示样本某个数据观察值相距平均值有多远，标准差受到极值的影响。标准差越小，表明数据越聚集；标准差越大，表明数据越离散。

三、各人口学变量的检验

(一)t 检验

先计算拆分后每个自变量总分，记为成分 1，成分 2…转换中选择计算变量，目标变量中输入成分 1，将属于成分 1 的题目相加(与上述计算总分的步骤相同)，单击“确定”按钮，计算拆分变量后的所有成分，成分总分显示在数据视图中。

“分析”中选择“比较均值”→“独立样本 t 检验”，将每个成分都添加到“检验变量”中，人口学变量性别填入分组变量中，单击“定义组”，将组赋值，单击“继续”按钮。单击“确定”按钮，人口学变量性别的独立样本 t 检验显示在输出文档中，如表 10-8 所示。

表 10-8　人口学变量性别的独立样本 t 检验

		方差方程的 *Levene* 检验		均值方程的 t 检验						
									差分 95% 置信区间	
		F	*Sig.*	t	df	*Sig.*（双侧）	均值差值	标准误差值	下限	上限
6	假设方差相等	6.284	0.013	2.035	473	0.042	0.210	0.103	0.007	0.412
	假设方差不相等			1.908	159.944	0.058	0.210	0.110	−0.007	0.427
7	假设方差相等	1.143	0.286	2.022	473	0.044	0.223	0.110	0.006	0.440
	假设方差不相等			2.075	181.859	0.039	0.223	0.108	0.011	0.435

首先看假设方差相等一行，如果 *Sig.*＞0.05，则说明两列数据方差齐性，检验结果 p 看上边行 0.931，表明两种不同人口学变量（如男女）间没有实质性差异。如果 *Sig.*＜0.05，则看下边行 0.003，说明两种不同人口学变量（如男女）间有实质性差异（本次 t 检验置信区间为 95%，即研究者有 95%的把握证明此次结果是正确的。0.003 是手动修改，为了使学生有直观印象）。

经过 t 检验后，我们可以得出不同人口学变量间对此次调查问卷的相同或不同看法，由此可以解释我们研究之初提出的各种假设。具体在论文中的分析，只需要就数据分析结果进行解释和原因分析。

（二）方差分析

自变量水平多于 3 个时，不能使用 t 检验，这时可以用方差分析。SPSS 分析中选择“比较均值”→“单因素”，将因变量数据填入因变量列表中，将人口学变量（大于两个的组别，如年级）填入因子中，点击“两两比较”，选择“LSD”→“Bonderroni(B)”→“Tukey”。点击“确定”→“方差齐性检验”，多重比较结果显示在输出文档中。

四、各变量相关、回归与中介效应的分析

（一）相关

分析中选择“相关”→“双变量”，将因变量数据、自变量拆分后的所有成分填入变量中，单击“选项”按钮，选择“均值和标准差”，单击“继续”按钮，点击“确定”按钮，相关性显示在输出文档中。

(二)回归与中介效应分析

1. 回归的分析

分析中选择“回归”→“线性”，将因变量数据放入因变量中，将自变量拆分后的成分填入自变量中。统计量中，选择 R^2 变化，点击“继续”，点击“图形绘制”，将“DEPENDNT”填入“X”中，将“ZPRED”填入“Y”中，点击“继续”。单击“确定”→“模型汇总”→“Anova”→“系数”，散点图显示在输出文档中。若模型汇总中 R^2 约等于 0.5，“Durbin－Wataon”值约等于 2，则适合做回归。根据系数表格可获得回归方程：$Y=a+bx$　$y=a+bx_1+cx_2$。x 代表自变量，y 代表因变量。

2. 中介效应分析

中介效应分析适用于三个变量以上，x 为自变量，m 为中介变量，y 为因变量。硕士论文需要将三者之间关系阐述清楚。中介效应检验需要用到三个方程：$y=cx+e_1$，$m=ax+e_2$，$y=c'+bm+e_3$。

使用 SPSS 软件做中介分析，首先将三个变量数值减去均值，得到标准化变量新值，第一步检验 c，用 x，y 做回归分析，因为是标准化数据，所以要看标准系数一栏，0.678 即 c 值，$Sig.$ 是 0.000(如果大于 0.05，则不能继续进行中介)，显著，可以继续进行中介效应检验，如表 10-9 所示。

表 10-9　回归与中介效应检验

模型		非标准化系数			标准系数	t	$Sig.$
		B	标准误差	试用版			
1	(常量)	0.002	0.032		0.051	0.959	
	不被认同(中心化)	0.804	0.040	0.678	20.354	0.000	

第二步检验 a，b，分别用 x，m 做回归，得到 a 值；用 x，m 与 y 做回归，得到 b 值。如果都显著，接着检验 c'，也显著，是部分中介效应；c'不显著，则是完全中介效应。中介变量的贡献率 ab/c=0.176(17.6%)，表明中介变量解释了因变量变异的百分比。

推荐下载 Process 插件进行中介与调节的运算，非常简洁。

(三)三线表

鉴于 SPSS 软件自动显示的表格过大，现在标准论文表格默认为三线表格，简洁明了，剔除许多无效比较，推荐使用。表 10-10 是示例，数字右上角标星号为显著性差异。

表 10-10　不同性别的初中生学业承诺总分及各维度的 t 检验

总分			情感承诺	规范承诺	继续承诺
性别	男(n=109)	32.23±0.694	11.27±0.340	12.56±0.270	7.40±0.225
	女(n=77)	29.83±0.818	10.53±0.443	12.52±0.326	6.78±0.235
t		3.261**	−1.462	−1.868	2.610**

注：* $p<0.05$，** $p<0.01$，*** $p<0.001$

第四节　使用 SPSS 软件撰写自编问卷论文实例

家庭作业指导方式对小学生心理影响实证研究

【摘　要】利用自编问卷，对 329 位小学生进行调查，旨在研究家庭作业指导方式对小学生心理的影响。结果发现不正确的家庭作业指导方式显著影响到了小学生心理。家长的消极态度、专制、忽视等非科学方式使小学生在情绪、认知和人格方面都受到显著性负向影响。研究认为，为了孩子的健康成长，家长应采取民主、科学的辅导方式，控制情绪，真正做到陪伴孩子健康成长。

【关键词】家庭作业；指导方式；心理影响；小学生

一、引言

最近家长辅导小学生写作业的新闻不断增多，较集中在家长不能采取正确的指导方式，有生气到住院，有手掌捶骨折，有夫妻还因此吵架离婚等。家长错误的家庭作业指导方式对学生心理造成多少影响？什么才是正确的指导方式？不同的指导方式效果差别多大？这些已经成为广大家长迫切需要解决的问题。

家庭作业是教师设计的、由学生在家里完成的学习任务。以往有侧重研究家长身份的，但没有研究家长如何指导小学生家庭作业，认为家长扮演着“教师”角色；有从内容、方法进行研究的，但缺少具体指导方式；有学者认为，家长采用的指导行为为陪伴孩子完成家庭作业，对于孩子不会的问题给予帮助；有从家长工作性质、家庭结构进行研究的；有从外部支持入手进行研究的；有从家庭作业家长化现象进行研究的。以上研究均不涉及指导方式对小学生心理的影响。张建生认为，适当陪伴孩子做家庭作业可以增进家长和孩子之间的感情。

有学者对父母态度对学生作业质量的影响进行研究，也有学者对学校教师对家庭作业态度产生的影响进行研究，但以上研究均没有指出常见的错误指导方式对小学生心理的影响，且没有进行教育实证研究的。

本研究创新之处有两点：一是采用教育实证研究，二是研究领域放在学生心理。

针对常见的错误的家庭作业指导方式对小学生心理的影响，本研究采用了问卷调查法，编制了“家庭作业错误指导方式对小学生心理影响问卷”。问卷采用李克特 5 级计分制。分数越高，对小学生的影响越大。选取了情绪影响、认知影响和人格影响三个具有代表性的因子。

二、研究假设与研究过程

(一)研究方法

本研究采用问卷调查法和访谈法，使用 SPSS 17.0 和 AMOS 22.0 软件进行统计。

(二)研究目的

从家庭作业错误指导方式对小学生的情绪、认知、人格方面的影响进行研究，找出问题，并提出建议和策略。

(三)研究过程

1. 初测问卷的修正

采取自编问卷，针对家庭错误指导方式对小学生心理影响的关键维度，选取 3 个因子进行编制，每因子 5 道题，共 15 道题。从“非常同意”“比较同意”“不清楚”“比较不同意”“非常不同意”依次记为 1～5 分，得分越高表明对小学生的心理影响越大。初测问卷调查了 129 名小学生，回收有效问卷 127 份。

项目分析：t 检验，将所有题目计算总分，降序排列，按前后 27%分成高低分组，低分组 31 分，高分组 55 分，以此为分组变量，将所有试题目放进检验变量，结果显示所有题目 *Sig.* 均为 0.000，高低分组有显著性差异，不必删除题目。

题总相关：15 道题目与总分做相关，最低是 0.565，最高是 0.803，均大于 0.4，表示所有题目与总分同质性都符合标准。

信度检验：试测全问卷信度 0.922，保留所有试测题目。

探索性因素分析：本研究因子分析结果 KMO 值为 0.914，Bartlett 球形度值为 934.991，显著性 P 为 0.000，说明本问卷非常适合使用降维因子分析。经因子分析，提取特征值大于 1 的因素 3 个。维度一是对学生情绪的影响，维度二是对学生认知的影响，维度三是对学生人格的影响。共保留 15 道题。

2. 正式问卷的测量与校验

正式问卷加上性别、年级等 6 个人口学变量，共 21 道题。正式调查在牡丹江市某小学进行，收回问卷 329 份，删除无效问卷 39 份，有效问卷 290 份。

问卷人口学资料：男 145 人，女 145 人；五年级 201 人，六年级 89 人；认为家长有暴力行为的 118 人，认为家长无暴力行为的 172 人；感觉被忽视的 41 人，感觉没被忽视的 249 人；感觉在高压下的 120 人，感觉在非高压下的 170 人；感觉民主的 154 人，感觉非民主的 136 人；被送辅导班的 122 人，没有被送辅导班的 168 人。

3. 检验过程

项目分析：对有效问卷的数据进行 t 检验、题总相关、信度检验、因子分析等，数据表明第 11 题鉴别能力不好，其他各个题项的鉴别力良好。因子分析表明 3 个因子的累计解释率为 52.795%。

总关系：不同家庭作业指导类型与心理影响标准化回归系数为－0.72，表明指导类型越不科学，对小学生心理负面影响越大。其中民主型是科学类型，对小学生心理影响为正性激励。

心理影响：人格影响标准化回归系数 0.82，认知影响标准化回归系数 0.68，情绪影响标准化回归系数 0.67。说明小学阶段人格最容易受影响，情绪和认知受影响程度相近。

指导类型：压力型和吼叫型标准化回归系数最高，影响最大，分别为 0.65 和 0.63。民主型回归系数为－0.50，积极作用很大。忽视型和甩手型回归系数较小，分别为 0.11 和 0.17，对小学生影响比较小。

问卷所有拟合指数都在合理范围内，因此家庭作业错误指导方式对小学生心理影响研究问卷对数据的拟合较好，如表 10-11 所示。

表 10-11　家庭作业错误指导方式对小学生心理影响问卷拟合指数

χ^2	df	χ^2/df	AGFI	IFI	TLI	CFI	RMSEA
42.742	18	2.375	0.932	0.945	0.913	0.944	0.069
越小越好		<3	>0.9	>0.9	>0.9	>0.9	<0.08

问卷信效度：

从表 10-12 可以看出，“家庭作业错误指导方式对小学生的心理影响问卷”3 个因素的内部一致性系数在 0.558～0.801，总体问卷内部一致性系数为 0.863，说明本问卷具有较好的信度。

本问卷通过 SPSS 因子分析计算，KMO 值是 0.895，得出家庭作业错误指导方式对小学生的心理影响问卷由 3 个因子构成，每个因子特征值均大于 1。对问卷进行相关分析，结果显示各因子分和总分之间的相关系数为 0.761～0.902，均达到显著性相关，说明本问卷内容效度良好。

表 10-12　家庭作业错误指导方式对小学生心理影响问卷信度系数

	总体问卷	情绪影响	认知影响	人格影响
题项数	14	7	4	3
α 系数	0.863	0.777	0.558	0.801

由表 10-13 可知，情绪影响、人格影响、认知影响各个潜变量对应各个题目的因子载荷均接近 0.7 指标，说明各个潜变量对应所属题目具有很高的预测性。另外

各个潜变量平均方差变异 AVE 均大于等于 0.5，且组合信度 CR 均大于 0.8，说明本问卷聚敛效度理想。

表 10-13　家庭作业错误指导方式对小学生心理影响问卷聚敛效度表

题号	因子名称	因子载荷	AVE	组合信度
q8	情绪影响	0.757		
q9	情绪影响	0.766		
q10	情绪影响	0.768	0.53	0.82
q12	情绪影响	0.613		
q16	人格影响	0.613		
q17	人格影响	0.686		
q18	人格影响	0.744	0.50	0.86
q19	人格影响	0.696		
q20	人格影响	0.638		
q21	人格影响	0.703		
q22	人格影响	0.717		
q23	认知影响	0.849		
q24	认知影响	0.711	0.58	0.80
q25	认知影响	0.708		

由表 10-14 可以看到，情绪影响、人格影响、认知影响均有显著的相关性（$P<0.001$），相关系数绝对值均<0.5，且均小于对应的 AVE 平方根。表明各个潜变量之间具有一定的相关性，彼此之间又有一定的区分度，说明问卷区分效度理想。

表 10-14　家庭作业错误指导方式对小学生心理影响问卷区分效度表

	情绪影响	认知影响	人格影响
情绪影响	0.53		
人格影响	0.353***		0.50
认知影响	0.254***	0.58	0.264***
AVE 平方根	0.73	0.76	0.71

注：* $P<0.05$，** $P<0.01$，*** $P<0.001$

三、研究结果

男女生受家庭作业错误指导方式的影响有显著差异性，如表 10-15 所示。问卷计分为 1～5 分，总分和分因子分数均在临界值之上，分值越大受影响越大。男女受调查者总分在 4～27 分，说明男女生受家庭作业错误指导方式的影响有显著差异性。受影响最明显的是人格影响，其次是情绪影响、认知影响，说明男女生的情绪影响、认知影响、人格影响都对受家庭作业错误指导方式的影响很大。

表 10-15　不同性别小学生受家庭作业错误指导方式的影响 t 检验

	总体问卷	情绪影响	认知影响	人格影响
男(n=145)	40.3±12.6	11.9±4.6	9.0±3.3	19.4±7.2
女(n=145)	35.8±12.3	10.1±4.5	8.1±3.3	17.6±7.0
t 值	3.047**	3.226**	2.357*	2.189*
Sig.	0.003	0.001	0.019	0.029

注：* $P<0.05$，** $P<0.01$，*** $P<0.001$

不同年级没有显著性差异，问卷总分和 3 个因子分都在临界线以上，说明无论是五年级还是六年级的小学生，在情绪、认知和人格方面都受到家庭作业错误指导方式的影响，如表 10-16 所示。

表 10-16　不同年级小学生受家庭作业错误指导方式的影响 t 检验

	总体问卷	情绪影响	认知影响	人格影响
五年级(n=201)	37.7±12.0	10.8±4.6	8.5±3.3	18.4±6.8
六年级(n=89)	39.0±14.2	11.5±4.8	8.6±3.4	18.8±7.9
t 值	−0.739	−1.327	−0.154	−0.443
Sig	0.461	0.186	0.878	0.658

注：* $P<0.05$，** $P<0.01$，*** $P<0.001$

暴力方式辅导下的小学生和非暴力方式辅导下的小学生受家庭作业错误指导方式的影响有显著差异性。问卷计分为 1～5 分，总分和分因子分数均在临界值之上，分值越大受影响越大。两类受调查者总分在 4～29 分，说明受暴力对待和非暴力对待的小学生受家庭作业错误指导方式的影响有显著差异性，无论是暴力对待下的小学生还是非暴力对待下的小学生的情绪影响、认知影响、人格影响都对受家庭作业错误指导方式的影响很大，如表 10-17 所示。

表 10-17　家长不同态度下小学生受家庭作业错误指导方式的影响 t 检验

	总体问卷	情绪影响	认知影响	人格影响
暴力(118)	44.2±12.4	12.8±4.4	9.6±3.1	21.8±7.0
非暴力(172)	33.8±11.0	9.8±4.4	7.8±3.3	16.3±6.3
t 值	7.270***	5.615***	4.738***	7.013***
Sig	0.000	0.000	0.000	0.000

注：* $P<0.05$，** $P<0.01$，*** $P<0.001$

不同关注程度下的学生没有显著性差异，问卷总分和 3 个因子分都在临界线以上，说明无论是被家长忽视的小学生还是没有被家长忽视的小学生，在情绪、认知、人格方面都受到家庭作业错误指导方式的影响，如表 10-18 所示。

表 10-18 家长不同关注程度下小学生受家庭作业错误指导方式的影响 t 检验

关注度	总体问卷	情绪影响	认知影响	人格影响
忽视(41)	39.2±10.8	11.5±4.6	8.3±3.4	19.5±6.4
非忽视(249)	37.9±13	10.9±4.7	8.6±3.3	18.4±7.2
t 值	0.638	0.694	−0.536	0.934
Sig	0.524	0.488	0.593	0.351

注：* $P<0.05$，** $P<0.01$，*** $P<0.001$

受家长高压对待的小学生和受非高压对待的小学生受家庭作业错误指导方式的影响有显著差异性。问卷计分为 1～5 分，总分和分因子分数均在临界值之上，分值越大受影响越大，两类受调查者总分在 4～29 分，说明受高压对待和非高压对待的两种小学生受家庭作业错误指导方式的影响有显著差异性。无论是受高压对待的小学生还是受非高压对待的小学生，其情绪、认知、人格都对受家庭作业错误指导方式的影响很大，如表 10-19 所示。

表 10-19 家长不同程度压力下小学生受家庭作业错误指导方式的影响 t 检验

	总体问卷	情绪影响	认知影响	人格影响
高压(120)	44.0±13.0	12.3±4.5	9.8±3.3	21.9±7.2
非高压(170)	33.9±10.6	10.1±4.6	7.6±3.1	16.1±6.0
t 值	7.032***	3.988***	5.702***	7.205***
Sig	0.000	0.000	0.000	0.000

注：* $P<0.05$，** $P<0.01$，*** $P<0.001$

家长民主对待下的小学生和非民主对待下的小学生受家庭作业错误指导方式的影响有显著差异性。问卷计分为 1～5 分，总分和分因子分数均在临界值之上，分值越大受影响越大，两类受调查者总分在 5～29 分，说明受民主对待和非民主对待的两类小学生受家庭作业错误指导方式的影响有显著差异性。无论是否受家长民主对待的小学生，其情绪、认知、人格都对受家庭作业错误指导方式的影响很大，如表 10-20 所示。

表 10-20 家长民主/非民主对待下小学生受家庭作业错误指导方式的影响 t 检验

	总体问卷	情绪影响	认知影响	人格影响
民主(n=154)	33.7±9.8	9.7±4.4	8.0±3.0	16.0±5.6
非民主(n=136)	43.0±13.7	12.5±4.5	9.1±3.6	21.3±7.6
t 值	−6.582***	−5.461***	−2.979**	−6.686***
Sig	0.000	0.000	0.003	0.000

注：* $P<0.05$，** $P<0.01$，*** $P<0.001$

被送辅导班学习的小学生和没被送辅导班学习的小学生受家庭作业错误指导方式的影响总体上看有显著差异性。问卷计分为 1～5 分，总分和认知影响因子、人格影响因子分数均在临界值之上，分值越大受影响越大。两类受调查者总分在 4.6～26 分，说明是否送辅导班学习的两类小学生受家庭作业错误指导方式的影响有显著差异性。情绪影响的 Sig 值为 0.122，大于 0.05，没有显著性差异，如表 10-21 所示。

表 10-21　被送辅导班/没被送辅导班学习的小学生受家庭作业错误指导方式的影响 t 检验

	总体问卷	情绪影响	认知影响	人格影响
辅导班(n=122)	40.4±11.5	11.5±4.5	9.3±3.0	19.6±6.7
非辅导(n=168)	36.3±13.2	10.6±4.7	8.0±3.4	17.7±7.3
t 值	2.814^{**}	1.552	3.508^{**}	2.236^{*}
Sig	0.005	0.122	0.001	0.026

注：$^{*}P<0.05$，$^{**}P<0.01$，$^{***}P<0.001$

四、建议与对策

(一)有关职能部门联合学校，推行科学的家庭教育指导方式

有关职能部门应该联合学校积极采取应对措施。一些家长因为一些传统观念的影响，如打一顿就有记性了，对写作业拖拉的学生和不写作业的学生进行殴打，对学生的身体造成了严重的伤害。每个家长都希望自己的孩子能学有所成。教育从来不只是学校的事，家庭教育同样重要。有关部门应联合学校通过家校联系，对家长进行教育。

(二)家长转变指导观念，运用科学的指导方式

控制情绪是正确辅导方式的前提，家长要考虑小学生的年龄特征，用成人的思维去要求小学生往往效果很差，还恶化了亲子关系，对小学生造成了心理伤害。

男生和女生受家庭作业错误指导方式的心理影响有差异的，因为男女生的身心发展阶段是不同的，女生的心理成熟要普遍早于男生，但是女生一般胆小、脆弱，往往受不了训斥和打击。父母应该遵循男女生身心发展的不同规律，根据男女生身心发展的不同阶段采用合适的方法、科学的语言来指导学生做作业。

高压的指导方式会给学生的情绪、认知和人格造成一定影响。因为一些家长的成才观有许多不理性的地方，他们急切盼望子女成才，所以除了学校布置的家庭作业外，还额外给学生买练习册等资料，加重了学生的课业负担，给学生的心理和思想都造成了过高的压力。

第一，家长给学生安排合理的学习时间。许多家长认为学生在学校学习一天了，回家可以先放松，不能太劳累。其实学生的记忆是短暂的，艾宾浩斯遗忘曲线表示遗忘是在学习结束时立刻开始的，只有及时、反复复习才能更好地巩固知识，取得最好的学习效果。周一到周四放学回来，应该让学生稍微休息一下就开始写作业，尽可能在饭前完成并自我检查，家长在饭后再进行检查；周五作业较多，也应该先完成一部分，周六一定要全部完成，周日可以完全休息。

第二，被送辅导班和没被送辅导班对小学生的认知和人格的影响不同，可能是因为辅导班有老师保证学生的学习氛围，给学生创造了一个适合学习的学习环境。家长应该给学生创造一个舒适的写作业环境。在学生写作业时，家长一定要保持周围环境安静，以免打扰学生的学习思路；不要在学生写作业的时候在一旁玩手机，这样会转移学生的注意力。

第三，教学生科学正确的写作业方法。正确的方法能够事半功倍，让学生在写作业前先复习今天学过的公式、定理，然后再写作业。写作业的过程中不要翻书，在都完成之后再翻书查看不会的知识点，这样有利于记忆知识。

第四，家长学会科学地检查学生的作业。五六年级的家长应该主要检查学生的解题思路和公式算法是否正确，而不是检查结算的结果。在检查出错误的时候不要对学生非打即骂，要谆谆教导。家长的一言一行会直接影响学生的心态，所以家长应该对学生多鼓励。

（三）保障学生的学习主体地位，让学生学会自主学习

很多家长在指导学生写作业的过程中过于心急，忽视了学生的主体地位，过度干预学生的家庭作业，变相越俎代庖，包办一切，也有对子女缺乏信心，直接告诉答案的。家长应对家庭作业提出具体的要求，即要求学生独立解决作业中的问题，养成自我检查、自我管理的习惯，尊重学生身心发展的规律性和个性差异，发挥学生的主观能动性，尊重学生的想法，鼓励学生用自己的方法解决家庭作业中的问题。

（四）建立正规的家校合作模式

一些家长对学生家庭作业的反馈不及时，在学生家庭作业上随便签字表示完成，也很少与教师打电话沟通，缺少与学校共同合作的意识，致使在指导学生作业的过程中出现了问题。因此，学校应该定期举办家长培训活动，鼓励教师和家长进行沟通、交流，提高家长的教育素养。

课后思考题

1. 怎样拆分教育研究题目？
2. 怎样鉴定自己编写的问卷题目是否合适？
3. 自编问卷的信效度达到多少才合格？
4. 中介变量怎么做？

参考文献

1. 程书肖．教育评价方法技术[M]．北京：北京师范大学出版社，2004.

2. 褚慧玲．学业评价中的试卷设计与试题命制技术研究[J]．教育测量与评价，2011(1).

3. 戴忠恒．心理与教育测量[M]．上海：华东师范大学出版社，1987.

4. 董奇．心理与教育研究方法(修订版)[M]．北京：北京师范大学出版社，2004.

5. 杜晓新．心理与教育研究中实验设计与 SPSS 数据处理[M]．北京：北京大学出版社，2013.

6. 郭志刚．社会统计分析方法——SPSS 软件应用(第二版)[M]．北京：中国人民大学出版社，2015.

7. 侯杰泰，邱炳武，常建芳．心理与教育论文写作方法、规则与实践技巧[M]．北京：中国人民大学出版社，2013.

8. 胡中锋，李方．教育测量与评价[M]．广州：广东高等教育出版社，1999.

9. 胡中锋．教育评价学[M]．北京：中国人民大学出版社，2016.

10. 黄光扬．教育测量与评价[M]．上海：华东师范大学出版社，2002.

11. 刘江涛，刘立佳．SPSS 数据统计与分析应用教程[M]．北京：清华大学出版社，2017.

12. 马斌荣．SPSS 17.0 在医学统计中的应用(第五版)[M]．北京：科学出版社，2017.

13. 荣泰生．AMOS 与研究方法[M]．重庆：重庆大学出版社，2010.

14. 王汉澜．教育测量学[M]．开封：河南大学出版社，1987.

15. 王孝玲．教育测量[M]．上海：华东师范大学出版社，2001.

16. 王孝玲．教育统计学[M]．上海：华东师范大学出版社，2014.

17. 邬彤，周涛，袁淑君．数据统计分析——SPSS 原理及其应用[M]．北京：北京师范大学出版社，2001.

18. 吴钢．现代教育评价教程[M]．北京：北京大学出版社，2019.

19. 吴明隆．问卷统计分析实务：SPSS 操作与应用[M]．重庆：重庆大学出版社，2010.

20. 武松，潘发明．SPSS 统计分析大全[M]．北京：清华大学出版社，2014.

21. 阎晓军．教育科研方法案例与操作[M]．北京：北京师范大学出版社，2016.

22. 袁振国．教育研究方法[M]. 北京：高等教育出版社，2000.

23. 张厚粲，徐建平．现代心理与教育统计学(第四版)[M]. 北京：北京师范大学出版社，2020.

24. 郑日昌．心理与教育测量[M]. 北京：人民教育出版社，2011.

25. 朱德全．教育测量与评价[M]. 北京：高等教育出版社，2016.